エリア・スタディーズ 106

中国のムスリムを知るための60章

中国ムスリム研究会〔編〕

明石書店

はじめに

中華人民共和国は、漢族と55の少数民族が暮らす多民族国家であると同時に、道教、仏教、キリスト教、イスラームやそのほかの民間信仰をかかえる多宗教国家でもある。歴史上、漢族が政治的にも文化的にもマジョリティとなることが多かったが、現代中国に暮らす少数民族の存在を無視して中国を語ることはできない。２００８年「チベット騒乱」、２００９年「ウルムチ騒乱」、２０１１年「内モンゴル騒乱」が発生した際、メディアによって頻繁に報道されたように、中国の少数民族の動向は世界各国で注目の的となっている。とくに、新疆ウイグル自治区をめぐる民族問題を背景とした諸事件については、日本国内の新聞・雑誌やインターネット上でほぼタイムリーに報道されるようになっている。近年、研究者やジャーナリストだけでなく、一般の人々のあいだでも中国のウイグル族の認知度が高まりつつある。

そもそも日本国内では、ＮＨＫの特集番組をきっかけとして、１９８０年代初頭からいわゆる「シルクロード・ブーム」がおこり、中国の陝西省、甘粛省、青海省、新疆ウイグル自治区などの西北地方がひろく知られるようになった。とくに、ウイグル族が数多く居住する新疆ウイグル自治区は、外国人旅行者が足を運ぶ定番スポットとなり、現地で実際にウイグル族と接した日本人も少なくない。また、１９８０年代以降、中国から日本へ留学するウイグル族の留学生も増加しており、そのなかには卒業後、日本国内で就職したり、起業したりする人たちもいる。現在、日本国内にはウイグル・レストランが数店舗あり、故郷の味を懐かしむウイグル族だけでなく、エスニック料理を楽しむ日本人も顧客となっている。このほか、ウイグル族の伝統音楽や民族衣装を紹介するイベントも日本国内で開催されることがある。このように、日本人が「シルクロード」の人々と直接知り合う機会が増えており、また、身近な存在となりつつあることがわかる。

ただし、「シルクロード」を愛する一部の日本人は別として、中国にイスラームを信仰する少数民族が居住していることは現在でもあまり知られていない。中国政府の公式見解によれば、中国ムスリムの人口は2300万人以上で、10の少数民族が存在するといわれている。詳細については各章に譲るが、中国ムスリムは、漢語を母語とする回族、テュルク系のウイグル族、ウズベク族、カザフ族、クルグズ族、タタール族、イラン系のタジク族、モンゴル系の東郷族、保安族にわかれる。中華世界で形成された回族が全国各地にひろく居住する一方、そのほかの諸民族は新疆ウイグル自治区、青海省、甘粛省などに集住する。とりわけ、回族は人口でウイグル族を上回り、言語・文化的にも中国のムスリムとして注目されるにふさわしい存在であるにもかかわらず、日本ではほとんど知られていない。

中国のムスリム諸民族は中国政府によって正式に認定された少数民族であるが、じつは、かれら以外にもイスラームを信仰する人々はいる。たとえば、回族との結婚をきっかけとしてイスラームに改宗した漢族は多い。いわゆる漢族ムスリムである。しかし、戸籍上、漢族ムスリムはイスラーム改宗後も漢族のままであり、原則、ムスリム諸民族の戸籍に変更することはできない。チベット族やモンゴル族にもムスリムがいるが、同じである。このように、民族戸籍を基準とした場合、中国ムスリムの総人口を正確に把握することはできないのが現状である。

ところで、中国の歴史を遡ると、中国におけるイスラームの伝播は唐代といわれている。唐代から元代にかけて海路や陸路でアラブ人やペルシア人などが中国へ移り住んだ。中国に定住した外来ムスリムは漢人と通婚を繰り返し、現在の回族の祖先が形成された。一方、ウイグル族やカザフ族などのテュルク系諸民族は18世紀半ば、清朝乾隆帝によるジューンガル征服後に中国領内に組み込まれた人々である。このように、中国ムスリムを構成する諸民族は歴史的経緯が異なり、非常に多様ではある。しかし、中華世界とイスラーム世界との接触・共存・融合・対立などのダイナミズムを体現する興味深い存在であるともいえる。実際、中国ムスリムの諸民族は歴代王朝や近代国民国家の政策方針、社会構造、経済開発などのありかたなどに少なからぬ影響を与えてきた。

しかしながら、日本国内では、中国のムスリム諸民族の持つ非常に個性的で興味深い特徴についてはほとんど知られていない。いや、正確にいうならば、中国ムスリムに興味を持つ人々は増えているが、中国ムスリムを知るための入門書が日本では出版されていないのである。第二次世界大戦の戦前・戦中期のイスラーム関連書籍はともかくとして、戦後日本ではそうした試みがなかったし、また、研究者が育成されてこなかった。もちろんこうした背景には中国における現地調査がながらく実施不可能だったこともある。

１９７０年代末、中国において改革開放政策の導入が決定されると、１９８０年代から１９９０年代にかけて、漢族研究はいうまでもなく、新疆研究や回族研究までもがいちじるしい発展と深化を見せるようになった。とくに近年、日本国内において中国イスラームに関わる研究活動を継続させてきた中国ムスリム研究会について一言述べておきたい。

中国ムスリム研究会は、２００１年、関東地区の大学教員や大学院生を中心として発足した研究会であり、毎年2回ほどのペースで定例会を開催してきた。すでに10年が経過したが、この間、数多くの会員が最新の調査・研究成果を定例会で発表し、参加者と意見交換を行った。本書の執筆者の多くが中国ムスリム研究会の会員であり、専門分野は歴史学、文化・社会人類学、社会学、人文地理学、地域研究、政治学、教育学、女性学など多岐にわたる。いずれの執筆者も文献研究だけでなく、現地調査も実施している。各章では最新の研究成果を提示してもらい、一般読者にむけて平易な文体で解説してもらった。

本書をとおして、一般読者は、中国やムスリムという言葉に付与されがちなステレオタイプを打ち崩し、中華人民共和国および隣接する東南アジア諸国や中央アジア諸国に暮らす中国ムスリムやその移民の子孫の実像に迫ることができるはずである。また、中国ムスリムは単なる少数民族であるだけでなく、宗教的マイノリティでもある。その意味においては、中国ムスリムは、中国の歴代王朝や国民国家のありかたを多角的に理解するうえでも、また、イスラーム世界の地域的特性や変容を認識するうえでも、いわば鍵を握る存在である。この点においても本書の刊行は一定の意味を持つはずである。

最後に、本書の編集作業は『中国のムスリムを知るための60章』編集委員会が担当した。編集委員会は中国ムスリム研究会の有志（松本ますみ、新免康、澤井充生、木村自、高橋健太郎、清水由里子、田中周）によって構成され、２０１０年から２０１２年にかけて、編集委員と執筆者のあいだでメールのやりとりを頻繁に行った。各章の査読を編集委員会が数回行い、査読コメントを執筆者に送付したが、その際、喧々諤々の議論が繰り広げられたことも少なくない。いわば、それほどまでに中国のムスリムをめぐる情熱や関心が編集委員や執筆者のあいだで共有されていたことを物語っていよう。各執筆者にはこの場を借りてお礼申しあげたい。また、本書の完成にいたるまでには、遅々として進まなかった編集作業を辛抱強く待ってくださった明石書店の大槻武志氏、佐藤和久氏の寛大な心があったことも忘れてはならない。本書刊行の機会を与えてくださった明石書店関係者の皆様にも心から感謝の言葉を申しあげたい。

2012年7月

『中国のムスリムを知るための60章』編集委員会

凡例

Ⅰ　一般的な表記について

1　原則として、漢字は常用漢字・人名用漢字を用いた。
2　外国語の用語にはラテン文字転写や片仮名で表記したものがある。
3　中国語（漢語）の漢字表記はできるかぎり使用しないことにした。
4　中国語(漢語)の語彙の中にはピンインを付したものがあるが、声調記号は省略した。
5　アラビア語、ペルシア語、トルコ語などのラテン文字転写や片仮名の表記方法は『岩波イスラム辞典』に準拠した。
6　現代ウイグル語のラテン文字転写は、ＵＫＹ（ウイグル・コンピュータ文字）の方式に準拠した。

Ⅱ　民族名称・呼称、地名などの表記について

1　中華人民共和国の「回族」に関して、原則上、「回族」と表記した。中華人民共和国成立以前、あるいは中国国外の状況について言及する章においては、「回民」「回教徒」「回回」などの表記が用いられている箇所もある。「東郷族」や「保安族」などの民族名称・呼称に関しても中華人民共和国成立後に限定して「東郷族」「保安族」と表記することにした。
2　中華人民共和国のウイグル族に関しては、原則として「ウイグル族」と表記した。ただし、中華人民共和国成立以前、あるいは中国国外の状況について言及する章においては、「ウイグル人」、または「テュルク系ムスリム」と記されている部分もある。カザフ族やクルグズ族などについても同様の原則にしたがった。
3　新疆地域の地名に関しては、原則としてウイグル語による呼称に基づき、カタカナで表記した。現代日本における慣用の地名表記があるものについてはそれを用いた。

中国のムスリムを知るための60章

目次

III　都市・農村のくらし

Ⅳ　イスラームを生きる人々

Ⅴ　中国史のなかのムスリム

CONTENTS

VI　国家・社会・イスラーム

VII　移動とネットワーク

＊各章掲載の写真は、特に断りがない場合、当該章・コラムの執筆者の撮影・提供によるものである。それ以外は撮影者・提供者を明記した。

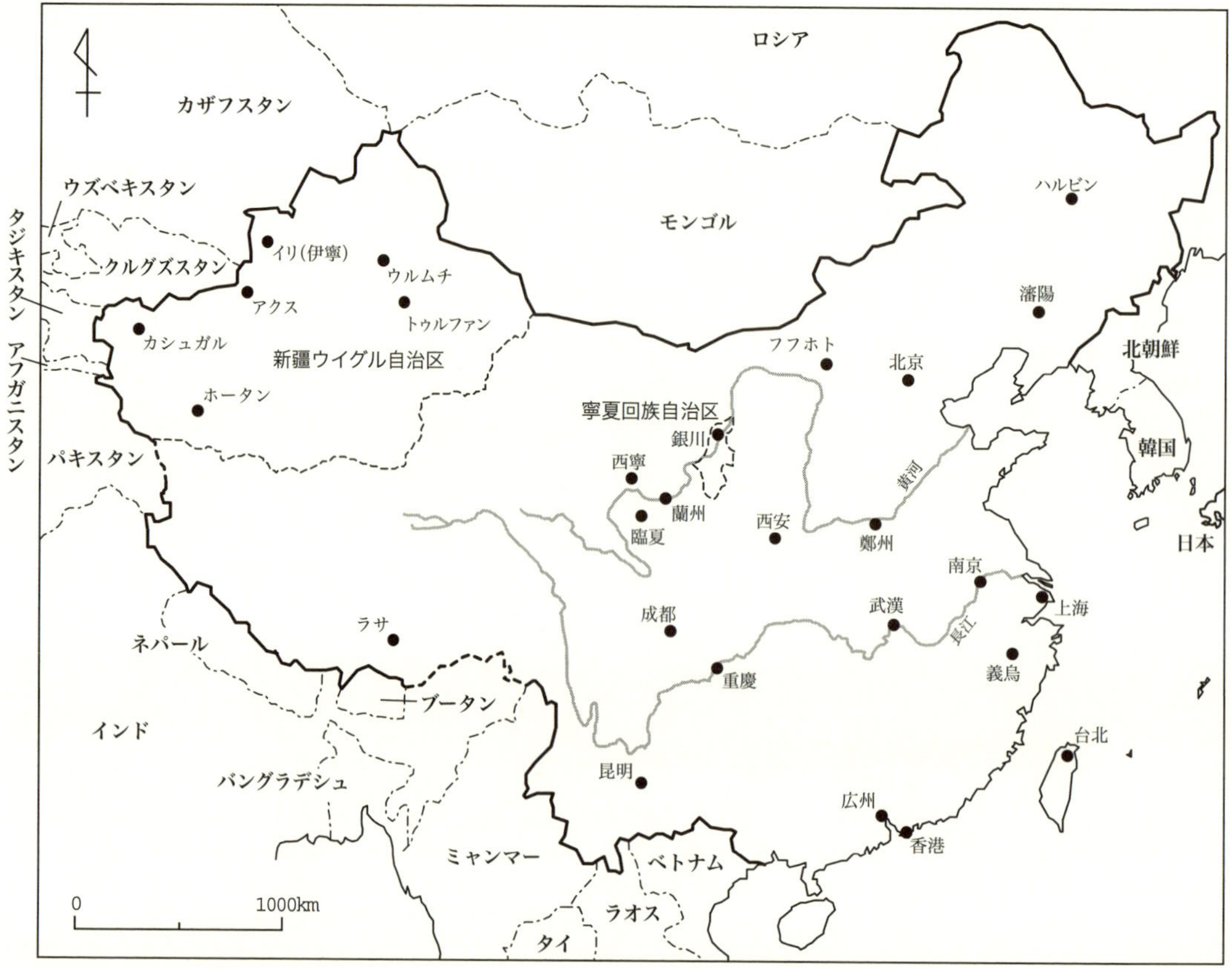
ロシア
カザフスタン
ウズベキスタン
タジキスタン
クルグズスタン
アフガニスタン
パキスタン
モンゴル
ハルビン
イリ(伊寧)
ウルムチ
アクス
トゥルファン
カシュガル
新疆ウイグル自治区
ホータン
瀋陽
フフホト
北京
北朝鮮
寧夏回族自治区
銀川
西寧
蘭州
臨夏
西安
黄河
鄭州
韓国
日本
南京
上海
武漢
長江
成都
ラサ
ネパール
重慶
義烏
ブータン
インド
台北
昆明
バングラデシュ
広州
香港
ミャンマー
ベトナム
ラオス
タイ
0
1000km

I

少数民族としての中国ムスリム

1

中国ムスリムとは何か？

★その歴史と現況★

中国にはイスラームを信仰する中国少数民族が10ある。自治地方名とともに挙げよう。

1 **回族**（1058万人）――寧夏回族自治区、甘粛臨夏回族自治州、青海大通回族土家族自治県など
2 **ウイグル族**（1006万人）――新疆ウイグル自治区
3 **カザフ族**（146万人）――イリ・カザフ自治州、アクサイ・カザフ族自治県、バルクル・カザフ自治県、モリ・カザフ自治県
4 **クルグズ族**（18・6万人）――新疆ウイグル自治区クズルス・クルグズ自治州
5 **ウズベク族**（3万）――新疆ウイグル自治区クズルス・クルグズ自治州
6 **タタール族**（0・3万人）――新疆ウイグル自治区タルバガタイ（塔城）、イリ（伊寧）など。
7 **タジク族**（5・1万人）――新疆ウイグル自治区タシュクルガン・タジク自治県
8 **東郷族**（62・3万人）――甘粛臨夏回族自治州東郷族自治

県、甘粛積石山保安族東郷族撒拉族自治県

9　サラール族（13万人）――青海循化撒拉族自治県、甘粛積石山保安族東郷族撒拉族自治県

10　保安族（2万人）――甘粛積石山保安族東郷族撒拉族自治県

以上のような多様さがイスラーム世界をも包摂する多民族国家中国の特徴でもある。イスラームに関しては、上記の７以外はスンナ派で、ハナフィー法学派に属する。

中国ムスリム少数民族人口は合計で約２３００万人（２０１０年人口統計）。ここに漢族や非ムスリム民族でイスラームへの改宗者、中国在住の外国籍ムスリムは含まれない。近年、農村や地方都市から大都市に出稼ぎに行く流動人口は中国全体で２億人を超す。そのなかに中国ムスリムも含まれる。民族、出身地、言語、習慣、「教派《きょうは》」、「門宦《もんがん》」も異なる彼ら／彼女らは出稼ぎ先の都市のモスクや宗教活動所で礼拝《れいはい》し、ハラール・レストランに集う。ネット掲示板や携帯メールで情報交換し、困った時には助け合う。出稼ぎ先でイスラームに再度目覚めていく者も多い。

中国のムスリムは１９４９年の中華人民共和国誕生までは「回回」、「回民」、「回人」、「回子」、「東干」、「漢回」などと他称・自称した。個別には、ウイグル族は「纏頭回」、サラール族は「撒拉回」、東郷族や保安族は「蒙古回回」と呼ばれた。その一方、ウイグル族は「テュルク」、東郷族は「サルト」と自称し、他称と自称が異なるケースもあった。

国境を越え近隣国家に同民族が住んでいる跨境民族は以上のリストの１、２、３、４、５、６、７である。冷戦期の１９４９年に成立した人民共和国は、それまで通商、遊牧、婚姻、親族訪問などで国境を越

え緩やかに移動していた人々の国境管理を厳しくした。改革開放以降、国境管理は幾分緩和され、跨境民族間で交流が盛んとなっている。

回族は漢語を母語とするムスリムである。中国にイスラームが最初に伝播したのは651年、アラブの大食国《タージー》の使者が唐《とう》に渡来した時のことである。大量にムスリムの移住が進んだのは元《げん》の時代である。モンゴル人とともに中国に来た中央アジア出身のムスリムは「色目人《しきもくじん》」として行政官や技術者、軍人、屯田兵となり、モンゴル人に次いで重用され「回回は天下に遍《あまね》し」といわれた。「色目人」の多くは男性の単身赴任であったので、移住先で漢人女性を娶り、混血が進んだ。

明《みん》代には、ムスリムは漢字の姓を使い始め、母語のペルシア語やテュルク語会話を禁止された。その一方で、科挙に合格し官僚になる者も現れ漢化が進んだ。明末から清《しん》にかけてアラビア語やペルシア語のイスラーム典籍が儒教の概念と漢語を使って再解釈され、漢文イスラーム文献が多く出版された。「回民」と呼ばれたムスリムはイスラームを信じながら、皇帝の命に服従する順民として儒教的中華世界で生き抜いた。その一方、18世紀には中央アジア経由でスーフィズム系統の学統が伝えられた。「門宦」と呼ばれる数々のスーフィー教団は西北地方の貧しい回民に大きな影響を与えた。とくに、ジャフリーヤ派の開祖馬明心《ばめいしん》は急激に信者を獲得し既存の「教派」と対立、清朝の介入を招く。18世紀末と19世紀半ばに相次いだジャフリーヤ派の反清蜂起は清朝の徹底的な弾圧にあった。他方で19世紀半ばには雲南でも回民と漢人間の鉱山利権争いを発端として回民が蜂起した。いずれも清朝の徹底的な弾圧で回民の人口は激減した。生き残った者は不毛の地に強制移住させられたり奴隷にされたりと差別と監視の対象となった。

雲南省の回族

近代になると回民知識人たちは海外由来の新イスラーム知識や科学知識を求めるようになる。「回族」という名称は１９３０年代に非共産党系回民知識人が提示したものだが、中国共産党もほぼ同時期に使うようになった。共産党の政策（信教の自由、土地改革など）に共鳴した回民もいたが、回民知識人のなかには国民党側に立ち、国共内戦後台湾に移住した者も多い。中華人民共和国成立後、回民は宗教的少数民族「回族」として正式に民族認定された。しかし、１９５０年半ば以降から１９７０年代にかけての政治動乱では宗教活動は徹底的に否定された。各地で清真寺《せいしんじ》（モスク）やゴンベイ（聖者廟）が破壊され、貴重な宗教文献や遺産が多く失われた。宗教指導者（アホン）や宗教学生は「階級の敵」とされ労働改造に送られた。殺された者も多い。その正確な数はまだ明らかにされていない。

　改革開放以降は宗教を復興させ、民族自覚を促す動きもさかんである。しかし、宗教活動は政府の監

サラール族（撮影：楊海英）

視と干渉から完全には自由でない。ムスリムは留学、通商、親戚訪問、マッカ巡礼などで外国人ムスリムとの接触の機会が多く、中国政府に都合が悪いイスラーム解釈を持ち帰る可能性があるからである。国家や党の指導よりも上位価値のアッラーを信じるということ自体が社会主義政権で問題視されもする。なお、以下に挙げる中国ムスリム諸少数民族の人民共和国成立以後の宗教・宗教文化に関する処遇は、ほぼ回族と同じであると考えてよい。

サラール族はサマルカンド（現ウズベキスタン）から青海省循化に元代に移民した１００人足らずの人々がルーツとされる。サラール語はテュルク語系統のオグズ語、ウイグル語やウズベク語に似ており、現在でも日常語である。サラールの中国への来歴に関して、次のような伝承がある。サマルカンドにハラマンとアフマンという兄弟がいた。迫害から逃れ東方をめざし辿り着いたのが甘粛の夏河であった。同じ部族が後を追い、先遣隊と夏河で合流、さらに北上し青海の循化に落ち着いたという。先住民のチベット人と通婚し、チベットの風習を一部取り入れ、農耕、牧畜、狩猟などにいそしんだ。14世紀には、ハラマンの子孫とされる韓宝《かんぽう》が明朝に帰順し土司《どし》となった。18世紀、馬明心が伝えたジャフリーヤ派を一番よく受け入れたのは循化のサラールで、主要人物がサラールの蘇四十三であった。ジャフリーヤ派弾圧の清朝軍に対し蘇四十三は徹底抗戦したが殉教し、サラールは大きく人口を減らした。

東郷族の起源について学界では二説がある。第一がモンゴル人起源説である。言語や鷹飼い、競馬など生活習慣がモンゴル人と同じだからである。第二が、中央アジアのサルト人起源説である。サルト人はサマルカンド付近にいた人々で、ソグド人を起源としテュルク系の突厥《とっけつ》と融合して形成された。ユーラシア全土で商業活動をしたホラズムのサルト人はモンゴル軍と協力関係にあった。チンギス・ハーンの西夏《せいか》攻略時、サルト人職人3万人をホラズムから東郷地区〈甘粛省河州《かしゅう》〈現在の臨夏回族自治州〉の東側〉に連行した。その後、回民、モンゴル人のムスリム、漢人、チベット人が融合して東郷族が形成されたとする。長編叙事詩、寓話やスーフィー神秘詩が東郷語で伝えられている。東郷族は独自文字を持たず、口伝か、アラビア文字で音をあらわす小経を使って詩は伝承されてきた。また、18世紀にジャフリーヤ派を受け入れたことで、清朝に弾圧され人口を減らしたという歴史もある。

東郷族（撮影：楊海英）

保安族（撮影：楊海英）

保安族の来歴にも諸説がある。第一が、モンゴル系言語を話す民族もしくはモンゴル人が保安地区の漢、土、蔵、回といった諸民族と融合して形成されたという説。第二に、元代の色目人がモンゴル語を覚え、周辺の諸民族と融合してできたという説。第三にモンゴル人のムスリムが周辺諸民族と融合したという説。第四が、青海の同仁のチベット仏教徒の一部がイスラームに改宗して形成されたという説である。19世紀半ばのジャフリーヤ派再蜂起の折に、同仁の仏教徒とジャフリーヤ派のムスリムが宗教上の問題を起こしたため、ムスリム1000戸が数年かけて省境を越え東に移動し、甘粛の積石山に定住し保安族の原型をつくった、というのである。保安語と同言語を話す土族が今も青海の同仁にいるのはこのためという。保安語は無文字のモンゴル語系統の言語だが、漢語とチベット語語彙を大量に含む。いずれにせよ、「大雑居小集中」という元代以来の甘粛、青海の民族状況が形成に関わっている。

ウイグル族は中国以外にも、カザフスタンに約30万人住んでいる。ウイグル族は新疆のオアシス地域で広範囲に居住するテュルク系ムスリムが20世紀前半になって一つの民族と見なされたことがその始まりである。ウイグルとは、古代のウイグル（回鶻《かいこつ》）の名に因んでいる。古代の遊牧の民のウイグルの一部がタクラマカン砂漠の周縁オアシス地域に移り住んだ。次第に彼らはテュルク化し、ムスリムとなっていった。16～17世紀にはテュルク語を話すムスリム社会がオアシス地域でできていた。当時は「カシュガル人」や「トゥルファン人」など居住オアシスに基づく意識を持っていたと推察される。現在のウイグル族にあたる集団が「われわれ」意識を持つようになったのは近代の1930年代のことである。盛世才《せいせいさい》治下の中華民国新疆省政府がウイグル民族名称を使うようになり、この呼称は人民共和国政府にも引き継がれた。1955年に新疆ウイグル自治区が成立した。ウイグルという民族区

ウイグル族（撮影：清水由里子）

分ができたことで、テュルク語系の現代ウイグル語も確立され、日常生活での使用だけでなく学校でも教えられるようになった。近代的「われわれ」意識の創生とともに、１９３０年代、１９４０年代に二度「東トルキスタン共和国」政府が樹立され、中国からの政治的自立を目指したこともあった。

　１９５０年代後半から約20年間、ウイグル族のイスラーム関係者や宗教的活動に対する厳しい締め付けがされたのはほかの中国ムスリム民族の状況とほぼ同じである。さらに１９５０年代から新疆《しんきょう》生産建設兵団《せいさんけんせつへいだん》（第50章）などに属する漢族移民の大量流入が進み、漢族は新疆人口の半数に迫っている。１９９０年代半ばまで核実験場があったのも新疆である。改革開放後はいったん宗教自由政策が施行され、モスクの再建などが進んだ。しかし、２００１年以降の米国主導の「対テロ戦争」と連動するように、イスラーム管理は厳しくなっている。新疆独立の動きとの関連を疑われているからである。また、地下資源開発で利権を握る一握りの漢族と、先住民たるウイグル族の経済格差が広がり、社会の不安定要因となっている。２００９年のウルムチ騒乱はその矛盾が露呈したといわれる。

カザフ族はテュルク系民族で、カザフスタンに約８００万人、モンゴルにも約10万人の同民族が住んでいる。15世紀にカザフという名称が生まれ、カザフ・ハン国ができた。この頃イスラーム化した。18世紀半ばの清朝のジューンガル部支配とともにカザフは清朝に従った。19世紀後半、ロシアと清朝の国境紛争の過程で一部のカザフはアルタイ山地区に、別の一部はイリとブルタラ地区に移住した。中華人民共和国成立以後、カザフ族の居住地域と放牧地域が定められたが、最近は定住が進んでいる。

カザフ族（撮影：清水由里子）

クルグズ族は隣国のクルグズスタンにも同じ民族が住んでいる。現在でも山岳地帯を中心に遊牧生活を生業としており、農業や商人もいる。言語はテュルク系のクルグズ語である。口伝の民族叙事詩『マナス』が民族意識をまとめる役割を果たしている。もともとは、エニセイ川上流地域にいたが、天山《てんざん》地区を経て現在の地域周辺に居住するに至った。オアシス地帯のカシュガルなどに住むテュルク系の人々（現在のウイグル族）とは、政治経済や文化の面で深いかかわりを持ってきた。

ウズベク族はウズベク共和国の基幹民族のウズベク人と同じ民族である。14世紀のモンゴル帝国の一つキプチャク・ハーン国はウズベク・ハーン国とも呼ばれ、そこの人々はウズベク人と呼ばれた。19世紀半ば、清朝がコーカンド・ハーン国と外交関係を結ぶと、ウズベク人は通商のためカシュガル、ヤルカンド、ホータンなどを訪れその一部が移住した。19世紀後半にロシアがコーカンド・ハーン国を併呑すると、ウズベク人がロシア・新疆間交易の中心的役割を担うようになり、ウルムチ、カシュガル、イリなどに出張所を開設した。ロシア革命後の混乱でロシアから国境を越えて逃亡してきたウズベク人もいた。

クルグズ族（撮影：阿布都哈徳）

ウズベク族（撮影：アブドゥラシィティ・アブドゥラティフ）

タタール族（撮影：アブドゥラシィティ・アブドゥラティフ）

タジク族（撮影：阿布都哈徳）

タタール族はロシアにも同じタタール人が住んでいる。漢語ではかつて韃靼《だったん》人と呼ばれた。テュルク系のタタール語を話すが、ウイグル族、カザフ族と隣接して住むことで多言語使用の者が多い。タタール人は突厥滅亡後、次第に力を蓄え、11世紀頃にはモンゴル高原で生活をしていた。１８２０年代から１８３０年代にヴォルガ川下流域からシベリア、カザフスタンを経由して移住してきた者が現在の新疆のタタール族の祖先となっている。シベリア鉄道建設やシベリア森林開発の重労働からの逃亡者や商人もいた。20世紀に入ると、ロシアのツァーリ体制からの逃亡者や混乱のソ連から中国領内に逃亡してきた事業主や知識人などもいた。

タジク族はイラン系で、中国ではペルシア語系の言語を話す唯一の民族である。先祖は紀元前10世紀に遡るともいわれ、タシュクルガン、パミール西南部に居住していた人々とされる。もともとはゾロアスター教徒であったというが、のちに仏教を奉じ、10世紀頃からイスラームに改宗し、11世紀に思想家で旅行家・宣教師のナーセル・ホスローがシーア派イスマイール派を伝えた。中国のイスラームのなかでは例外的にシーア派に属する。タジキスタン、アフガニスタンなど、タジク人の総人口は世界中で約900万人である。遊牧を生業としていた彼らは定住をしていなかったが、人民中国成立後は、タシュクルガン・タジク自治県が成立した。

（松本ますみ）

キーワード

ウイグル族／カザフ族／クルグズ族／ウズベク族／タタール族／タジク族／サラール族／東郷族／保安族／回族／民族認定

参考文献

王霊桂［2010］『中国伊斯蘭教史』中国友誼出版公司
国家民族事務委員会［1985］『青海省回族撒拉族哈薩克族社会歴史調査』青海人民出版社
撒拉族簡史編写組編写［2008］『撒拉族簡史』民族出版社
新免康［2003］「新疆ウイグルと中国政治」『アジア研究』49―1：37～53頁
中国人口較少民族発展研究叢書編委会（編）［2007］『中国人口較少民族発展調査報告』民族出版社
丁宏（編）［2006］『回族、東郷族、撒拉族、保安族民族関係研究』中央民族大学出版社
馬自祥・馬兆熙（編）［2000］『東郷族文化形態与古籍文存』甘粛人民出版社
馮瑞（熱依曼）［2004］『哈薩克族民族過程研究』民族出版社
楊海英［2007］『モンゴルとイスラーム的中国――民族形成をたどる歴史人類学紀行』風響社

Ⅰ

少数民族としての中国ムスリム

2

民族自治地方のひろがりと多様性

★新疆ウイグル自治区と寧夏回族自治区★

中国共産党は、中華人民共和国建国前には、連邦制国家を構想し少数民族の民族自決権を認めていた時期がある。しかし、中華人民共和国においてはこれらの考えが採用されることはなく、代わって「民族区域自治」が導入された。中国の民族政策の核心ともいえる民族区域自治政策は、「中華人民共和国民族区域自治実施綱要」（１９５２年）および「中華人民共和国憲法」（１９５４年）で制度化された。この政策は集住する少数民族に地域を区画して、言語や風俗習慣、宗教などの一定の自治を与えるもので、国民国家への統合を目的としている。区域自治権のおもな内容には、漢族を中心とする共産党の指導下においてという限定つきではあるが、少数民族の文化や経済状況に照らして条例を制定すること、首長を含む地方政府の官僚を少数民族から採用すること、学校教育において民族言語を使用することなどがある。

省レベルの民族自治地方である自治区は、内モンゴル自治区（１９４７年設立）、新疆《しんきょう》ウイグル自治区（１９５５年設立）、広《こう》西《せい》チワン族自治区（１９５８年設立）、寧夏《ねいか》回族自治区（１９５８年設立）、チベット自治区（１９６５年設立）の五つである。また、

2011年現在、省の下位の行政区域として30の自治州があり、おもにイスラームを信仰する民族が「主体民族」となっているものは、甘粛《かんしゅく》省の臨夏《りんか》回族自治州、新疆の昌吉《しょうきち》回族自治州、クズルス・クルグズ自治州、イリ・カザフ自治州の四つである。さらに下位の県レベルの民族自治地方として自治県（内モンゴルでは自治旗）があり、その数は120である。

これらの民族自治地方は面積が広く、多くが国境沿いに位置しており、さらに石油や天然ガス、石炭などの埋蔵量が多いことから、中国の外交や軍事、エネルギーなどの諸分野において重要な意味がある。2000年より始められた「西部大開発《せいぶだいかいはつ》」においては、民族自治地方に重点的に資金が投入され、大規模なインフラ整備が進められている。この政策には、民族自治地方の経済成長を促すことによって、少数民族の不満を抑えるという目的がある。本章では、新疆ウイグル自治区と寧夏回族自治区を例に、ムスリムが多く居住する民族自治地方の様子を見てみよう。

新疆ウイグル自治区は中国の西北に位置し、面積は166万平方キロメートルと中国の省・自治区のなかで最も大きい。自治区総人口は2158・6万人（2009年）で、民族別の内訳は、ウイグル族1002万人（総人口に占める割合は46・4％）、漢族841・7万人（39％）で、残りの15％がカザフ族、回族、クルグズ族などおよそ11の民族で占められている。また、2011年8月現在、自治区人民政府の主席はウイグル族、常務副主席は漢族が就いており、8名の副主席はそれぞれウイグル族3名、漢族4名、カザフ族1名が占めている。なお、自治区の共産党書記は漢族が担当する傾向にあり、その指導のもとで地方自治が行われている。

新疆ウイグル自治区の設立は、新疆における共産党の支配基盤確立の問題と密接に関連している。

新疆ウイグル自治区——ウルムチ市（上）とカシュガル市（下）の風景（撮影：田中周）

共産党が新疆へ進出した1949年当初、新疆は権力の空白状態にあり、1950年代前半は反政府勢力の掃討、軍の配備、新疆生産建設兵団団場の設置（第50章）、民族区域自治政策の実行を通じて共産党が支配力を強化していった時期と位置づけられる。

1953年12月以降、郷、県、専区、行政公署の各レベル、そして新疆ウイグル自治区設立に至るまで、下層の経験を踏まえつつ次第に上層の民族区域が設立された。とくに1955年に至るプロセスのなかで、行政公署レベルのイリ・カザフ自治州成立（1954年11月）を達成した意味は大きい。新疆北部のイリ、タルバガタイ（塔城《とうじょう》）、アルタイ（阿勒泰）の3地区からなるこの自治州は、1944年に樹立された東トルキスタン共和国の領域を継承しており、反中国的要素を持った「三《さん》区《く》革命《かくめい》」の舞台という歴史的記憶を色濃く残していた。あわせて、定住せずに移動を続けるカザフ族の存在、ソ連志向の住民の存在など、統合にとっての多くの阻害要因が存在した。しかし共産党は三区革命残存勢力を取り込み、既存の人的、制度的資源を最大限に利用することで、この地を新疆統合への足掛かりとした。1955年10月の新疆ウイグル自治区成立には、共産党がさまざまな課題を克服して、新疆における支配をひとまず確立したという意味合いがある。

寧夏回族自治区は南北約460キロメートル、東西約250キロメートル、面積は約6・6万平方キロメートルで、中国の省・自治区のなかで最も小さい。寧夏北部は黄河中流域で平野が広がり、首府の銀川《ぎんせん》市もここに立地している。他方、南部は黄土高原の西端に位置し、表土流失が激しく中国でも有数の貧困地域である。

寧夏の総人口は625・2万人（2009年）で、民族別人口の内訳は、漢族395・2万人（63・2％）、回族225・1万人（36％）、その他の民族4・8万人（0・8％）で、回族自治区であるにもかかわらず回族は少数派である。さらに、銀川市においてはその傾向が一層強く、総人口105・8万人のうち、回族は23・4万人（22・2％）にすぎない。

それでは寧夏では、回族自治区としてどのような特徴が見られるのだろうか。まず政治面では、文化大革命期を除いて、自治区政府の主席は回族が担当している。2011年8月現在、寧夏政府の7人の副主席のうち回族は2人で、漢族は5人である。また、政府や共産党のほかの役職にも回族が登用されており、自治区行政に回族は一定程度は関わっているといえる。ただし、新疆ウイグル自治区と同様、自治区の共産党書記は漢族が担当する傾向にあり、その指導のもとで地方自治が行われている。「清真《せいしん》」、すなわちハラールの食品やレストラン（第18章）が比較的適正に管理されていることも特徴である。2003年1月施行の「寧夏回族自治区清真食品管理条例」に基づいて、ハラールの食品生

簡素な平屋住宅が並ぶ寧夏回族自治区同心県の農村（撮影：高橋健太郎）

産企業には「ハラール食品営業許可証」の取得が義務づけられ、行政部門による監督が強化されている。この一連の取り組みのおもな目的は、回族住民が日々安心して食事ができるようにすることであるが、加えて、寧夏で生産したハラール食品を、中国の他地域、さらにはイスラーム諸国へ積極的に販売するための「品質保証」を高めるという意味もある。

近年の観光業の活性化に伴い、寧夏でも観光開発が増加している。その際、回族自治区であることから、「イスラームらしさ」や「回族らしさ」が強調される傾向にある。たとえば、２００５年10月に銀川市郊外に開園した文化施設では、回族の歴史や文化を紹介する博物館とともに、寧夏とは特段関係がないインドのタージマハルを模した大規模な門が作られ、「中華回郷文化園」（中華回族の故郷の文化園）として運営されている。

このように、新疆と寧夏の事例から、中国では人口面で少数派の民族にも自治区域が付与されていることがわかる。これは多くの民族に自治区域および自治権を与えることで、彼らの新中国への帰属意識を高める目的があった。もちろん、この民族区域自治政策は、地域に自治権を付与するものであるために、他地域に居住していて権利を享受できない少数民族も多く存在する。また政治的自治権の形骸化も指摘される。しかし一方で、文化的側面においてはある程度の自治権が保障されており、民族固有の文化を維持、継承することができるということは、民族意識を形成し強固にするうえで欠かせない要素である。たとえばウイグル族の「ウイグル族」としての民族意識に関していえば、それが形作られた歴史はじつは浅く、20世紀に入りその名が用いられ、真に定着したのは中華人民共和国の少数民族政策を通してであったと考えられる。区域自治政策は各民族のアイデンティティ形成に重要な意味を持ったことを指摘したい。（高橋健太郎・田中　周）

キーワード
民族自治地方／民族区域自治／新疆ウイグル自治区／寧夏回族自治区／東トルキスタン共和国／三区革命

参考文献

上野和彦（編）［2011］『世界地誌シリーズ2　中国』朝倉書店
田中周［2010］「新疆ウイグル自治区における国家統合と民族区域自治政策——1950年代前半の自治区成立過程から考える」『早稲田政治公法研究』94：63〜76頁
毛里和子［1998］『周縁からの中国——民族問題と国家』東京大学出版会

3

回族とは何か?

★民族識別工作とエスニシティ★

回族は、過去に漢回、回回、回民、東干と自称したり、他称されたりした民族集団である。漢語を母語とするムスリムで、顔つきは漢族と見分けがつかないケースが多い。人口は、2000年の公式統計で981万人であったが、2010年の統計では1058万人となった。中国少数民族のなかで、壮族について第2位の人口を持つ。回族は集居地域がほぼ定まっている他少数民族とは様子が異なる。「大拡散小聚居」という表現が使われるように、回族は1自治区（寧夏《ねいか》回族自治区）、2自治州、13自治県を中心に、北は東北三省から南は海南省、西は新疆ウイグル自治区から東は山東省まで中国全土に散らばって住んでいる。中国でイスラームを信仰する10の少数民族（第1章）のうち、回族の中国における政治的、経済的、社会的影響力を見逃すことはできない。

社会主義圏でよく使われたスターリンの「（国家を作ることができる）民族を形成する4条件」というものがある。言語、経済、領域、心理のすべてを満たすという条件だ。回族は4条件のうち、前三者については漢族とほぼ共通だ。しかし、心理だけは独自といえるかもしれない。イスラームを信仰し、それに基づく生活様式（冠婚葬祭、食生活など）を守っているからだ。しかし、福建省には回族身分を持ちつつも伝統的に豚を食べ、イスラームは信仰していない、という人々もいるし（第18章）、イスラームの内容は何も知らない、という無神論者の回族も都市を中心にあまたいる（第46章）。回族の統一指標は、身分証明書に記された「回族」という民族欄のみかもしれない。

彼らは唐、元時代のムスリム移民の子孫や漢人の改宗者によって歴史的に形成された（第6章、第32章）。明《みん》代には、ペルシア語やアラビア語は宗教言語として使われる一方で、漢語使用が家庭内でも一般的となり、男子のなかには科挙を受け官僚となる者も現れた。漢人女性との結婚や漢人改宗者を得ることで、中国文化を濃厚に取り入れつつもイスラーム信仰や習慣は堅持するという独自のムスリム社会が形成された（第33章）。その一方で、イスラーム解釈の仕方によって、複数の教派《きょうは》や門宦《もんがん》が林立することとなった。少なくとも、中華民国時代の1930年代以前、全国に散らばる漢語を話す回民は利害関係の差や、イスラーム解釈の違いから相互に械闘《かいとう》、騒乱、蜂起を起こすこともあり、また時の中央政府に対する政治的動向もまちまちで、統一意識はあまりなかった。

ところが、1920年代から1930年代に、沿海地方のアホンや回民の漢語の読み書きができる知識人が中心となって、近代化運動を始めた。それが、国民国家の枠組みのなかで、回民が政治的、経済的、文化的権利を守り、エスニシティとしての地位向上を目指す中国イスラーム新文化運動である。そこでは、漢語の読み書きや科学知識を重視する近代教育を提唱すると同時にイスラーム教義の近代化を目指した。この運動を通して愛国愛教《あいこくあいきょう》をスローガンとして（第40章）回民のあいだに中国が祖国であるという認識が確立され、侮教《ぶきょう》事件（第41章）解決に立ち上がることでエスニシティの権利

代表的な回民の雑誌メディア『月華』

意識も高まった。

当時、回民の編集する雑誌メディアは各地に通算で100種類近くあり、そこではムスリムと中国国家との関係について活発な議論が交わされた。たとえば、①漢語を話す回民と新疆のテュルク系言語を話す纏回《てんかい》（現在のウイグル族）を区別するもの、②回民と纏回を区別しないもの、③中国国内のムスリムはすべて「回族」として民族認定を得たうえで、国民代表選挙で回族枠の議席を獲得しようとするもの、④いや、「回族」呼称それ自体絶対反対というものもあった。「回族」名称によって連邦制擁護派と見られてしまう。外国勢力の中国分裂工作への協力者とされるのはいやだ、という理由からだった。また、⑤国民党の蒋《しょう》介石《かいせき》のように、回民も纏回も「回教」を信ずる漢人に過ぎないから国民代表選挙で特別の配慮はいらない、とするものもあった。この考えは「大漢族主義」として共産主義者からは糾弾を受ける。さらには、⑥イスラームの保護と反差別法だけは必要といったもの、⑦いや、纏回は言語が違うから国民党のいう漢人というのは誤り、などなど諸説紛々で着地点がない、というのが少なくとも1940年までの非共産党系回民論壇の実態だった。だが、一言でいえば、回民と纏回を区別せず、中華民国が分裂しない形でムスリムの文化的・宗教的権利要求をするというのが主流であった。しかし、当時の回民知識人が纏回の意思を確認し論議に参加していたわけではない。

一方、1921年に結党した中国共産党は、当初民族自決権を中国領域内の諸民族に与え、連邦制国家建設の方向を示していた。テュルク系の纏回は右記のスターリンの4条件がすべて当てはまり、「民族」として独立できる、という考えであった。ところが、国民党の追撃をかわし中国西北地方を進軍した長征期に、中国共産党軍は多くの回民に出会い、従来の民族政策の再考を余儀なくされる。共産党は1936年の「中華ソビエト中央政府回族人民的宣言」で、漢語を話す回民を「回族」と認定した。さらに、根拠地を築いた延安《えんあん》では1941年に『回回民族問題《かいかいみんぞくもんだい》』という小冊子を発行した。そこでは、回族の独立権を否定する代わりに、文化・宗教保護や、区域自治を主軸とした少数民族政策を打ち出した。共産党勢力下の回民は「民族」認定されるとともに、抗日戦争にも参加した。当時、中国ムスリムを中国から分離独立させ、親日・防共政権をつくろうという日本軍部の策略があったが（第45章）、それは回民の本意でないことを研究したうえの共産党の政策だった。

寧夏回族自治区海原の回族　ハーッジュの夫婦と女阿訇

1949年成立の「統一した多民族国家」中華人民共和国では、連邦制と少数民族の独立権は完全に否認された。「回族のように」独立を望まず中国への愛国心を持つのが理想的少数民族像とされた。逆にいえば、愛国主義と引き換えに、漢語を話す回民は「回族」と認定され、無神論を標榜する体制下でイスラーム信仰と独自習慣の保持が許されたといえる。

ところが例外がある。それが、1979年の福建省陳埭《ちんたい》の丁《てい》姓と白奇《はくき》の郭《かく》姓の人々、さらには翌年の陳埭を原籍に持つ浙江《せっこう》省南部の丁姓の人々の「回族」認定である。彼らはイスラームを信仰せず、言語はもちろん食生活も生活様式も漢族と同じであった。ところが、彼らは、墓碑銘と族譜《ぞくふ》を提示することによって、先祖がアラブ人ムスリムであったとして、政府に回族認定を望んだのであった。要請の結果、新たに回族と認定された丁姓、郭姓の人々は数万人に上る。話は対岸の台湾にも飛び火した。陳埭を原籍とする丁姓の人々は台湾にも住んでいる。イスラームを忘れたこれらの人々も、「回族」となるのか。このように、信仰でなく血縁関係を同じくする宗族が認定基準となるのであれば、回族とは一体何なのか。研究者のみならず、当の回族をも悩ませる問題である。

（松本ますみ）

キーワード

『回回民族問題』／民族認定／イスラーム新文化運動／愛国主義／陳**埭**の丁姓回族／白奇の郭姓回族

参考文献

王柯［2012］「中国南部ムスリム社会における『宗族』の成立と『漢化』――『陳埭回族』の事例を通して」『現代中国研究』第30号

中田吉信［1971］『回回民族の諸問題』アジア経済研究所

松本ますみ［1999］『中国民族政策の研究――清末から1945年までの「民族論」を中心に』多賀出版

Dru Gladney. 1991. *Muslim Chinese: Ethnic Nationalism in the People's Republic*. Harvard University Asia Center.

4

ウイグル族

★新疆ウイグル自治区の「主体民族」★

新疆ウイグル自治区は中国の西北部に位置し、国土の六分の一を占める中国最大の省区である。現在、新疆には、中華人民共和国建国当時から存在していた13の民族、すなわちウイグル、漢、カザフ、回、クルグズ、モンゴル、シボ、タジク、満、ウズベク、オロス（ロシア）、ダホール、タタールを主として、多数の民族が居住している。また新疆は、単に多民族居住地域であるというだけではなく、漢族が人口の圧倒的多数を占める中国のなかで、ウイグル族をはじめとするエスニック・グループが過半数を占めるという例外的な状況にあり、民族・言語・文化の多様性という点において、他地域にないきわだった特徴を有している。

自治区の名称が示すように、この地域の「主体民族」を構成するのは、ウイグルと呼ばれるテュルク系の人々である。「ウイグル」（Uyghur）とは、彼らの民族の自称である。中国では、共和国が認定する55の少数民族の一つとして、彼らは公式には「維吾爾族（略称は「維族」）」、すなわち「ウイグル族」と呼ばれる。なお、日本では彼らの呼び方は一様ではない。本書では、現代中国領域内の「ウイグル」に関しては原則的に「ウイグル

ウイグル語のアルファベットの教科書

族」と表記しているが、「ウイグル人」や「ウイグル民族」と記される場合もある。ただし、これらはいずれも基本的には同じ人々を指す。

２００９年の自治区政府の統計によれば、新疆の総人口は２１５８万６０００人と推定され、そのうちウイグル族は１００２万人、比率にして46・4％と、総人口の半数近くを占める。ウイグル族の大部分は、カシュガルやアクス、ホータンなど、天山山脈以南にあるタリム盆地周縁のオアシス地域に居住し、農耕を中心とした暮らしを営んでいる。彼らは日常的にはテュルク系の言語である「現代ウイグル語」（第10章）を話し、アラビア語の字母を基礎として作られた文字を用いる。現代ウイグル語は漢語と並んで新疆の公用語とされており、原則的には政治、法、教育などの場での使用が保障されているほか、新聞、出版、テレビ、ラジオといった各種のメディアにおいても一定のシェアを占めている。近年、政府による積極的な「双語《そうご》」教育（バイリンガル教育）の推進によって、とくに若い世代を中心に漢語が浸透しつつある。ただし、彼らにとって漢語はあくまでも第二言語にすぎず、ウイグル語は依然、民族の母語としての地位を保ちつづけている。

テュルク系であるということのほかに、彼らを特徴づけるもう一つの重要な要素を挙げるとすれば、それはイスラームである。ウイグル族のほとんどはスンナ派のイスラームを信仰している。そして、自治区の首府ウルムチをはじめとする、生活の現代化が進んだ都市部ではその限りではないものの、カシュガルを中心とする南新疆においては、日常生活のなかでイスラームが今なおきわめて重要な地位を占めている。一日五回の礼拝や金曜礼拝、断食などが積極的に行われるほか、イスラーム二大祭であるローザ祭（断食明けの祭り）とクルバーン祭（犠《ぎ》牲《せい》祭《さい》）も盛大に祝われる。また、礼拝の場であると同時に社会活動の場でもあるモスク（第23章）も、ウイグル族の居住する地域の至る所に見られる。なかでも、カシュガル市の中心にある中国最大のモスク、ヘイトガーフは数百年の歴史を持ち、長年にわたって彼らの精神的な文柱となってきた。このほか、ウイグル族の信仰のなかでは、マザール（聖者廟）（第29章）参詣も一定の地位を占めている。

ウイグル族の起源をどこに求めるかということについては、政治的思惑もからみ、見解は一様ではない。「新疆は有史以来、中国の不可分の一部である」という立場に立つ新疆の公的な歴史書においては、9世紀後半にモンゴル高原から移住してきたテュルク系遊牧民族であるウイグル（回鶻）が、新疆のウイグル族の主たる起源であるとされる。その一方で、ウイグル族のなかには、それ以前からタリム盆地のオアシス地域に居住していたインド・ヨーロッパ語族に属する諸言語を話す人々こそが彼らの祖先であると主張する者も少なくない。いずれにせよウイグル族は、その両者を含むさまざまな民族集団が混血・融合していく長い歴史的過程を経て形成されたものと考えられる。

前述のウイグルの西遷と、彼らによる西ウイグル王国の建設は、タリム盆地のオアシス地域のテュルク化を促した。その一方で、10世紀中葉にカラハン朝がイスラームを受容したことは、この地域で

チャイハナ（茶屋）につどうウイグル族（カシュガル）

イスラーム化が進展する契機となった。以後、当地のテュルク系の人々は、16世紀にかけて漸次イスラーム化するとともに、現在のウイグル族につながる独特の社会や文化を形成していった。

この地域が歴史的に大きな転換期を迎えるのは18世紀のことである。17世紀に始まるジューンガルと清朝との抗争の結果、1759年に清朝に征服され、天山以北の地域とともに「新疆」としてその版図に組み込まれた（第36章）。ただし、現在のウイグル族に当たる新疆のテュルク系ムスリムたちが、近代的な意味での民族意識に覚醒したのは20世紀に入ってからのことである。清朝末期から中華民国期にかけて進展した近代中国の国家統合の動きは、それに内側から対峙する形で、彼らのエスノ・ナショナリズムを高揚させた。ウイグルという名称が彼らの民族名称として使われ始めたのもまた、この時期のことであった（第43章）。

中華人民共和国成立以後、中国共産党が新たに打ち出した民族区域自治政策のもと、新疆のテュルク系ムスリムは共和国の少数民族の一つである「ウイグル族」として正式に認定され、１９５５年には新疆ウイグル自治区が制定された（第2章）。しかしその一方で、共産党の主導下において推進された土地改革と農業集団化、国家による宗教管理、生産建設兵団の設立と漢族の移住促進などの政策は、この地域におけるウイグル族の伝統的な社会を一変させることになった。さらに、１９８０年代の改革開放以後の内地の漢族による自発的な大量移住や、２０００年に始まる「西部大開発」プロジェクトに伴う内地との経済的な均質化、政治面における自治の形骸化、言語・教育・宗教面における民族文化の規制などに代表される、あらゆる側面における漢化・同化の傾向は、テュルク系ムスリムであるウイグル族を主体民族とする新疆のあり方を根本から変えつつある。

（清水由里子）

キーワード

ウイグル／維吾爾族／現代ウイグル語／回鶻《ウイグル》／新疆ウイグル自治区

参考文献

維吾爾族簡史編写組［１９９１］『維吾爾族簡史』新疆人民出版社
小松久男（編）［２００５］『中央ユーラシア史』（新版　世界各国史４）山川出版社
斉清順・巴哈爾古麗［１９９６］『維吾爾族』新疆美術撮影出版社
新疆社会科学院歴史研究所（編）［１９７９］『新疆簡史』新疆人民出版社
Abdukérim Raxman. 1996. *Uyghur Örp-Adetliri*. Shinjang Yashlar-Ömsürler Neshriyati.
James A. Millward. 2007. *Eurasian Crossroads: A History of Xinjiang*. Columbia University Press.

5

カザフ族とクルグズ族

★テュルク系遊牧民族★

遊牧民族とは、家畜を飼育、繁殖させて生計を立てる牧畜活動のうち、とくに居住地を定めずに、季節に応じて移動を行う遊牧活動を生業としている人々を指す。遊牧は一般的に、持続的な農耕活動を行うことのできない牧草地帯で営まれることが多く、世界的にはスカンジナビアなどの亜北極圏、ユーラシアの草原地帯、西南アジアの山岳・高原地帯、サハラ砂漠やアラビア砂漠、サハラ砂漠以南のサバンナ、チベットなどアジアの高原地帯、南米アンデス山脈で見られる。また、それぞれの置かれた自然環境、扱う家畜の種類、近接する農耕民族との相互依存度、遊牧の際に馬を利用するか否か、といった諸要素によってその形態は多様である。テュルク系遊牧民族であるカザフ族、クルグズ族が暮らすユーラシアのステップ地帯は、馬、羊、ヤギ、牛、ラクダの飼育に適しており、歴史的にイラン系、テュルク系、モンゴル系の諸民族が強大な帝国、国家を築いてきた地域である。本章ではこの二つの民族がいかに形成されてきたかを述べたうえで、そのアイデンティティの重層性を指摘する。

中国領に居住するカザフ族、クルグズ族は各々アルタイ語族テュルク諸語の西北語群（キプチャク語群）に属するカザフ語、クルグズ語を話し、アラビア文字を用いてこれを表記する。宗教的にはいずれもスンナ派のムスリムで、ともに17世紀から19世紀にかけてイスラームを受容した。カザフ族は、新疆《しんきょう》ウイグル自治区のイリ（伊犁）・カザフ自治州、モリ（木壘）・カザフ自治県、バルクル（巴里坤）・カザフ自治県といった地域に分布し、総人口は１５１万人（２００９年時点）である。またクルグズ族はおもに新疆のクズルス（克孜勒蘇）・クルグズ自治州に分布し、総人口はおよそ19万人（２００９年時点）である。

カザフ族の自称は「カザク」で、中国語では「哈薩克」と表記される。この民族名称の起源は諸説あるが、一説には「自由人」、「放浪者」を指すテュルク系言語に由来すると考えられている。中国の通説によれば、カザフ族の民族的ルーツは紀元前2世紀頃にイシク・クルからイリ川上流にかけての一帯に出現した遊牧民族の烏孫《うそん》に遡り、烏孫は同時代の周辺地域に存在したサカや大月《だいげっ》氏といった遊牧民族と融合し、カザフ族の祖先を形成したとされる。その後、突厥《とっけつ》、カラハン朝、西遼《せいりょう》、ジョチ・ウルスなど、中央アジアに興った諸王国、王朝の支配下を経て、15世紀にカザフ族の祖先はカザフ・ハン国を形成し、カザフ草原で強盛となった。18世紀に入ると、シル川流域からセミレチエにかけた地方に「大ジュズ」、カザフ草原中部から北東部で「中ジュズ」、カザフ草原西部で「小ジュズ」と呼ばれる部族連合体を形成するが、18世紀中葉に清《しん》朝により新疆が平定されると、中ジュズ、大ジュズの一部の者たちが清朝に服属し、新疆北部へと流入していった。

クルグズ族の自称は「クルグズ」で、中国語では「柯爾克孜」と表記される。民族名称の成り立ちには複数の見解があり、たとえば伝説上の民族の起源とされる「ハーンの娘の40人の侍女」や「40の部族」を意味するテュルク系言語に由来するとされる。クルグズ族の来歴に関しても諸説あり、一説

カザフ族の伝統的な移動式住居

には、古くからエニセイ川上流域にあって、漢籍で「堅昆」、「鬲昆」、「結骨」、「黠戛斯」という名で呼ばれてきた人々が、匈奴《きょうど》、突厥、回鶻《かいこつ》などの遊牧国家の支配を経て、9世紀に回鶻を滅ぼした後に、13世紀にモンゴル帝国の支配下に入り、そして次第に天山山脈へと移動して現在に至ったと考えられている。一方で、クルグズ族の祖先は古来より天山地域に存在していたとする説もあるが、いずれにせよ18世紀に彼らは清朝の支配下に入ることとなる。

１９４９年に中華人民共和国が建国された当初、中央政権によって民族と認められていた集団は、漢族、回族、ウイグル族などの10民族にすぎず、カザフ族、クルグズ族は未だ認知されていない民族であった。もちろん、たとえばカザフ族は18世紀初頭には自らを「カザフ」と自認し、カザフ・アイデンティティが広く共有されていたとされることからも、すでに民族意識は存在していた。

しかし現在の中華民族を構成する56民族の一つである「カザフ族」、「クルグズ族」としてのアイデンティティは、中国共産党による民族識別工作、民族区域自治といった民族政策を通じて形成されてきたといえよう。

では次に、カザフ族、クルグズ族の「遊牧民族」としてのアイデンティティについて考えたい。人類学者のウォルター・ゴールドシュミットは東アフリカの乾燥地帯の事例を基に、自然環境、経済、経済の維持に必要な能力、社会構造、キャリア・パス、態度、宗教儀礼、宗教的信念といった諸要素から牧畜民のモデル化を試みた。この概念を一部援用して、遊牧民としての自己認識について考えるとき、まず注目したいのは「経済」の要素である。カザフスタンに比べて、中国領のカザフ族は伝統的な遊牧生活をよく保持しているとされ、カザフ族の収入は依然として家畜の飼育に負うところが大きい。しかし1983年以降に推進された定住化政策の影響で、1998年のデータでは約6割のカザフ族が定住、あるいは半定住生活を送っており、そのために農業やあるいは第二次産業、第三次産業に従事するカザフ族も増加傾向にあり、職業の多様化が進んでいると見られる。またこの経済を維持するに必要な要素は、伝統的には家畜を盗難から保護するための軍人としての才能、肉体的強靭さが必要であったが、国家への帰属、治安の向上といった理由により、この能力の必要性も減じたといえよう。一方で、変わらない側面もある。たとえば社会構造の中心は、今でも伝統的な父系制度にあると考えられ、前述の部族連合体「ジュズ」や各部族、氏族への帰属意識は社会の結びつきを維持するうえで依然として重要な意味を持つ。だがいずれにせよ、従来の遊牧民族としての在り方に大きな変化が生じていることは確かであり、「遊牧民族」としての自己認識も今後変容していく可能性がある。

以上のようにカザフ族、クルグズ族は重層的なアイデンティティを有している。一つは「遊牧民族」としての自己認識であり、もう一つは中国のカザフ族、クルグズ族としての自己認識である。さらにはソ連崩壊により独立した隣国カザフスタン、クルグズスタンの同胞民族と自らを同一視するカザフ民族、クルグズ民族としての自己認識も存在し、今後の状況に応じて、それぞれのアイデンティティは強まったり、弱まったりするであろう。

（田中　周）

キーワード

遊牧民族／カザフ族／クルグズ族／アイデンティティ

参考文献

『柯爾克孜族簡史』編写組［１９８６］『柯爾克孜族簡史』新疆人民出版社
『哈薩克族簡史』編写組［１９８７］『哈薩克族簡史』新疆人民出版社
Adle, C. and Habib, I. (eds.). 2003. *The History of Civilizations of Central Asia (Vol. 5)*, Paris: UNESCO Publishing (Chapter III: The Kazakhs; Chapter IV: The Kyrgyz).
Barfield, T. (ed.). 1997. *The Dictionary of Anthropology*, Oxford: Blackwell.
Goldschmidt, W. 1979. "A general model for pastoral social systems," in: L'Equipe écologie et anthropologie des societies (eds), *Pastoral Production and Society*, Cambridge: Cambridge University Press, pp.15-27.
Lattimore, O. 1979. "Herdsmen, farmers, urban culture," in: L'Equipe écologie et anthropologie des societies (eds.), *Pastoral Production and Society*, Cambridge: Cambridge University Press, pp.479-490.
Lindner, R.P. 1982. "What Was a Nomadic Tribe?," *Comparative Studies in Society and History*, 24(4), pp.689-711.

6

モンゴル帝国の遺産

★モンゴル語系ムスリムの今昔★

中国を中心とした東方世界にムスリムが広く住むようになったのは、13世紀に成立したモンゴル帝国が残した結果である、と歴史学者たちはかねてから主張する。実際、中国語を母語とする回族もその民族の起源をなるべく古い時代にまで遡ろうとするときには唐代に来華したアラビア人やペルシア人に求めるが、直接的に大規模な集団が中国の西北部や西南部に形成されたのは、モンゴルの元朝時代だとみとめている。これに関しては、歴史書に興味深いエピソードがある。

元朝の世祖フビライ・ハーンの孫にアーナンダ（阿難答）という男がいた。彼は今日の西安《せいあん》を拠点に河西回廊《かせいかいろう》とモンゴル高原を軍事的な視野に収めた要職、安西《あんせい》王のポストにいた。生まれた直後には母乳を飲もうとせずに、ためしにムスリムの女の乳を与えたところで育ち、自身もイスラームを堅く信ずるようになる。大人になってからは配下のモンゴル兵15万人にイスラームへの改宗を命じ、モンゴル人の子どもたちに次からつぎへと割礼を施していったという。アーナンダという名前こそ仏祖シャカムニの十大弟子のひとりと同じであるが、実際の彼は中国西北ムスリム社会の元祖的な存在であることを今や、回族の知識人たちも承知している。

中国だけでなく、帝国の首都だったモンゴル高原のハラホリム（カラコルム）にはかつての修道場ハンカーの跡地と石碑が今も残っている。また、寧夏回族自治区南部には元朝時代の国教、チベット仏教の寺院をモスクに改築した建物もあり、同自治区南部の固原《こげん》地域では清朝の半ばまでモンゴル語を話すムスリムが生活していたという証言もある。むろん、彼らは現在すべて回族と自称するように変わった。

モンゴル帝国時代の政治だけがムスリム社会を作ったのではない。モンゴルやトルコなど遊牧民社会に古くから存在していたシャーマニズムという宗教もじつはイスラームの神秘主義と共通する要素があった。どちらも人間と霊的な世界との交流は特殊な仲介者、シャーマンかスーフィーによって担われていた。シャーマンとスーフィーは奇跡をもたらす点でも一致する。そのため、イスラームのスーフィーたちが草原に足を踏み入れると、シャーマニズムの信者たちはあいついでその崇拝者になったのではないか、と歴史学者の北川誠一は指摘する。このように、モンゴル帝国の政治的支配と遊牧民社会の精神的宗教的風土がイスラームを根づかせたのであろう。

モンゴル語系のことばを話し、イスラームを信仰する民族は二つある。甘粛省に住む東郷族と保安族である。東郷族は中国イスラームの聖地とされる臨夏市こと河州の東に分布し、現在、東郷族自治県を形成している。一方、保安族は臨夏市の北にある積石山保安族東郷族撒拉族自治県内の大河家鎮を中心に暮らしている。こうした民族ごとの分布は、かつて河州を中心に、その東西南北にあった東郷、西郷、南郷、北郷にはそれぞれアルタイ語系のモンゴル語（現在の東郷語と保安語）を話すグループとテュルク語（現在のサラール語）を母語とする集団がゆるやかに棲み分けをしていた状況を物語っている。現在の東郷族は河州の東に住んできたことから、中華人民共和国の建国後に民族識別工作のプロセスのなかで、地域名でもって民族の名称としたのである。彼らの総人口は現在、51万3000人（2000年統計）に達している。東郷族のなかには現在、民族の名称をサルタ族に変えようという動きがある。

保安族の祖先たちはもともと現在の積石山大河家鎮から遠く離れた地、青海省湟南州隆務河畔の保《ほ》安《あん》堡《ほ》に軍人として駐屯していた。地元にはチベット人やテュルク系のサラール人などさまざまなエスニック・グループが混住していた。保安人が話すモンゴル語系のことばにはチベット語の語彙も多数入っている。18世紀半ば頃に馬明心《ばめいしん》という人物がこの地を訪れて、神秘主義の一派であるジャフリーヤ派を広げた。モンゴル語系のことばを話す人々も馬明心の神秘主義教団に帰依したことで、チベット仏教を信奉するチベット人などとのあいだで次第に信仰のありかたをめぐる軋轢が生じるようになる。また、極端な乾燥地であるがゆえに、限られた灌漑用水の利用で生じた経済的な紛糾も両者の対立に拍車をかけた。さらに19世紀後半の同治年間に西北回民の大蜂起が保安堡あたりを席巻すると、双方の対立が一段と激しくなり、ついにムスリムたちは虐殺の危険を察知して逃亡を決意する。彼らはまず保安堡の北東に隣接する循化城に避難して同じムスリムであるサラール人の保護を一時的に受ける。その後ひきつづき黄河沿いの天険を利用して東の甘粛に逃れて、回民のリーダーだった馬占鰲《ばせんごう》の傘下に降る（第39章）。その後、馬占鰲のお膝元である大河家に大墩、梅坡、甘河灘という三つの村落を作って定着する。

東郷族の門宦指導者、馬進誠

1950年代の民族識別工作で彼らはもとの故郷の名である保安を民族名に採用するが、青海省に居残り、チベット仏教を信じていた人々はトゥー（土）族とされた。保安堡のトゥー族と大河家鎮の保安族はまったく同じ言葉を話しながらも、異なる「民族」となる道を近代に歩んできたのである。そこには、宗教という要素と、中華人民共和国が進めた民族識別政策が大きく影響している。現在、保安族は約1万6000人の人口を擁している（2000年統計）。保安族は農耕と商業、手工業を伝統的に営んできた。

東郷族も保安族も人口の面では回族に比べたら圧倒的な少数派に当たるが、中国西北部のイスラーム社会では大きな影響力を保持している。それは、ムスリム社会内の重要な宗教組織である神秘主義教団門宦《もんがん》を東郷人と保安人が創設して信者を獲得し、今日までに拡大しつづけてきたからである。東郷人が創建した有名な門宦は胡門門宦（1750年創設）と白荘門宦（1815年創設）である。保安人が積極的に創立に関わった教団は崖頭門宦（19世紀後半設立）と高趙家門宦（20世紀初頭設立）である。創設者は東郷人ないしは保安人であっても、その信徒たちは民族を超えて教義に基づいて結集していることから、宗教的な影響力と発言権は大きい。また、神秘主義教団とは一線を画し、西北ムスリム社会で絶大な勢力を誇る中国イスラームの改革派イフワーン派も、東郷人の馬万福《ばまんぷく》（1849〜1934年）が指導者を長くつとめた。イフワーン派は中華民国時代に西北ムスリムの有力な軍人たちの強い支持を獲得していた（第39章）。

東郷族と保安族とは別に、内モンゴル自治区西部のアラシャン盟にはまたホトン人と呼ばれる、人口約2000人の集団が居住し、イスラームを信奉している。彼らはモンゴル語を話し、モンゴル族として政府から認定されているが、もともとは東トルキスタンなどからモンゴル人社会に移住してきたテュルク系の人々だった。しかし、モンゴル人との共同生活が長く、本来の母語を完全に忘却している。ちなみに、モンゴル国西部にも同じくホトンと称するムスリムが数千人暮らしている。ホトンとは「都市民」の意で、ムスリムを指す古いモンゴル語である。また、人口わずか数十人程度であるが、青海省にはトゥマ人と呼ばれるモンゴル語を話すムスリムのグループもある。

モンゴル語系のことばを話すムスリムたちは1958年にチベット人の武装蜂起に加わって、人民公社の公有化政策と宗教否定のキャンペーンに強く抵抗した。1960年代には東郷人の一部が新疆ウイグル自治区へ強制移住を余儀なくされ、神秘主義教団も解体を命じられた。文革期にかけてモスクは破壊され、養豚を命じられるなどの侮辱を受けた歴史がある。現在、禁じられていたイスラームへの信仰は復活したが、母語をはじめとする伝統文化の喪失に直面している。

（楊　海英）

キーワード
モンゴル帝国／東郷族／保安族／ホトン／トゥマ人

参考文献
郝蘇民［1999］『甘青特有民族文化形態研究』民族出版社
杉山正明・北川誠一［1997］『大モンゴルの時代』（世界の歴史9）中央公論社
馬通［2000］『中国西北伊斯蘭教』寧夏人民出版社
楊海英［2007］『モンゴルとイスラーム的中国──民族形成をたどる歴史人類学紀行』風響社

7

サラール族

★中央アジアからのムスリム・ディアスポラ★

サラール族は、おもに中華人民共和国の青海省循化《じゅんか》県に住むアルタイ語族のテュルク語を話すムスリム少数民族のひとつである。人口は10万弱、中国の少数民族のなかでも非常に小規模な民族といえる。サラール族の歴史的起源に関しては諸説ある。ある学説によると、サラールの祖先が元朝の初期、現在のウズベキスタンのサマルカンドあるいはトルクメニスタンのあたりから移住してきたとされる。もうひとつの学説によれば、元朝末期あるいは明朝期の頃、粛州《しゅくしゅう》や、現在の新疆ウイグル自治区のクムル（哈密《ハミ》）のあたりから移住してきたという。このように、出身地と移住時期については諸説ある一方、最初の移住者に関してはサラール族内部の口頭伝承が定説となっている。

昔、現在のウズベキスタンのサマルカンドあるいはトルクメニスタンのサラハスにあたる地域にサルールと呼ばれる遊牧部族があった。その部族は、ガルマン、アフマンという首領の指導のもとで平和な生活を送っていた。しかし、二人の首領は国王に嫌われてしまい、追放されてしまった。そこで、二人は100名前後の追随者を引き連れ、クルアーンと食料をラクダに乗せて東に向かって遠征した。相当長い年月が経過した後、一行は現在の青海省循化県の街子という町に辿りつき、黄河沿いにある肥沃な土地に定住した。黄河の水を引いて穀物を作り、周囲にくらす平地の回民や山岳部のチベット人たちと通婚関係を築いた結果、集団規模が拡大した。

サラール族のモスク

サラール族は、他民族と通婚したにもかかわらず、伝統的な社会組織と民族文化を維持し、独自のエスニシティを保持してきた。たとえば、青海省循化県の町や村には正式な行政組織があるが、そのなかでは「クムサン」（「オウリ」）という伝統的な父系出自集団が中心的な役割を果たしている。それぞれの村にある「クムサン」の数は2個から10数個までばらつきがあるが、「クムサン」は村レベルの政治や生業、年中行事や人生儀礼などの際には相互扶助の機能を発揮する。「クムサン」の成員は同じ父系出自を共有する人々の集団ではあるが、祖先から連なる系譜的な繋がりは存在していないし、祖先崇拝を行うこともない。父系出自集団として相互扶助の役割を果たすと考えられているが、実際上は、政治経済的な利害関係や「教派《きょうは》」の不一致をきっかけとした「クムサン」の分裂がよく見られる。このため、「クムサン」よりむしろ「アギナ」の集団結合が最も重要視されている。「アギナ」とは直系家族あるいは拡大家族を指す親族集団である。最も基本的な社会集団であり、外婚単位である。行政村では、村長（主任）や党支部書記がどの「アギナ」の成員が担当するのか、また、清真寺《せいしんじ》の開学《かいがく》アホンや管理責任者（「郷老《きょうろう》」）がどの「アギナ」から選出されるのかということがよく話題となる。これは父系出自を原則とする親族集団の関係性が政治経済的な利害関係やイスラームの「教派」の相違から影響を受けることを意味している。結果、「クムサン」や「アギナ」といった伝統的な親族集団は相互補完的関係にある。

サラール族のおもな伝統的生業は、小麦の栽培、羊や牛の飼育、そして中国の内地とチベット地域との商業活動などであった。しかし、中国における現代化とグローバル化が展開しているなかで急激な変化があらわれている。まず、自然資源や耕地面積も限られているうえに大幅なインフレが重なり、伝統の農業生産はもっぱら自給用で老人や主婦が行う一方で、中青年の男性は、ほとんど出稼ぎに行っているようである。改革開放の初期においては、家畜と毛皮の販売、日常雑貨およびムスリム向けのレストランの経営がほとんどであったが、1990年代に入ると、内地とチベット地域を結ぶ長距離の運輸並びにガソリンスタンドの経営、服飾工場と各種の加工業、そして不動産建設までと、新しい三本柱がもうすでに伝統的生業に代わってサラール族の経済発展を支えるようになっている。

2009年夏に筆者が行った現地調査では、つい最近の変化について観察できた。サラール族の人々が地域発展の道を模索して見つけた新興事業の一つに民族文化に基づく観光業がある。さまざまな忘れかけられていた歴史記憶や伝統文化を発掘する活動が、政府の支持のもと住民が参加して盛んに行われている。サラール族の辛い移住の過去の象徴ともいえる、民族の始祖が中央アジアから連れてきたラクダの彫像とその隣の泉は、2008年、循化サラール族自治県の街子鎮三藍巴海村で「駱駝泉景点」という庭園に作り直され、周囲の広大な荒地に新しく建てられた伝統民居とともに展示されている。さらに、「駱駝泉景点」の近くにサラール族の伝統文化を陳列する四階建ての博物館も建設されて、800年ほどま

サラール族の女性

えにサマルカンドより持ってきた民族の文化財とされるクルアーンの原本が、その最上階に展示されてサラール族のイスラーム信仰の正統性の証明とされている。各階にはサラール族の服装、民芸、経済発展など、豊富な内容が展示されている。また、イスラーム服の工場や刺繍工場、唐辛子畑、黄河石の加工工場など、さまざまな伝統文化の創出にかかわる事業が展開され、より多くの住民が文化事業に参加するようになると期待されている。

サラール族は、中国の56民族のなかで人口が少ない民族であり、経済発展もたち遅れて産業が現代化するなかで必ずしも競争力を持つ民族集団とはいえない。しかし、彼らは従来の伝統産業を保ちながらも、さまざまな新しい経済活動に進出し、また自民族の歴史記憶にかかわる伝説や物語を掘り起こして伝統文化の創出活動を行っている。自民族の文字による歴史が欠如していることや歴史記憶を構築するうえでのさまざまな問題を抱えながらも、民族集団への帰属意識を強化させると同時に時代の変化と発展の流れに追い着こうと努力しているようである。

（王　建新）

キーワード
サラール族／ラクダ泉／循化／移住／歴史記憶

参考文献

王建新［2011］「撒拉族的家族組織与婚姻規制――基于血縁認知的文化邏輯分析」『北方民族大学学報』4：5～12頁

中国のムスリマ（ムスリム女性）の自尊・自立への旅

コラム1

松本ますみ

1999年の夏、寧夏社会科学院回族イスラーム教研究所の馬平《ばへい》所長の案内で寧夏の南部山間地に車をチャーターして訪れた。まだ「西《せい》部大開発《ぶだいかいはつ》」の発動（2000年）前で、高速道路はなく、銀川市から同心県韋州《いしゅう》鎮まで片道5時間のぬかるみと砂塵が舞い上がる悪路だった。ほとんど雨が降らない沙漠の真んなかに「中国の小マッカ」韋州はある。この小鎮の住民のほとんどが敬虔だが貧困にあえぐ回族である。そこで「女性のあなたであればきっと興味があるだろう」といわれて連れて行ってもらったのが、女性のアラビア語学校、「女学《じょがく》」であった。

そこは公立学校に通学していないか、家の事情により中退させられた7歳ぐらいから12歳ぐらいまでの数十人の女児を集めた学校で、三間だけの民間家屋を改造したものだった。薄暗い教室の壁面の一面にはアラビア語が書かれた黒板があった。年齢も、背丈もまちまちな女児はまさに「すし詰め」でアラビア語と漢語を学んでいた。漢語の読み書きも満足でない女児たちに難解なアラビア語を教える？　それも女性の先生が？　目の前で繰り広げられている光景が信じられなかったが、一人の7歳ぐらいの女児に将来の夢を訊いたとき、返ってきた答えがもっと信じられなかった。「アッラーの命じ給うた如く、よき人間になりたい」。

ほぼ同時期に、早稲田大学の新保敦子氏が同じ韋州鎮に入っていた。新保氏はNGOを通して回族の女児の就学率を上げ、女性の識字率向上を図るための諸活動を中国の教育庁の役人とともに行っていた。その頃、新保氏は援助していた公立の韋州女子小学校と徒歩数分の場所にある女学の存在を知らなかった。いや、知らされていなかった。当時の役人の頭痛の種は女児の未就学者や中途退学者だったが、彼女たちが毎日通ってきていたのが、目と鼻の先の女学であった。

女学の女児たちは女学の教師になること、よき家庭主婦になることを期待されていた。高い授業料や雑費を払ってまで公立学校でマルクス主義を学び、男女共学の場で見知らぬ男性に姿をさらすよりは、無料でイスラーム知識を授ける女学にむすめを通わせたい親は多かった。

それから5年たった2004年春、私は雲南省大理《だいり》市のあるモスクを訪ねた。すると、一人のベールをかぶった若い女性が私を見ているのに気がついた。凛とした佇まいが印象的な人だった。声をかけると、彼女はいった「私はあなたに韋州の女学で会ったことがあります。人生で初めて出会った外国人だったからよく覚えています」。

この韋州出身のMさんは15歳まで学校なるものに通ったことがなかった。女学で初めて文字というものに触れた彼女は、それから猛烈な勉強を重ね、アラビア語と漢語の識字者となったという。彼女は当時22歳。大理ムスリム専門学校をもうすぐ修了し、女学のない辺境地方に新米アラビア語教師として派遣されるのだという。「どこへ行くの？」との私の質問に、彼女は答えた。「アッラーが命じ給うた所ならばどこにでも」。

韋州から大理は峻嶮《しゅんけん》な山と谷を越えて1500キロメートルあまりの道のりだ。学びのための道のりはかくも長く厳しい。彼女は次にどこの場所を自尊と自立への旅の目的地としたのか。Mさんはどれだけ社会の最底辺にあろうとも、堅牢な家父長制と絶望的貧困に抗いつつ、自ら

ある女学の先生（文章中のＭさんとは関係なし）

の誇りをかけ、イスラームをよりどころによりよい未来に到達しようと努力していた。非識字の名もなきムスリマは家父長制と貧困のなかで筆舌に尽くしがたい労苦と懊悩《おうのう》を抱えつつも信仰を片時も忘れずにいた。よく「回民能吃苦（回族は我慢強い）」といわれる。それは、来世の永遠の命を信じるムスリマたちの敬虔で慎み深い態度こそがイスラームの教えそのものであると、家庭のなかで次世代が学び伝えてきたことによるのかもしれない。Ｍさんは辺境の地で教師をし、そしてよき妻・母になっただろうか。向上心と信仰心があれば、どんなに悪条件にあってもアッラーが守ってくれると信じるムスリマたちは、男性中心に見えるムスリム社会の本当の主人公かもしれない。

Ⅱ

ことばと文化

8

経堂語とその周辺

★回族が使う言葉★

「サワーブ!」「イーマーニー!」

山東省《さんとう》のとある街角にてフィールド調査をしていた時のこと、回《かい》族と思しき数人の女性が口々にそう声をかけてきた。普通の漢語ではない。「サワーブ」は、音の近い漢字で写して「色瓦布」などと書かれるが、もとはアラビア語で「報酬」、転じて「功《く》徳《どく》」を意味する言葉である。ただしその発音は、もとのアラビア語とは若干ことなり、和製英語のようになまっている。「イーマーニー」も、「伊瑪尼」などと表記されるが、やはりアラビア語で「信心」を意味する「イーマーン」がなまったいい方である。そして「功徳!」「信心!」とは、要するに「お布施《ふせ》を!」ということなのだった。

それは、いわゆる「経堂語」であった。経堂語は、「回族」など、漢語を日常語とするムスリムたちのあいだで使用されてきた言葉である。基本的には漢語とかわらないのだが、特殊な語彙がまじるところに通常の漢語との違いがある。彼女たちが、まさしくその特殊語彙をつかって呼びかけてきたのは、私たちが清《せい》真寺《しんじ》(モスク)から出てきたのを見て、ムスリムだと思ったからなのだろうか。いずれにせよその言葉は、一般の漢語話者には理解できなかったにちがいない。

経堂語の「経堂」とは、清真寺の蔵書部屋のことであるが、しばしばそこは、イスラーム諸学に関する伝統的教育の場ともなった。つまり経堂語とは、教室で用いられる言葉というのが原義である。しかし実際は、日常の場でも、かつまた文章語としても口語としても使用されてきた。

経堂語を通常の漢語から区別する特殊語彙としては、アラビア語・ペルシア語由来の語彙が、まず挙げられる。具体的には、さきに触れた、アラビア語起源の「サワーブ」や「イーマーニー」がまさにそれに当たる。ほかにもたとえば、ペルシア語起源のものとして「ナマーズ」などがある。「ナマーズ」は、もとのペルシア語と同じく、ムスリムの義務である一日五回の礼拝《れいはい》を意味する。書く時には、「ナマーズ」の音を写して「乃瑪孜」や「乃麻孜」などと表現される。

経堂語では、このような特殊語彙が一般漢語と組み合わされて使われる。たとえば「乃瑪孜」と、漢語の「～をする」という動詞「做（ズオ）」とを組み合わせて、「做乃瑪孜」と書いたり、「ズオ・ナマーズ」といったりする。一般漢語だと「做礼拝（礼拝をする）」と表現するところを、「ナマーズをする」とやるわけである。

ついでながら、伝統的な経堂語では、アラビア語よりもペルシア語の影響がつよい。たとえば地獄のことを、アラビア語で「ジャハンナム」、ペルシア語で「ドゥーザフ」というが、経堂語ではもっぱら「ドゥーザフ」のほうを採用し、その音を写して「多災海」や「多罪海」などと書く。伝統的な経堂語では、このようなペルシア語由来の語彙が、アラビア語由来のものよりも多く使われてきたのである。この傾向は、中国ムスリムの父祖たちの多くがイランや中央アジアなどのペルシア語文化圏の出身者であったことに起因する。

経堂語の語彙のなかには、イスラームの用語などのために特別に造られた漢語表現もかぞえられる。神以外のものを神とならべて崇拝すること（アラビア語の「シルク」）を意味する「挙伴《きょはん》」や、マッカのカアバ神殿を意味する「天房《てんぼう》」などが、それである。

さらに、普通の漢語の語彙が特殊な意味で用いられるというケースがある。たとえば、一般に皇帝を意味した「真主《しんしゅ》」の語は、唯一神アッラーの呼称として使われ、儒教において古代の理想的な為政者や孔子《こうし》を意味した「聖人《せいじん》」の語は、預言者ムハンマドの称謂として借用されてきた。これらの語も経堂語の語彙と見なされる。

以上のように経堂語は、第一に特殊語彙の使用によって通常の漢語と区別されるが、ほかにも次のような特徴があるといわれる。第二に、著述のさいにも漢語の口語（白話《はくわ》）を基調とし、宋元時代の古い口語表現や、方言・俗語の類を多用するという点。第三に、経堂語はアラビア語・ペルシア語文を漢訳するのにしばしば用いられたが、そのさいの経堂語の文章は、アラビア語・ペルシア語の語順を可能なかぎり再現するために、漢語としては不自然な構文になることもあったという点。第四に、経堂語は通常の漢語とくらべて地域差が少なく、発音は各地の漢語方言に準じるため地域によって変わってくるものの、語彙や表現じたいは中国全土でほぼ共通するという点。

ところで、このようにさまざまな点で通常の漢語と区別しようと思えばできる経堂語は、その特殊性が強調されることで、「回族」の認定において一定の役割を担った。

中華民国の時代、漢語を日常語とするムスリムはイスラームを信仰する「漢人」だという「漢人回教説」と、漢人とは異なる民族「回族」だという「回族説」とのあいだで議論があった。この議論において、たとえば、自身も漢語を日常語とするムスリムであった金吉堂《きんきつどう》は「回族説」を主張した。すなわち、孫文《そんぶん》の民族の定義をふまえるならば、彼らは固有の血統・衣食住・言語・宗教・風俗習慣を持つがゆえに、回族として認められるべきだという論陣を張った。そして彼らの固有の言語として経堂語の存在を指摘し、回族認定の根拠のひとつとした（ただし彼は、東郷語やサラール語なども回族の言語のうちに数えているので、彼のいう回族は、中華人民共和国における回族とは異なる）。

また、蒋介石《しょうかいせき》は「漢人回教説」を支持して1939年に「回族」の呼称の使用を禁じさえしたが、いっぽうで中国共産党が、国民党への対抗上その民族政策を批判し、漢語を日常語とするムスリムを回族というひとつの民族として認めた。ただし、中国共産党が民族認定のさいに依拠したソ連のスターリンの民族理論に照らすと、回族認定の根拠は薄弱であった。たとえば、スターリンは民族の成立要件のひとつに言語の共通性を挙げたが、回族は共通言語が漢語であったので、漢族との境界が曖昧だった。そこで中華人民共和国成立直後の1951年11月に、回族出身の著名な歴史家、白寿彝《はくじゅい》が『回回民族の新生』を刊行し、そのなかで理論武装を試みた。そして回族

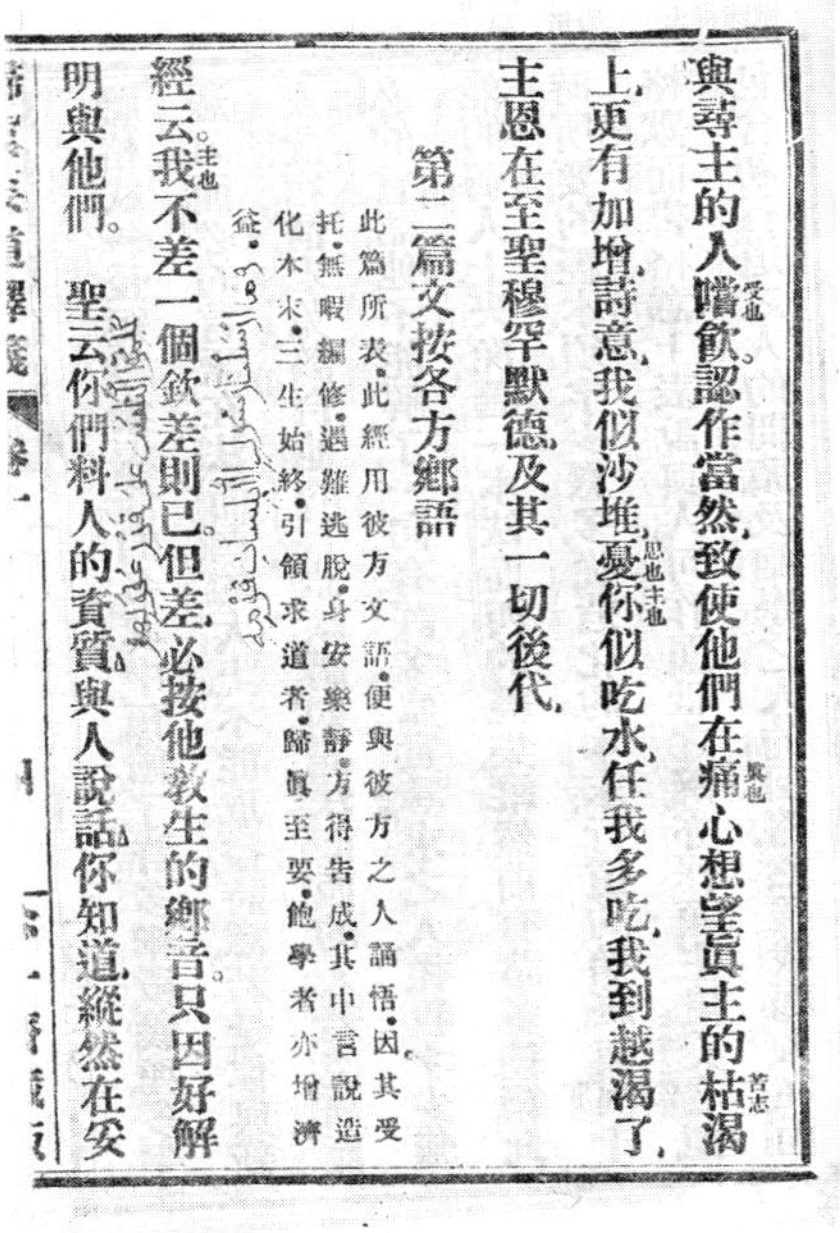
與尋主的人嚐飲，認作當然，致使他們在痛心想望眞主的枯渴
上，更有加增，詩意，我似沙堆，憂你似吃水，任我多吃，我到越渴了，
主恩在至聖穆罕默德及其一切後代，
第二篇文按各方鄉語
此篇所表，此經用彼方文語，使與彼方之人誦悟，因其受
託，無暇編修，遇難逃脫，身安樂靜，方得告成，其中言說造
化本末，三生始終，引領求道者，歸眞至要，飽學者亦增濟
經云，我不差一個欽差則已，但差，必按他教生的鄉音，只因好解
明與他們。聖云，你們料人的資質，與人說話，你知道，縱然在妥

経堂語によるアラビア語・ペルシア語の翻訳。伍遵契『歸眞要道』

の言語をめぐっては、やはり経堂語の存在を強調した。彼は経堂語を「回回語」と呼んだうえで、その特殊語彙の存在ゆえに「われわれは回回語が取りも直さず漢語であるとはやはりいえない」と述べ、回回語は方言差の大きい漢語よりも共通性が高いとさえ主張した。回族の共通言語はあくまで漢語であると断ってはいるが、その口吻には、経堂語を漢族の漢語に比肩する回族独自の言語という地位に押し上げんばかりの勢いがある。

現在、経堂語の位置づけをめぐっては、漢語と異なる回族独自の言語というよりはむしろ、漢語の変種に過ぎないという論調が比較的優勢である。建国当初とは異なって、回族という民族の存在が自明視されるようになったからであろう。しかし、ひとつの民族としての回族を認めるか否かという論争のあった中華民国時代や中華人民共和国初期、経堂語は、その特殊性がことさらに強調され、回族を漢族から区別する重要なメルクマールのひとつとして注目されたのである。

（中西竜也）

キーワード

経堂語／金吉堂／白寿彝

参考文献

何克倹・楊万宝（編）［2003］『回族穆斯林常用語手冊』寧夏人民出版社
希拉論丁［1985］「経堂用語研究」李興華・馮今源（編）『中国伊斯蘭教史参考資料選編1911～1949（下）』寧夏人民出版社、1067～1082頁
楊占武［1996］『回族語言文化』寧夏人民出版社

9

小　経

★アラビア文字で漢語を書く★

江南《こうなん》地域で「経堂教育」（第24章）の精華として花開いたのが「回儒《かいじゅ》」（第33章）だとすれば、「経堂教育」の「あだ花」的な存在が「小経」（「小児錦」、「消経」とも）である。すなわち、「小経」は「経堂教育」からの「スピンオフ」的文化とでもいうべきものなので、「経堂教育」、「回儒」、「経堂語」についての章とあわせてお読みいただければ幸いである。

さて「小経」とは、アラビア語・ペルシア語のアルファベットを用いた中国ムスリムの日常語（漢語、とりわけ各地の方言）の表記、ないしはその表記で書かれたもの（書籍など）を指す。すなわち、概ね「漢語をアラビア文字で記した」ものといえる。

最初に、その呼称の由来を紹介しておこう。「小経」の呼称の由来は、アラビア語・ペルシア語の原典にこの表記を用いて注釈をつける過程で、原典を「大経」とするのに対し「小経」と呼んだことにあるといわれており、仏典の「大経」（サンスクリット）、「小経」（漢語）の場合によく似ている。

この表記法には、ほかにもさまざまな呼び方がある。「小児錦」は北方などで見られる呼称であるが、「小児経」（「小経」が「アル化」したもの）の訛化であるという説、あるいは新生児誕生の際の回民の習俗に由来するという説がある。

「小経」と並んで西北地方で見られる呼称に「消経」がある。こちらは、「この表記で筆写したものを復習し、経典の内容を理解していく行為を消一消と呼び、そこから原典を漢語の注釈を通じて消化した」という意味であり、「経堂教育」における学習過程に因んでいる。

次に「小経」の起源と普及について触れておきたい。漢語をアラビア文字で表した例は、早くは元朝時代の碑文に見られ、これが「小経」の起源とされる。しかし、それは人名や地名がほとんどであり、実用レベルで使われるのは、「経堂教育」を通じて普及した、17世紀以降のことである。当初はイスラーム典籍の講義・注釈に限って用いられていたが、これを習い覚えた回民は通信や日記のような日常の場面でも使用するようになったという。

もちろん、その背景に前近代の回民のあいだでは、漢字識字率が低かった――ただし、漢人にしても当時の識字率はあまり高いとはいえない――ため、手っ取り早い記録手段だったという事情がある。漢字に慣れた日本人からすれば、アラビア文字の方が「手っ取り早い」とは到底信じがたいかもしれない。しかし、現在の「小経」使用者からも、「20数個のアラビア文字を覚えればよく、漢字を覚えるより簡単だ」という説明をよく耳にする。

近年では、漢字識字率の上昇やアラビア語教育の普及に伴って「小経」の使用は急速に衰退しつつある。

まず、省別中国ムスリム人口が第6位にあたる雲南省では、「小経」の存在自体は認識されているものの、日常ではほとんど使われておらず、高齢の老人のなかに読める者が僅かに残っているというのが現状である。コミュニティによって相違はあるものの、1960～1970年代が一般的な使用の下限だと考えられる。また、雲南では「小経」だけで書かれた著作は確認されないが、「小経」による書簡のやり取りが行われた例はあるという。また、人口第3位の河南省――調査の余地はまだある――では、雲南以上に活用度は低く、西北地方の出身者を除き、読める者を見出すのも難しい。北京も古くからムスリム人口を抱える都市として知られているが、使用例は極々限られている。むしろ、「祈禱文のアラビア語・ペルシア語文を漢字の『振り仮名』で唱える」といった逆の例が多いのである。

一方、中国ムスリム人口が最も集中する西北地方であれば、現在でも使用場面が確認できる。最も活用度が高いと考えられるのは、臨夏・西寧を中心とする「河湟地域」である。

この一帯では清真寺での講義のなかで「小経」が用いられるケースがあるほか、日常の書写体系として中高年層に活用されている場合がある。とくに、秘匿性の高い用途に「小経」を用いる例が多く確認され、帳簿などは、かつては皆、「小経」でつけていたという。またコミュニティによっては、「小経」の教授が最近まで清真寺で一般的に行われていた。とりわけ、女性への教授が「清真女寺《せいしんじょじ》」で盛んに行われ、現在も教授を行う「清真女寺」「女学《じょがく》」がある。

また、この地域では、「小経」で書かれた書籍が清末・民国期頃から確認できる。その多くが宗教解説書である。近年になって著された書籍もあり、出版事業も細々と行われ続けている。これら「小経」書籍の需要の中心は農村部であるが、都市部にも需要はある。

つまり、現在「小経」を使用している人口は中国西北部のムスリム集住地に集中しており、おもな使用者層が中高年および女性であることは確実である。また、とくに農村部に使用者が多いというこ

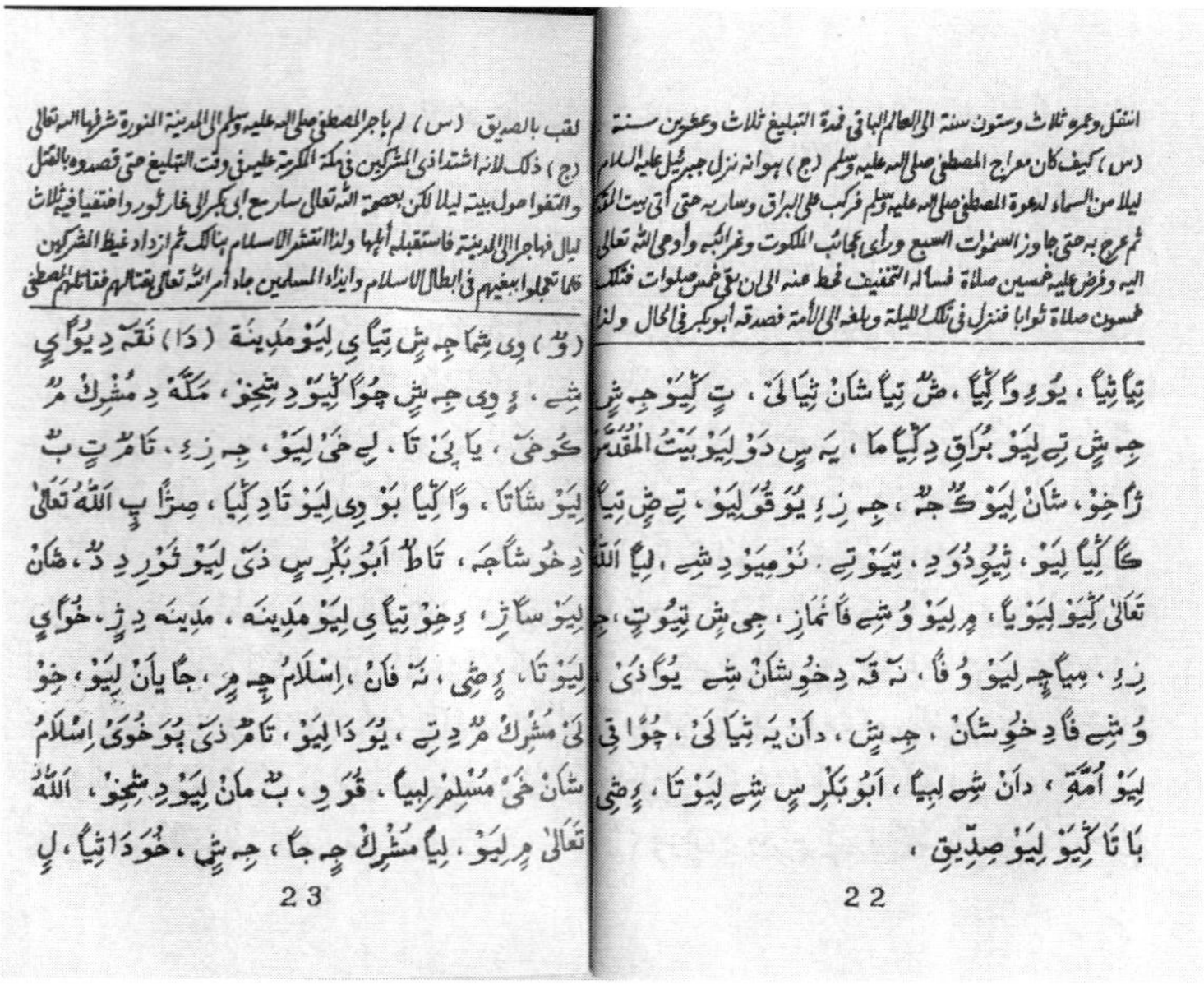

西北地方でよく見かける『信仰問答』。上段はアラビア語、下段が小経

とができよう。

さて、「……漢字を覚えるより簡単だ」という見解を紹介したが、じつはそれほど単純ではない。アラビア文字修得者がそのまま、それを用いて漢語を著そうとしても、とうてい意味を成さないことの方が多いからだ。表記法としての工夫を加えた、近代以降の「小経」ですら、「方言の反映」、「多種言語の混用」、「音節の切れ目の分かりにくさ」、などの難点が指摘されている。当然、できる限り正確に漢語をアラビア文字で表記しようという試みが各地のアホンらを中心に行われてきた。じつにさまざまな工夫があるが、名門アホンの家系——馬天民《ばてんみん》から馬希慶《ばきけい》へと至る——がそれを担ってきた、臨夏の「小経」の場合は、既存のアラビア文

字では表せない中国語の音に対して、アラビア文字に点を余分に加えたり、［n］音と［ng］を区別するための表記上の工夫を施したりするなどして、「正書法」を成立させようとする努力が垣間見える。
しかし、冒頭で述べたように、漢字識字率が上昇し、アラビア語教育が充実した今、「小経」の使用人口は急速に減少しつつある。「小経」を使うこと、あるいは読めることは「文化レベルの低さを示すため、秘匿すべきこと」なのだと語る中年以下のムスリムは多い。あるいは、われわれが漢字をすべて仮名のルビで置き換えるような感覚に近いのだろう。「小経」使用者の多い地域の知識人層のあいだでも、「小経はあくまで文化的応急措置であって、時代の環境・要請に合致していなければなくなるべきものである」との見解は強い。
かつて「イスラーム知識の発揚」の過程で生まれ、中国ムスリム独特の言語文化としてそれに一役買ってきた「小経」は、「正書法」としての確立を見ないまま、その役目を終えようとしているかも知れない。

（黒岩　高）

キーワード
回族／文字文化／アラビア文字

参考文献
町田和彦・黒岩高・菅原純（編）［2003］『中国におけるアラビア文字文化の諸相』（GICAS叢書）東京外国語大学アジア・アフリカ言語文化研究所

10

試練に立つことば

★「現代ウイグル語」の歴史と現在★

新疆の表玄関、ウルムチ空港に降り立つと、まずわれわれの目に飛び込んでくるのは漢字とアラビア文字とで書かれた「烏魯木斉ئۈرۈمچى」の地名表示であろう。真新しい空港ビルに入れば、英語、中国語に混じって現代ウイグル語（以下、ウイグル語と略記）のアナウンスが聞こえてくるはずである。ウルムチ市内では、漢字とアラビア文字が併記された色とりどりの看板を見ることができ、売り子や道行く人の話すウイグル語が耳に入ってくる。実際、新疆に足を踏み入れれば、誰であれそこが「内地」とは違った言語世界が広がっていることに一驚することだろう。そこは、中国の一部ながら、アラビア文字を用いテュルク系のことばを話すウイグル人の世界なのである。

彼らのことば、ウイグル語は新疆で大きな存在感を示している。そのあり方は、中国政府のいう新疆の文化的特色としての「多民族の併存と融合、ならびに多種文化の〈兼容〉と〈併蓄〉」（『新疆白書』）のひとつの典型といえるかもしれない。しかしながら、ここに至るまでウイグル語がたどってきた道のりは平坦ではなく、「民族語」として誕生した20世紀初頭から試練の連続であった。

ウイグル語は、ほかの中央アジアの諸「民族語」や「国家語」と同様に、20世紀初頭の「民族」の「創出」と機を一にして、ソ連領中央アジアでその最初の枠組みが取り決められたことばである。それ以前に新疆のテュルク系ムスリム、すなわち「ウイグル人」はチャガタイ語という文章語を読み書きに使用していたけれども、このことばは今日の「民族」や「地域」の枠を越えて通用した、中央アジア世界共通の文章語であった。いっぽう20世紀初頭に「ウイグル語」の名のもとに規範化された彼らのことばは、チャガタイ語とは一線を画し、新疆北部の「ウイグル人」たちの話しことばをベースとするものであった。

さらに、新たに「ウイグル語」の名のもとに策定されたその正書法（文字）は、従前のチャガタイ語とは根本的に異なり、アラビア文字の規範を踏み外した「畸形《きけい》アラビア文字」とでも形容すべき変則的な代物であった。この文字は当時先進的であったタタール語の文字セットを踏襲したものであり、子音字の統合や母音字の書き分け、単母音の表記など大胆な改変を施していた。これはほどなく新疆に持ち込まれ、１９３０年代後半にウイグル語の文字として普及が図られた。

さて、ウイグル語の「誕生」は、ウイグル人のナショナリズムの一つの発露と見なしうるが、それは同時に伝統との決別、より具体的にはアラビア文字ならびにチャガタイ語の伝統からの一定の断絶を意味していたといえる。「畸形アラビア文字」の採用により、ウイグル人の文字言語は、かつてチャガタイ語が持ち得たアラビア文字言語共通の汎用性を喪失し、新疆のウイグル人にのみ通用するローカルなことばとして歩み始めることとなった。そして、ウイグル語のそのローカルなことばとしての孤立性は、ソ連領中央アジアのテュルク諸語が（領内のウイグル語も含め）早くも１９２０年代に次々とラテン文字を採用し、さらに１９４０年代にキリル文字に切り替えを進めるに至って、一層際立つこととなったのである。

１９３０年代に新疆で公式使用が開始された「畸形アラビア文字」は、上述の通り伝統的な文字とは明らかに異質なものであり、新疆のウイグル人社会への普及ははかばかしいものではなかった。たとえば当時作成・使用されていたイスラーム法廷文書は１９５０年代にイスラーム法廷が廃止されるまで概ねチャガタイ語のままであったし、また１９３０年代のムスリム反乱の帰結として、一時的に「東トルキスタン・イスラーム共和国」の成立を見たカシュガルを中心とする南新疆の一角では、古典語の規範を下敷きにした独自の正書法に基づいた新聞や書籍が出版されていた。

このような「伝統」と「畸形アラビア文字」の混在状況に加え、ウイグル語の文字事情をさらに複雑にしたのは、キリル文字とラテン文字の導入であった。新疆は１９４９年にいわゆる「和平解放」を迎え、中華人民共和国に編入されることとなった。周知の通り、「解放」後の数年中国は社会主義国家の先輩であるソ連と極めて良好な「蜜月」関係を取り結び、そのため全国的にロシア語の需要が高まった。その影響下ウイグル語もまたキリル文字の採用が検討された。１９５６年新疆ウイグル自治区政府は公式に現代ウイグル語へのキリル文字導入を決定し、一部の学校では試験的にキリル文字の指導が始められた。

しかし、同年ソ連でフルシチョフが行った「スターリン批判」と、それを契機に発生した「中ソ論争」により両国関係は急速に冷え込み、「蜜月関係」の解消とともに現代ウイグル語のキリル文字化の企ては頓挫し、それに代えてラテン文字への改革案が浮上した。１９５９年、新疆ウイグル自治区文字改革委員会はラテン文字式の現代ウイグル語字母を考案し、従来のアラビア文字（＝「老文字（コナ・イェズィク）」）の廃止とラテン文字（＝「新文字（イェンギ・イェズィク）」）の採用を決定した。このウイグル語ラテン文字は、かつてソ連で考案されたウイグル語ラテン文字と、１９５７年に公布された漢語のラテン文字表記法（ピンイン）とを折衷したものであった。

あるモスクに掲示されていた注意書きのポスター。「汝の下に平安を！神よ許したまえ！（そして）ケータイは切りなさい！」と書かれてある。なお、「神」は、このポスターでは現行のウイグル語正書法のつづり（alla）ではなく、正則アラビア語に忠実なつづり（allah）が用いられている

中ソ論争ならびに当時混迷を極めた中国の国内状況を反映して、このラテン文字導入は遅々として進まず、その使用が公式に公布・施行されたのはようやく１９６５年のことであった。さらに翌年から勃発したプロレタリア文化大革命により中国全土は混乱に陥り、ラテン文字の普及は徹底されなかった。新疆政府がラテン文字を普及させるべくアラビア文字公式使用の廃止を実施したのは文革が終了する１９７６年のことである。しかし、この措置はウイグル人の守旧派の反発を受け、結局３年で撤回され、１９８２年にアラビア文字は全面的に復活、使用されることが公式に定められた。以後、今日に至るまでそのウイグル語アラビア文字（老文字）は若干の改変を経て「ウイグル

民族の文字」として今日に至っている。昨今のコンピュータの普及や中央アジア諸国との経済関係の発展により、キリル文字や「新文字」の部分的な復活や、「ウイグル・コンピュータ文字」と呼ばれる新しいラテン文字の策定・使用なども進められてはいるが、老文字、すなわち「畸形アラビア文字」がウイグル人の公式の文字であることは揺るがない。

ウイグル人社会をめぐる内外の政治変動やさまざまな思惑により、ウイグル語はたびたび文字の改変を余儀なくされ、試練を受け傷つき続けてきた。今日ではさらにウイグル人自身がウイグル語を放棄し、漢語を選び取らざるを得ないという局面さえ生じており、ウイグル語の前途を憂慮する声は止まない。その誕生から現在、そして未来へ、ウイグル語は絶えず試練に立たされ続けているといえよう。

（菅原　純）

キーワード
アラビア文字／チャガタイ語／中央アジア／タタール語／中ソ論争

参考文献

Allworth, E. 1971. *Nationalities of the Soviet East: Publications and Writing Systems*. Columbia University Press.
Bellér-Hann, Ildikó 1991. "Script Changes in Xinjiang" in Shirin Akiner (ed.). *Cultural Change and Continuity in Central Asia*. Kegan Paul International.
Qurban Weli. 1986. *Bizning tarixiy yéziqlirimiz*. Ürümchi.

11

張承志

★回族作家、その人道主義とムスリム意識★

張《ちょう》承《しょう》志《し》は１９４８年9月中国北京生まれ、硬骨の作家として知られる。１９７８年の第一回全国優秀短編小説賞を皮切りに、数々の文学賞受賞歴を持ち、１９８９年の天安門事件以後は所属を持たない自由専業作家である。

最近の著作や講演には、青年たちに向けた発言がある。世界に通ずる広い常識――哲学的な思惟、世界史知識、現代世界の情報把握と的確な判断などを基盤として形成されるもの――を養い、目先の利益を追わず、永続する真理と公正を探求すべきだという主張である。そのほかに、世界を席巻してきた西洋中心主義や、明治以降の日本および最近の中国をも含む大国主義、また狭隘《きょうあい》なナショナリズムをともに批判し、中東イスラーム圏を含みこむ新たなアジア主義の必要性をうったえる傾向もある。

そうした主張の根底には信念がある。それは抑圧されている者に対する深い共感にささえられる。貧困階層やマイノリティの持つ心眼を自らのものとし、そこに真理を、人間の魂や信仰を発見する。筆の力を信じて中国に生き、世界を知ろうとする。世界を覆う現実の体制下にある知識人のありかたにも批判の矛先は向く。それは自身にも突き刺さり、出自である回《かい》族を除外するものでもない。言葉をかえれば、張承志は、文学者としてまたムスリムとして、現在の「帝国」(新自由主義) そのものと、それに乗じたり、結果的に利用したり、巻き込まれようとしたりする潮流とに対して、徹底して異議を申し立てる姿勢を鮮明にしているように見える。その場合、イスラームの立場に基づくのではなく、民族を超え、ムスリムを含む人間の立場から批判しているといってよい。このような信念と、自由な批判精神は若いころから培われた資質であり、時に孤高を厭わず、流行りの評価基準におもねらない高潔さが今や漂う。

1965年、高校 (清華大学付属中学) 時代の学校改革運動の一グループに張承志が名づけた「紅《こう》衛《えい》兵《へい》」の呼称は、その文字、響きの鮮烈さから瞬く間に広範な若者の活動に冠され、敷衍化され、1966年毛沢東《もうたくとう》による文化大革命発動のいわば先兵として中国を、そして世界を揺るがすことになった。ひとり歩きした「紅衛兵運動」が政治的に終息し、「山へ上り郷に下る」(下放《かほう》) という運動のなかで、張承志は1968年から4年間、すすんで内《うち》モンゴルの遊牧民として濃密な青春時代をすごした。その後、北京大学で考古学を学んで中国歴史博物館に勤務、また社会科学院の翁独健《おうどくけん》教授のもとでモンゴル学を学び歴史学修士の学位を取得した。その間に「紅衛兵運動」は、文化大革命そのものとともに全否定の評価がくだされた。

時の流れにしたがって張承志は表現形式を模索しつつ、小説、エッセイ、詩作、評論を発表し続ける。言葉を選びながら、中国および世界の被抑圧者の持つ文化、歴史、価値観をあつかうと同時に、学術方法論の限界にも言及する。多岐にわたるテーマのなかで、紅衛兵の歴史的な総括も重いテーマとして本人は担ってきた。張承志が「紅衛兵運動」全般の責任を負う必然性はどこにもない。しかし、自らの名づけたものが、現代史に永遠に記録され、しかも否定的な論調で記憶されることになったことに対して自分なりの総括をするのに長い時間をかけてきた（『紅衛兵の時代』、『鞍と筆』など）。

　この間、1980〜1990年代には何度か日本訪問、長期滞日をし、学術と文化の研究、教育、調査のかたわら日本の1960〜1970年代の学生・社会運動を担った人々や思潮に出会い、また新しい友人を芸術界にも得ていった。そうした経歴は日本語による著作発表への動機となっている。さらにモンゴル、ドイツ、カナダ、アメリカ、スペイン、フランス、メキシコほか中南米諸国を歴訪して視野を広め、思索を深め、中国国内の調査、訪問、交流も頻繁に行っている。とりわけ黄土高原——寧夏、甘粛、青海そして新疆ウイグル自治区はムスリムの多い地域である。張承志の心のふるさとであり、内モンゴルと並んで思想の基盤でもあると思われる。それらの地域における貧困は、歴史の陰に厳としてよこたわってきた中国の原像を写しているように張承志には見えるのではないか。

張承志（写真中央）（寧夏の村にて）

　このように、中国におけるムスリムの歴史・文化・社会は張承志作品の血肉となっている。中国イスラームのなかでも、中央アジアから17世紀以後に流入し、西北地方に定着していったスーフィー教団（門宦《もんがん》）のひとつ、ジャフリーヤ派は、清朝政権との鋭い対立のもとで大弾圧を受けつつも教党を継ぎ、現在に至っている。張承志は『心霊史』（広州：花城出版社、１９９１年。改訂新装私家版、２０１２年）において、公の歴史資料のみならず、この教団の内外に伝えられる文献を渉猟して、ジャフリーヤ派の歴史を描きだした。それは一作家の歴史ノンフィクション作品（出版上は長編小説に分類されている）の枠を超えている。「あとがき」は、殉教徒たちの魂の結集でもあると述べているが、瞬く間に教派を超えて回族の人々の手に広がった。『殉教の中国イスラム――神秘主義教団ジャフリーヤの歴史』は直訳ではないが、本人が直接に関わった日本語版である。張承志のライフワークのひとつといってよい。

毎年、何冊もの書籍となる張承志作品のタイトルで、ことさらにイスラームを想起させるものはそれほど多くない。とはいっても、旅行記や散文集のなかで、ムスリムとしての心の遍歴と思索に彩られている作品も少なくない。だが、それも作品群の基調なのではない。柱となっている価値観、道徳観、世界観をあえて端的に挙げることが許されるなら、それは、一種の理想主義に基づく人道主義、人間主義であり、あらゆる世界、あらゆる時代の不正や嘘や差別、圧迫に警鐘を鳴らし続ける姿勢といってよいかもしれない。

『敬重と惜別――日本に送る』（北京：中国友誼出版公司、２００９年）は、日本の文化・社会を軸としながらも、近現代アジアの歴史に対する論説となっている。九つの章タイトルとテーマを挙げよう。１序幕「東スムの東」（日本理解のために）、２「三笠公園」（強国への夢）、３「ナガサキ・ノート」（日本と西洋）、４「赤軍の娘」（戦後日本新左翼の流れとパレスチナ）、５「四十七士」（日本精神へのアプローチ）、６「解説・信康」（日本現代芸術の一隅：岡林信康論）、７「文学の〈惜別〉」（文学的交わりの難しさ）、８「〈アジア〉の主義」（真のアジア主義とは）、９終幕「紅葉を紙として」（終わりに）。いずれも、自らの精神を研ぎ澄ませつつ、歴史的な資料根拠と現場に立って日本を取材している。このように日本に取り組む筆は、現代の中国自身を映しだす鏡ともなっている。2010年サッカー・ワールドカップ本戦で日本が敗退した瞬間、中国のTV中継アナウンサーが張承志の「敬重と惜別」のタイトルを引用して日本チームを評したという。切っ先鋭い筆は人々の心のなかに確かな墨跡を残している。

（梅村　坦）

キーワード

紅衛兵／人道主義／理想主義／アジア主義

参考文献

張承志［1986］『モンゴル大草原遊牧誌――内蒙古自治区で暮らした四年』（朝日選書）梅村坦（編訳）、朝日新聞社
――［1992］『紅衛兵の時代』（岩波新書）小島晋治・田所竹彦（訳）、岩波書店
――［1993］『回教から見た中国――民族・宗教・国家』（中公新書）中央公論社
――［1993］『殉教の中国イスラム――神秘主義教団ジャフリーヤの歴史』梅村坦（編訳）、亜紀書房
――［1994］『黒駿馬』（新しい中国文学4）岸陽子（訳）、早稲田大学出版部
――［1995］『鞍と筆――中国知識人の道とは何か』太田出版
――［1997］『北方の河』礒部祐子（訳）、露満堂
――［2004］『文明的入門――張承志学術散文集』北京十月文芸出版社
――［2005］『鮮花的廃墟』中国文学出版社
――［2007］『聾子的耳朵』河南文芸出版社
――［2009］『敬重与惜別――致日本』中国友誼出版公司
――［2010］『你的微笑』青海人民出版社

12

現代ウイグル文学における「過去の記憶」

★オトクゥル『足跡』が映し出す世界★

20世紀初頭から中葉に至るまで、新疆において繰り広げられた政治混乱と革命、その社会が体験した大きな変動は時の彼方に去り、その残滓《ざんし》を今の新疆のなかに見出す機会はほとんどないといえよう。新疆の中心都市ウルムチであれ、沙漠の端に点在する農村であれ、そこは経済発展著しい中国の紛れもない「一部」として、ある種の「鼓動」を共有して日々歩みを進めているかに見える。ウルムチの街角に立ち、かつてそこが人々を恐怖で凍りつかせた殺戮《さつりく》の巷であったなど誰が信じられよう。そして沙漠にたたずみ、かつてそこで自由の名のもとに戦った民衆がいたなど、想像できる者はいるだろうか。今の新疆を、そうした20世紀初めの暗黒と栄光の延長線上において眺めることは簡単ではない。

現代ウイグル文学を代表する作家、アブドゥレヒム・オトクゥル（Abdurehim Ötkür）の小説『足跡 Iz』（1985）は、そうした風化し忘れられつつある「記憶」、すなわち、20世紀初頭のクムル（哈密《ハミ》）を中心とする新疆東部地方で、自由を求め立ち上がった民衆の姿を活写した歴史小説である。当時のクムルは、封爵を得て清朝《しん》のもとで世襲の統治権を有していたクムル回王の支配下にあった。作家はそうした政治体制のもとでクムル回王マフスート、配下の腐敗官吏たちによって民衆（ウイグル人とカザフ人）に加えられた不当な圧政の諸状況を綴り、やがて指導者トムゥル・ハリパが民衆のなかから立ち現れ、人々を糾合し、圧政者たちに果敢な抵抗を展開して勝利を収めるも、やがて敵側の詭計によりトムゥルが悲劇的な最期を遂げるまでの物語を丹念に描いている。実際の体験者へのインタヴューに基づいた周到な描写は、民衆の「顔」ひとつひとつへの細かな気配りが見てとれ、トルストイが『戦争の平和』で描いた「群集」にも通じる写実性に満ち満ちている。

この作品については、余計な言葉を費やすよりも、作家自身のことばを読んでいただく方がわかりやすかろう。本作品の冒頭には小説の題を冠した一片の詩が掲げられており、それが作家の主張を最も直截に示すものと思われる。

足　跡

その長旅に乗り出したとき、私たちは若かった、
（しかし時は流れ）今や私たちの孫が馬に乗る年となった。
その困難な旅に乗り出したとき、私たちは少数だった、
（しかし）沙漠に足跡が残り、今や我々は大キャラバンと讃えられる。
沙漠の中で、時には峠で、さらに足跡は残った、
すばらしい獅子たちは沙漠の荒野で墓もなく（骸を）残した。
墓が無いと言うな、その紅柳が色づいた野では、

春には花が一面に咲くだろう、その我々の墓では。
足跡は残る。志は残る。長きにおいてはすべてが残るだろう、
突風が吹こうとも、砂が舞おうとも、我々の足跡は消えない。
キャラバンは決して止まらない、どんなに馬がやせていようとも、
(そして)ある日、この足跡を見つけることだろう、私たちの孫が
あるいはひ孫が。

本作品は、新疆におけるウイグル文学史のなかで格別の位置を占めていると考えられる。その理由のひとつは、ウイグル人たちの文学の伝統のなかでは比較的新しい「小説」というジャンルを開拓した最初の世代の作品である、ということ。そして、もうひとつは、さきに挙げた詩の内容からも明らかなように、「過去の記憶」の掘り起こし——作家のいう「墓を建てること」——という、すぐれて古典的な動機を出発点としているということである。

作家オトクゥルの時代に先行する19世紀、当地においては1864年から10年余にわたり展開されたイスラーム教徒反乱のなか、「爆発的」に歴史書、歴史文芸作品が著わされた。アクス地方の反乱を詩で綴ったムッラー・シャーキル、イリ地方の反乱を目撃し、それを同じく詩に託したビラール・ナズィム、そして同じ反乱を人類の創世説話から書き起こした散文の史書の主題においたムーサー・サイラーミーなど。それぞれの著作は、その作品を読み聞くことで、そこに登場する「過去の記憶」のなかの人々のため、後世の読者たちが祈りを捧げることを企図しており、それは作家のいう「墓を

アブドゥレヒム・オトクゥル、1923～1995

建てる」意図と共鳴するものであった。小説という新しい表現手段をとりながらも、作家の筆に当地の伝統文芸のエートスは息づいていたといえるであろう。

しかしながら、19世紀の文人たちが、ただ人々の「忘却」のみを気にかけていたのに比べ、作家オトクゥルの心中はより痛切であり、20世紀ウイグル人の抱えていた苦悩を背負った「現代的」なものであった。なんなれば作家が生きた「新中国の一省区」である新疆にあって、「過去の記憶」は中国の歴史のなかに埋没することを運命づけられていたからである。かつて毛沢東《もうたくとう》が新疆の革命指導者たちに「君たちの長年にわたる奮闘は、わが全中国人民の民主革命運動の一部である」と述べたように、作家が活写した民衆ひとりひとりの生き様は中国革命のコンテクストのなかでひとくくりにされ、忘却を余儀なくされようとしていた。作家が小説において、また上述の詩において表明したのは、そういう状況に対する悲痛な叫びであったといえるであろう。作家は自分と同時代にあって「過去の記憶」すなわち「足跡」は見つけられないし、自分の子どもの世代においてもそれは無理だと嘆いた。そうした現代中国の「大歴史」のなかに消え去ろうとする民衆の記憶への愛惜は、疑いなく新疆に生きる人々――作家の同胞たち――の共有するところであり、彼らにとってはすぐれて現代的な問題にほかならなかった。それゆえ本作品は格別の価値を持って人々に愛されているのだといえよう。

今日の新疆文壇において、作家オトクゥルの世代が描いた「過去の記憶」に関する作品はきわめて希少である。時間の経過とともに「革命」を体験した世代が失われつつあるという現実が一方にはあり、また「少数民族」の分離主義的な傾向に対し過敏な現下の社会状況がそういうテーマを排除しているという事情もあるだろう。そもそも作家が本作品を発表したのは、文化大革命が終息し、中国社会全体が一種の弛緩状態にあった、例外的な一時期であった。現在の文壇は、娯楽性の高い長編小説か、ひたすらミクロな社会の現実と対峙したような短編小説か、あるいは伝統的な主題を扱った韻文作品が多きを占めているように見受けられる。その意味において、作家オトクゥルの打ちたてた「墓」は、依然として、広漠とした荒野にひとり屹立《きつりつ》しているといえるかもしれない。

（菅原　純）

（なお、本作品は現代ウイグル文学作品としてはきわめて珍しく、日本語版が出版されている。アブドゥレヒム・オトキュル著・東綾子訳『英雄たちの涙――目醒めよ、ウイグル』東京、有限会社まどか出版、２００９年8月、３９７頁。）

キーワード

クムル／哈密／カザフ人／毛沢東／文化大革命

参考文献

濱田正美［１９８３］「十九世紀ウイグル歴史文献序説」『東方学報』55号、３５３～４０１頁
李国香［１９９２］『維吾爾文学史』蘭州大学出版社
Ablimit Ismayil, Maxmutjan Islam. 1993. *Hazirqi Zaman Uyghur Edibliri*. Shinjang Xelq Neshriyati.

13

ウイグルの音楽とおどり

★多様な音楽スタイルの諸相★

中国西北地方に位置する新疆ウイグル自治区は、別名「歌とおどりの故郷」と一般的に呼ばれる。当地域で歌やおどりが、メディアの一コマとして取り上げられるのは、ウイグル族の「歌と音楽を愛好し、陽気さの一面」を強調する一因となっている。こうした歌舞や漫談で代表的なシーンは、「マシュラップ」と呼ばれるパフォーマンス空間で演じられる。日本人がウイグルの歌舞を知る機会といえば、観光で遺跡や街並みを鑑賞するとともに歌舞ショーを楽しむケースがほとんどである。また、テレビなどの映像でもタイトルも紹介されぬまま、瞬間的に1シーンが映し出されているケースが大半であり、ウイグルの音楽に対する関心は、その程度で表出されているのが現状だ。

しかし、ウイグル族の社会内部に入り込めば、前述のような音楽の1シーンも多種多様であることがわかる。それらは新疆の点在する各オアシスによって、習慣とともに音楽スタイルも異なり、各オアシスの人々の生活と現地の音楽がより密着していることがわかるだろう。つまり、ウイグル族の歌やおどりの音楽スタイルは「新疆の音楽」という枠組み以上に、各オアシスごとに大きな差があり、これらの音楽における地域差については、音楽知識がないウイグル族でも「耳」で認識することができる。

たとえば、「東西交渉の要衝」と呼ばれる新疆東部と西部では、「民間歌曲」の旋律と節回しにおいて差異が見られる。新疆東部の代表的オアシスであるトゥルファンやクムルの歌は、その旋律構造に中国音楽の音階が含まれている。その一方で、西部カシュガルでは、イスラーム諸国で多用されている「増二度《ぞうにど》」と呼ばれる音程に基づいた音階や旋法が聴かれる。

わたしは常々「ウイグル音楽の特徴はどのようなものか」というごく素朴な一般の人々の質問に悩まされてきた。日本の総面積の約4・4倍もある新疆の音楽を一まとめにして、的確な特徴を述べることは決して容易ではないからだ。そのような質問に対し答えるために、またその複雑で多様な音楽が混在していることこそが、当地域の音楽の面白さであることを伝えるために、言葉足らずではあるが、次に代表的かつ日常に密着した歌とおどり「ムカーム」と「民間音楽」に焦点をあてて紹介しよう。

まず、ウイグル族の音楽で知名度の高いものとして「ムカーム」と呼ばれる音楽体系があげられる。ムカームは、ウイグル族のシンボリックな歌舞として愛され、今日では、ユネスコ世界無形文化遺産としても認定されている。また中国内外で、ムカームの構造や分析などの研究も進んでいる。

柘植によれば、ウイグルのムカームは、アラビアの「マカーム」やペルシアの「ダスタン」など、イスラーム諸国で多分に聞かれるマカームと呼ばれる音楽形態に由来するとされる。実際、ウイグル族のムカームにも、アラビアのマカームと類似する名称が散見される。また、今日では研究により、ウイグル族のムカームには、代表的な「12ムカーム」を筆頭に、新疆各オアシス独自のムカームが各種あることが明らかになっている。それらは、各地域名称から「トゥルファン・ムカーム」、「クムル

ドラーンのおどり。最初は２組で踊り、次第にステップを変えながら、リズムの変化とともに複数で円陣を組み、最後には１人ずつが回転する（2002年撮影）

（ハミ）・ムカーム」、「カシュガル・ムカーム」と呼ばれる。とりわけ、新疆南部のヤルカンドのメルケト、アクスのアワット県の地元農民によって伝承されてきた「ドラーン・ムカーム」は近年脚光を浴び出した。その要因は、第一に、ドラーン・ムカームを伴う歌やおどりに、独自の発声法が含まれていること、第二に、おどりのスタイルやリズムが明確に４パターンに分けられていること、そして第三に、一般農民によって踊られるという素朴さにある。この三点は、ほかのウイグル族の歌やおどりには見られない特徴であり、その独自性と迫力が注目され、ドラーン・ムカームは中国内をはじめ、２０００年代以降、日本公演も果たしている。

さらに、ウイグル族の歌やおどりの細部を知るには、ムカームよりも、むしろ各オアシスの民謡（民間歌曲）やおどり（民間舞踊）を視聴してみることが早道だ。とくに民間歌曲は、旋律などで、どの地域の歌であるかが顕著である。その各地域の音楽的差異から、新疆という地域が当地より西方の諸国の文化と中国文化の接点地であることもわかるだろう。つまり、新疆はイスラームの音楽理論に基づく楽曲形態から見れば、当地より西方へと繋がっていく最東地点であり、中国の諸音楽の要素が散見される最西端地域に位置しているのだ。

また、ウイグルの音楽にはムカームのほかに、民間人のあいだで浸透している歌舞やオアシス独自のスタイルを持つ「民間舞踊」と呼ばれるおどりがある。たとえば、代表的なものとしては、一定のリズムで踊られる「セネム」がウイグル族のあいだで一般的なものである。また、オアシスの独自性を持つ民間舞踊としては、新疆東部のトゥルファンで踊られる滑稽で笑いを誘う「ナズルコム」、男女が集団で西部の祝典などで踊る「シャディヤーネ」、前述のドラーン・ムカームを伴奏として独特の発声と明確なステップ・パターンを持ち、南部でもヤルカンド河からタリム河にかけて踊られるドラーンのおどりも、民間舞踊に含まれる。

そのほか、特記すべきはカシュガルで行われる、男性のおどり「サマー」である。このおどりは、イスラームの二大行事であるラマダーン明けの「ローザ祭」と、それより70日後のクルバーン（犠牲《ぎせい》祭《さい》）にて、ヘイトガーフ・メスチト（エイティガール・モスク）前の広場で踊られる。当二大行事の一日は、午前と午後で一変する。午前は静粛なナマーズ（礼拝）が行われ、クルアーンが辺り一面に響き渡る。しかし、午後になると、モスク前はサマーのおどりで興奮の「るつぼ」と化す。この午前の礼拝は、ほかのイスラーム諸国でも見られる光景で、その静粛さと人数は新疆でもこのイスラーム二大祭にしか見られない。だが、午後の騒然さは中国内ゆえか、時に酒も入り、おどりや派手な宴を催す光景も見られる。このコントラストは、カシュガルのウイグル族にとって慣例的であり、空間的にウイグル文化の多様性を垣間見る場でもある。しかし、一般的におどりに伴う回転は同方向に回る場合が多いことに対し、このサマーのおどりのダンス・スタイルは右に半回転、左に半回転という稀有なスタイルをとる。

本来、サマーはスーフィーあるいはシャーマニズムに由来するとされるが、その立証は現在でもされていない。しかし、トルコなどのおどりの名称にも存在し、ダンス・スタイルにも類似点が散見される。いずれにせよ、ウイグル族の歌やおどりは、各オアシスで独自性が保持されているのと同時に、イスラーム諸国の音楽とも共通点がある。

最近は、こうした民間舞踊も、モスク前でサマーを踊る規模も縮小傾向にあるが、電子楽器を備えたウイグル・レストランでは、サマーは電子音にのってしばしば踊られている。数十年前までは、サマーもイスラーム行事において、儀礼の一環としての様相を彷彿とさせる側面があった。当時は、人々は笑顔を見せず、神聖な面持ちで踊っていた。その様子は日本でシルクロード・ブームの契機となったドキュメンタリー番組の映像やその取材記からもうかがえる。しかし、今日では世代交代につれて、見知らぬ若者同士が、即興で集団の輪を成し、笑みを浮かべながら、中央に年配者を囲んで踊るという光景も見られる。このことからも、おどりのスタイルは変わらずとも、その空間や世代によって、サマーも徐々に変容していることがうかがえる。

今日、当地区内に居住するウイグル族の歌とおどりは、現地を紹介するメディアでは必須の一つとして登場すると同時に、観光の商品化の結果、ショーアップや演出形態の変化も目立つ。

また、現在の経済開発や政策に伴って民族間の摩擦が生じることもあるが、歌とおどりがメディアに登場することで、その摩擦の中和剤として扱われることもある。さらに民間歌曲も、今日ではポピュラー化され、「ウイグル・ポップス」と呼ばれる流行歌として、ウイグル社会内で浸透し、その流行を経て、各地の民間歌曲がじつは古くから地域で歌われてきたものだと改めて知る若者も多い。

そうした、ウイグルの芸能や音楽に対する変化さえ気づかぬまま、当地は開発や観光化対策、そしてインターネットを通じての音楽配信普及の波にもまれ、表皮的な印象だけが今日も持続しているのが現状である。

しかしながら、そのような背景のなかでも、ウイグル族たちが歌やおどりに興じる時の表情は、屈託のない笑顔で、彼らが音楽をこよなく愛していることに変わりはない。その笑顔が私も含め、当地を訪れた人々の心を打つのだ。

（鷲尾惟子）

キーワード

ウイグル／音楽／歌／おどり／民間音楽／ムカーム

参考文献

宇山智彦（編）［２０１０］『中央アジアを知るための60章【第2版】』（エリア・スタディーズ）明石書店
小松久男ほか（編）［２００５］『中央ユーラシアを知る事典』平凡社
鈴木健太郎［１９９９］「ウイグル音楽の歴史書『楽師伝』と民族的英雄アマンニサハンの誕生」『アジア遊学』１：88～99頁
柘植元一［１９９１］『世界音楽への招待——民族音楽学入門』音楽之友社
日本沙漠学会（編）［２０１０］『沙漠の事典』丸善出版株式会社
鷲尾惟子［２００７］「新疆ウイグル人の音楽研究の背景と粗描」『人間文化研究科年報』23：２４３～２５３頁
Harris, R. 2008. *The Making of a Musical Canon in Chinese Central Asia: The Uyghur Twelve Muqam*. Ashgate.
Light, N. 2008. *Intimate Heritage: Creating Uyghur Muqam Song in Xinjiang*. LIT Verlag.

ことばと音楽が織りなす人間模様

コラム2

鷲尾惟子

私は「ことば」に関して門外漢ではあるが、「ことば」を「音」と置き換え体験談を語ろう。

各国・各民族には多様なことばがあるが、「強弱」を特徴とすることばと「高低」を特徴とすることばのいずれかに大別できるだろう。そのような視点から考えた場合、「ことば」もまた、リズムや強弱、長短を持つ一種の「音」のつながり、あるいは「音楽」といえるだろう。「ことば」と歌詞は、それら抑揚との整合性の有無に関心を持つ研究者も従来多かった。確かに、かつての歌には歌詞と日常使用されることばの抑揚に整合性がある場合が多かった。しかし、現代ではその整合性が欠ける状況も見受けられる。たとえば、日本のJポップなどでは、弱音であるはずの助詞を意図的に強調して歌われる場合がある。また、日常使用されることばの強弱と相反して箇所を強調した、意表をつくポピュラー音楽も多数ある。

ただし、ことばにも音楽に見られる抑揚や種々のリズム感が聞かれることに変わりはない。そのことを考えれば、ことばと音楽、とくに歌がまったく無縁でないことは明らかである。また、ことば（歌詞）が先に思い浮かび、メロディが後につくられる場合と、その逆の場合があり、それによって歌のニュアンスが変わる場合も否めないだろう。

私が研究対象としているウイグルの音楽はウイグル語と切り離せない。叙事詩や話しことばを「語り物」として唱う、コシャックやダスタンと呼ばれるジャンルも伝承されている。また、日常生活においても音楽や詩の専門家でもない若者らが、独特のリズムで韻をふんだ粋な詩を

語り物「コシャック」のVCDの宣伝ポスター

即興で詠歌し、ラブレター代わりに使用することもしばしばである。

　私が現地へ足を運ぶ度に耳にして最も驚かされるのは、ウイグル族たちの日常会話で聞かれる発声ないし裏声である。相手の名前を呼ぶ場合、名前の末尾が突如として甲高い裏声となり延ばされるのである。たとえば、誰かが「アイシェングル」という名前のウイグル女性に呼びかけたとしよう。日本人ならば末尾の「グル」を単に「グール」と延ばすに留めるだろう。しかし、ウイグル族の場合、「グール」の箇所のみ急に裏声の高い発声となる。

　また、私が誰かに道を尋ねる時も然りである。日本語で「あの場所を～」を意味する「アウー　イエル～」というウイグル語を聞くと、ほとんどのウイグル族がその方角を指しながら「アーーゥ　イエル」と、冒頭の「ア」が裏声となり、長く引き延ばされる。そこまで誇張して甲高く引き延ばされて説明されると、私はいつも目的地があたかも遠方にあるかのような錯覚にとらわれる。しかし、なんてことはない。単に二、三軒ほど先の家であったなんてことは常である。

　そのように、新疆内の各地各所を歩いていると、甲高い裏声が雑踏のなかから響いてきて、日常のことばのなかにも一種の音楽をつねに感じられる。日常のことばのみならず、歌のなかにも突如としてある箇所のみが高くなるものもある。

典型的なのはホータン地区の民間歌曲であろうか。第13章ではウイグル族の音楽の東部と西部の関係に着目して述べたが、じつは新疆の南部と北部のあいだでも、民間音楽のスタイルには違いがある。とくにホータンの民間歌曲では

ウイグルの漫才

音の高低が少なく、単調に聞こえがちであるが、ある箇所のみ急激に音が高く跳躍する場合がある。これは音の抑揚・起伏が多い北新疆のイリの民間歌曲と対照的である。

「ことば」も「音楽」も元来、空気の振動を通じて高低やリズム、強弱を発する「音」である。ウイグル族社会のなかには、そうした音空間があることが感じられる。たとえその誇張された裏声に驚き数軒先の家を通り越し、数キロメートル離れた場にいって途方にくれても私は現地でウイグルの音や人と音楽の緊密な関係を探し求め続けるだろう。

ほかの中国ムスリム地域をたびたび訪れている人々もまた、無意識にも日常のことばを通じて、各地域の音・空間を体感しているのだろう。

III

都市・農村のくらし

14

ジャマーア

★ムスリムの伝統的コミュニティ★

現在、中国各地にはモスクや聖者廟《せいじゃびょう》が数多くある。ムスリムの少数民族はモスクや聖者廟の周囲に集住し、独自のコミュニティを形成してきた。原則、モスクや聖者廟のあるところには必ずコミュニティがある。漢語を日常生活で頻繁に使用する回族、東郷族、保安族などはそのようなコミュニティを「哲瑪提」、「者瑪提」（アラビア語起源の語彙で発音は「ジャマーア」または「ジャマーアティ」）、ウイグル族やカザフ族などのテュルク系の民族は「ジャマット」と呼んでいる。地域にもよるが、「寺坊」、「教坊」、「回坊」、「坊上」などの漢語の語彙が使用されることもある。便宜上、本章では「ジャマーア」と表記する。

中国イスラームは、唐の時代から元の時代にかけて海路では東南部へ、陸路では西北部へ伝播した（第31章）。アラブ人やペルシア人などの外来ムスリムはおもに都市部（たとえば、交易都市の広州《こうしゅう》や泉州《せんしゅう》、唐の都の長安《ちょうあん》）に移住し、「蕃坊《ばんぼう》」あるいは「坊《ぼう》」という居留地に清真寺《せいしんじ》を建設した。ユーラシア大陸の東西交易が栄えていた時期には中国へ移住する外来ムスリムが増加し、清真寺を拠点として独自のコミュニティが建設された。それが現在のジャマーアの起源である。歴史が最も古く、現在も活況

第14章
ジャマーア

寧夏回族自治区銀川市の清真寺

を呈している代表的なジャマーアは陝西省西安市にある「回坊」である。この地域に暮らす回族の遠い祖先は唐代に西域から移住した外来ムスリムであるといわれている。

西域からやってきた外来ムスリム（大部分が男性）のなかには、漢語・漢字を習得し、漢人女性と結婚する者が出てきた。外来ムスリムと結婚した漢人女性はイスラームに改宗し、ムスリムの家庭を築いた。このように、外来ムスリムが漢人との通婚を繰り返すことによって、回族の祖先となる集団が誕生し、中国各地にジャマーアが形成されたのである。これが漢語を母語とする回族が外来ムスリムの末裔とされる所以である。ただし、イスラームに改宗した非外来ムスリム（漢人、モンゴル人、チベット人など）を祖先とする人々も現在の回族のなかには含まれる。

それでは、ジャマーアはどのように形成・運営されているのだろうか。ここで、西北地方の回族の事例を紹介してみよう。まず、回族の人々が集住すると、一定の土地を購入して清真寺を建設する。これはイスラームの五行（五柱）や年中行事を実施できる場所を確保するためである。清真寺の周囲には、食肉店、飲食店、八百屋、散髪屋、茶館、住居などが軒を連ねて、「清真」（ハラール）の食材の購入（第18章）、レストランでの会食など、ムスリムにとって生活しやすい空間が形成される。回族の人々は基本的には世帯単位でジャマーアに所属することが多い。ジャマーアの規模は小さなもので数十世帯、大きなもので1000世帯とさまざまである。甘粛省臨夏市の八坊のようにいくつもの清真寺が集中する地域では、ジャマーアの境界線がわかりづらいように見えるが、地元住民たちは自分たちの所属するジャマーアを正確に把握している。

このように、ジャマーアは清真寺を中心として形成されるため、清真寺の宗教指導者（「開学《かいがく》アホン」、「教長《きょうちょう》」）や管理責任者（地元有力者）がジャマーアの実権を掌握する。清真寺では一般信徒（「高目」、「哈宛徳」、「教民」、「坊民」など）が管理責任者を投票や話し合いで選出する。管理責任者は「郷老」、そのなかの最高責任者は「学董」（あるいは「大郷老」）と呼ばれる。一般に、清真寺で敬虔なムスリムで人徳者と見なされた者、清真寺の建設・修復や財務管理を担当できる者、事務処理能力に長けた者たちが選出されることが多い。西北地方では、清真寺の暗黙の了解として共産党員が管理責任者になることは禁止されている。なお、建国後、清真寺の管理責任者たちは「清真寺民主管理委員会」として再編され、最高責任者は主任、その補佐役は副主任と呼ばれている。

このようにして選ばれた管理責任者たちは、清真寺の経済状況に鑑み、また、一般信徒の意見を考慮しながら、イスラーム諸学に精通した「アホン」（第24章）を「開学アホン」（「教長」）として招聘す

清真寺近くの路地を行き交う回族の人たち

る。優秀なイスラーム学者であり、また、ムスリムとして尊敬される者が数名の候補者から選出される。清真寺に招聘されたアホンは「開学アホン」としておよそ3年滞在し、その間、イスラーム教育や儀礼執行を担当する。3年任期が原則ではあるが、清真寺で評判のよい者は残留（再任）できる。そうでない場合、辞職せねばならない。もしほかの清真寺が招聘するならば「開学アホン」として異動できる。それが無理な場合は、一般信徒として清真寺に留まることになる。

清真寺のイスラーム教育では、「開学アホン」のもとに「ハリーファ」あるいは「マンラー」と呼ばれる寄宿学生（男性）が集まり、アラビア語やペルシア語などの経典を学び、イスラーム諸学の研鑽に励む。都市出身者もいるが、農村出身が圧倒的に多い。彼らは清真寺のなかに寄宿しながら、「開学アホン」の仕事（たとえば、人生儀礼でのクルアーン朗誦、牛・羊・鶏の屠畜など）を補佐してイスラームを実践する。また、一般信徒が儀礼の代行（たとえば、葬儀での沐浴《もくよく》や墓参など）を依頼した場合、寄宿学生はイスラームの細則を一般信徒に教える一方、一般信徒から「乜貼《ニエティエ》」、すなわちサダカ（自発的な施し）を受け取り、生活費の足しにする。寄宿学生の滞在期間に決まりはないが、意外なことに数ヵ月あるいは半年ほどでほかの清真寺へ移る事例が多い。清真寺を移動する理由は、「開学アホン」との相性、清真寺の経済状況などとも関係するが、寄宿学生は中国各地にちらばる清真寺を転々として、およそ10年でイスラーム諸学を修め、清真寺でアホンの資格を取得する（第54章）。

ところで、1950年代後半以降、中国各地のモスクや聖者廟は一連の社会主義諸政策によって閉鎖・破壊された結果、ジャマーアは一度消滅している。1980年代に入ると、モスクや聖者廟が自発的に修復あるいは新築されてジャマーアは復活したが、地域によっては、修復されなかったものや1990年代以降の都市再開発の影響で移転や破壊を余儀なくされたものもある。また、漢族との混住化、漢族（おもに非ムスリム）との通婚の増加、回族の個々人の世俗化や脱宗教化などが契機となり、清真寺に通う者が減少し、ジャマーアそれ自体の凝集性が低下している地域もある（第51章）。その一方、広東省広州市や浙江省義烏市のように他省・自治区からやってきた回族や外国人ムスリムがジャマーアの新たなメンバーとなり、地域活動を活性化させている事例もある（馬強の報告）（第60章）。

（澤井充生）

キーワード

ジャマーア／「寺坊」／「教坊」／「高目」／「学董」／「郷老」／「清真寺民主管理委員会」

参考文献

岩村忍［1949］『中国回教社会の構造（上）』日本評論社
――――［1950］『中国回教社会の構造（下）』日本評論社
馬強［2006］『流動的精神社区――人類学視野下的広州穆斯林哲瑪提研究』中国社会科学出版社
楊文炯［2007］『互動、調適与重構』民族出版社

15

揺りかごから墓場まで

★命名式・割礼・婚礼・葬礼★

　ウイグル族の人生はさまざまな儀礼に彩られ、その儀礼を通過しながら成長していく。儀礼は法律で決まっているわけでもなく、しなくてもかまわないのだが、儀礼に多くの人が参加することによって社会秩序が形成されている。それはウイグル族の秩序である。漢族などほかの民族が参加することは少ない。時代とともに衰退した儀礼もある。質素にと政府からもイスラーム宗教界からもいわれるが、全体としては派手に豪華になっている。儀礼への招待が多すぎて悲鳴を上げている人もいる。招かれたら招くという相互関係が基本だから、断るのも難しい。また、新疆では集会は政治的に難しいが、祭りや儀礼としてなら許される。楽しい歌や踊りや会話で、多くの時間とお金が費やされるが、経済格差などで生じる民族対立で緊張することの多い時代を乗り切る彼らの文化でもある。

　少数民族に対する計画生育政策はウイグル族の人生の始まりに大きな影響を与えた。イスラームは産児制限など許していないからである。１９８０年頃から段階的に規制が強化され、１９９２年には都市で２人、農村部で３人とし、それ以上は高額の罰金を払うことになった。しかし、女性も働くようになり、たくさんの子どもを育てるのは大変だと思う人もいる。

ウイグルの社会では人生を区切る儀礼で火がよく使われる。これは悪いジン（霊）を追い払うためである。新生児を生後40日で幼児用の寝台に寝かせるブシュク・トイと呼ばれる儀式がある。ブシュクとはその寝台のことであり、トイは祝いの儀式の意味である。お祝いに昔は生地を持っていくこともあった。今はどんなに安くても50元のお祝い金である。赤ちゃんのうえで火を揺らし、ジンを払う。ある人はジンを払うためにウイグル・ナイフを寝台に置く。ブシュク・トイは子どもや孫がたくさんいる老婦人がインギママ（古代ウイグルの母神、ウマイと関係する。この母神は子どもを守る神である）に扮して、寝台の背後に座る。子どもたちが前に座り、赤ん坊と一緒にインギママの祝福を受ける。子どもたちはインギママと叫ぶ。老婦人は寝台の下からアメなどのお菓子を渡す。お湯を沸かして金、銀をそのなかにつけて、さらに塩をいれる。そして、それで赤ちゃんの体を洗う。9ヵ月目に、おなじことをやる。健康に過ごしましたとお祝いする。

多くの女性は実家に1ヵ月前に戻って初めての出産をする。赤ちゃんが生まれたら家の戸に赤い布をはる。それは幸福を知らせるとともに、母親が40日間、他人の訪問を断る知らせでもある。昔は出産はトータニセ（産婆）が行った。座産《ざさん》もあった。現在はほとんど病院である。生まれて7日にアット・トイ（命名祝い）を行う。ムハンマドなど歴史的に有名な人の名前のほか、赤ちゃんの母方、父方から四つくらい名を出して、重なった名前を選ぶ。アホン（イスラーム指導者）が来て、じゅうたんを敷いて、そのうえに赤ちゃんを寝かせて、布でぐるぐるまく。それからアホンが抱いて、「神様が下さった名前です、いい人になりましょう」と祈願する。名前にも時代によって変遷がある。イスラームに関係する名前は半分ぐらいになった。

割礼は7歳ごろに、病院か家でする、スンナットチとは「割礼をする人」で、床屋さんの副業が多かった。しかし、今は基本的に医者がする。代々受け継ぎ、医者の仕事の副業になる。病院でると80〜100元、家では150〜200元かかる。施術は次のように行われる。まず、子どもの両手を葦で縛り、木綿を焼いた灰をペニスの先につける。泣き喚く子どもに、今日はしないとうそをつき、なだめすかしながら、かみそりのようなものでペニスの先を切る。それから、傷口に灰をつけて、木綿で巻いておく。1週間で傷は直る。その間、卵をたくさん食べる。割礼とは一人前の男になり、体が清潔になり、ナマーズ（祈り）ができるようになることである。近頃は、スンナット・トイ（割礼祝い）で多くの人が集まり、お金を出してお祝いするようになった。以前は家族だけだった。この割礼によって男の子は男であることを意識させられる。割礼以前は母親と行動をともにすることが多かったのが、割礼後は同年齢の男の集団に属することになる。

次に、婚礼を見てみよう。今は伝統的な結婚式は少なく、外見的には西洋式が多い。年々派手になる傾向はある。式は婿方と嫁方で会場は別々である。農村では女性が先、男性があとの日にする。昔、結婚は親が決めた。今は自分で相手を探して親の承認を得るのが普通だ。相手を決めるとき、男から女に代理人を送るキチク・チャイ（小さなお茶）という儀式を結婚式の1ヵ月前にする。そのあとチョン・チャイ（大きなお茶）という儀式が行われ、その時は親も行く。結婚式の場所や日時を相談するチャイの儀式は女性が進めていく。キチク・チャイは男の家、女の家それぞれで一回ずつ行う。結婚式の朝、ニカーフ（イスラームによる結婚の承認）をする。品物の交換は今では少なくなった。昔は、女のほうか

ホータン農村部の葬式、埋葬している。中心部右に棺が見える

ら果物、野菜の種や、ズボンなどを与え、男のほうからはオスの羊を女の家に結び付けて置いた。今は、電気製品、時計、服などを交換するのが普通だ。また、昔は花嫁をじゅうたんに乗せ、火の回りをぐるぐる回した。わらの火でシェイタン（悪い霊）と戦うのである。現在、結婚式はレストランで行うことが多いから、このような習慣はあまり見られなくなった。

最後に、葬式を見てみよう。ウイグルの社会では日本のように病院で亡くなる人はほとんどいない。入院していても、治療の見込みがなければ、家に戻る。延命治療など行わない。家族が看取り、呼吸がない、手足が動かない、口から泡を吹くなどとなれば、それで亡くなったと思う。死の判定を医者がすることはない。夜に亡くなったら、翌日に、親族、近隣の住人、知人、友人が集まる。葬式はなるべく早くしたほうがよい。葬式の手順は次のとおりだ。まず、モスクに運ぶ前に遺体を洗う。遺体の左右にペリシタ（天使）がいると信じられているからだ。生前の善行によって、ジェンネット（天国）行きかドーザフ（地獄）行きが決まる。それから、顔を西、マッカに向け、遺体を埋葬する。そのあとネズィル（供養）に呼ばれて、モノやお金を遺族にあげる。来た人にはポロ（パエリアに似たウイグル料理）などを出す。千回の葬式に行ったら、自分の葬式のときには千人来ると信じられている。だから、多少のトラブルがあっても葬式には行く。元来、墓は素朴なものであったが、最近は、日付、名前を入れ、お金をかけてマザールのような形の墓を造る人が増えた。葬式は、男性がほとんど式を進めていく。女性は遺族の家に行ってお悔やみをいうだけでモスクや墓地には来ない。だが、ネズィルといわれる死者への供養や、祭りには深くかかわる。供養は死後3日、7日、40日、さらに1年後行われる。墓地に行けるのは男性だけだから、少なくとも一人は息子を持つべきとよくいわれる。

（藤山正二郎）

キーワード

スンナット・トイ／アホン／ニカーフ／マハッラ／一人っ子政策

参考文献

阿布都西庫爾・阿布都熱合曼［2006］「新疆ウイグル自治区のウイグル族における結婚式の変容――アトシュに住む家族三世代の事例から」『人間社会環境研究』12：211～227頁
岩崎雅美（編）［2006］『中国・シルクロード　ウイグル族女性の家族と生活』東方出版
トホティ［1992］「結婚考4　中国ウイグル族の結婚」『ＡＳＩＡ21　基礎教材編』2：87～90頁
――――［1993］「葬儀2　中国――（2）　ウイグル族・カザフ族の葬式」『ＡＳＩＡ21　基礎教材編』3：139～144頁

16

家族と親族のつながり

★人口政策の変化のなかで★

回族が、理想とする家族のあり方は傍系拡大家族である。基本的には出自規則は父系制で夫方居住婚を行う。1980年代以降の「一人っ子政策」では、回族は都市部では二人、農村部では三人の子どもを持つことができる。近年、漢族とおなじく核家族化が進んでいる。ただし、核家族化が顕著になり、親と別々に住んでいても、身近な家族・親族同士の付き合いは絶やさない。こうした家族・親族間の親密さはイスラームの倫理規範としてしばしば説明される。

回族のことわざに「回回的親、撦不断的根（回民の親戚関係は、引き裂けない根のようなもの）」という言い回しがあるように、回族の集住地域では、回族は同じ回族と結婚することが理想的な慣行と考えられてきた。そのような地域で民族内婚を繰り返した結果、回族の親戚関係は非常に複雑になっており、面識のない異なる家族・親族集団がじつは親戚関係にあるといった事例は少なくない。このほか、義理の親子関係のような擬制的親族関係が結ばれることもある。

ここで、回族の親族語彙に目を向けてみよう。寧夏の回族は父親を「大大」あるいは「爹」、母親を「媽媽」、父方祖父を「爺爺」、父方祖母を「奶奶」と呼ぶが、広東の回族は父親を「爸爸」あるいは「阿爸」、母親を「媽媽」あるいは「亜媽」、父方祖父を「阿爺」あるいは「亜公」、父方祖母を「亜婆」あるいは「太太」と呼ぶ。回族の母語は漢語であり、回族の親族呼称は漢語方言に基づくため、大きな地域差が見られる。ただし、回族の親族語彙と漢族のそれとは非常に似ているが、若干の差異があることにも注意する必要がある。たとえば、北京の回族は父方祖父を「巴巴」と呼ぶが、この呼称はテュルク語を語源とする語彙であり、回族が外来ムスリムの末裔であることを想起させる。

1990年代後半から2000年代に再編された回族の族譜（福建省）（撮影：砂井紫里）

こうした親族カテゴリーを付与された人々が動員される顕著な場面は死者儀礼であろう。一般に、回族は漢族のように祖先祭祀を行うことはなく、族譜《ぞくふ》を記録したり、祠堂《しどう》を建設したりしない。基本的には、死者を土葬した後、死者の平安をアッラーに祈念するだけである。しかし、東北地方や東南地方には清朝期や民国期に編纂された回族の族譜が残っており、また、1990年以降、新たな族譜が編纂されている。たとえば、福建省の丁姓や郭姓の回族は族譜と祠堂を所有し、父系出自集団を組織する。毎年の断食明けの祭には、回族ムスリムやそのほかのムスリム系民族、外国人のムスリムが清真寺で行う集団礼拝とは別に、地元回族の老人会や宗族《そうぞく》のメンバーたちが祠堂で講話会を開いて祭日を祝う。これは特殊

アホンによるニカーフ。目の前に政府の結婚証明書と主食ナンが置かれている（撮影：藤山正二郎）

な事例であり、他省（とくに西北地方）の回族は「漢化」であるとして揶揄するが、多様な歴史的背景を持つ回族の親族のひとつのあり方ともいえよう。

ウイグル族の家族や親族のつながりも、時代とともに変わり、また、ウルムチのような都会、ホータンの農村部のあいだでもかなり違いがある。家族形態は封建家長制の大家族といわれたこともある。これは地域による違いや、歴史的に中華人民共和国以前の階層による違い、などを考慮する必要がある。しかし、実際には、近くに分居しているが、三世代家族が基本である。

結婚によって家族がつくられるが、基本的に夫方居住である。結婚は早婚や、離婚再婚の繰り返しが多い。早くに孫がほしいと、15歳ぐらいで親から結婚を勧められる。現在の新疆の法律では女性18歳、男性20歳で結婚可能になる。さらに人口抑制策で晩婚が奨励されている。世帯規模はウルムチの都市部では2・9人だが、いまでも農村部ホータンでは15、16歳での早婚が多く、人口抑制の割には子どもが多い。世帯規模は4・6人である。少数民族の農村部は生育政策の優遇もあるからであろう。また、子どもができない、性格が合わないなどで離婚するが、離婚はそれほど悪いとは思われていない。これは、夫婦のつながりより、親子・兄弟姉妹のつながりが優先される家族観と関係している。
同じ郷や村での内婚、民族内婚《みんぞくないこん》が普通である。以前はイトコ結婚が多かったが、それは財産の分散を防ぐためでもある。だが、男兄弟の子ども同士は結婚できず、姉妹の子ども同士であれば許される。基本は父系家族で。息子は必ずほしいと考える家庭がつい最近まで多かった。だが、生育政策によって子どもの数が制限されるようになると、近くに住んで親の面倒を見てくれる娘が好まれる傾向ができた。

ウイグル族には末子相続の習慣がある。ウイグル自治区成立以前はイスラーム法により、娘は息子の二分の一、妻は四分の一とされていた。中華人民共和国の法律では、均分相続である。ウイグル族のあいだでは長男から結婚して独立し、近くに住む。そのとき、親は結婚費用や、ある程度の財産を渡す。結果的に末子の息子が残り、親の面倒を見る。実質的には三世代同居家族であるが、老親は同じ敷地内や、隣に住む場合もある。ウイグル族には祖先崇拝はない。しかし、年長者に対する尊敬はある。日本のように年取ったら老人ホームにまかせるということはウルムチのような都会でもありえない。

マハッラ（地域共同体）はウイグル族の伝統的で基礎的な共同体である。このなかでは、婚姻関係などによってかなりの所帯が親族になる。そこで、マハッラのなかでもより遠い親族のあいだで結婚が行われることが多い。親族関係にあれば、収穫のときの労働相互援助ができる。また、出産の時は産婆になる、実母が授乳できないときは乳母になる、子ができないときは養子を出す、などさまざまな援助をし合う。

陽光のなかの回族の母と子。父親の礼拝が終わるのを待っていた（撮影：砂井紫里）

1親族の核をなす血族（カンダシュ・トッカン、ウルク・トッカン、クル・トッカン：カンダシュは血が同じ、ウルクは種子、クルは木の幹の意味、トッカンは生むから派生して親戚の意味）。上の世代には、①父（アタ、ダダ：呼称）、母（アナ、アパ：呼称）②祖父（ボワ、チョン・ダダ：呼称）、祖母（モマ、チョン・アパ：呼称）④曾祖父（チョン・ボワ）、曾祖母（チョン・モマ）⑤高祖父（ウルグ・ボワ）、高祖母（ウルグ・モマ）など、下の世代には①息子（オグル）、娘（クズ）②孫（ナウラ）③ひ孫（アウラ）④玄孫（チャウラ）など、同世代には、兄（アカ）、弟（ウカ）、姉（アチャ）、妹（スィンギル）。

2近い血族（イェクン・トッカン：近い親戚の意味）父母の兄弟姉妹、その子女など。おじは一般的にはタガである、父の兄をチョン・アタ、父の弟をキチク・アタと呼ぶところもある。おばはアパ、母の姉をチョン・アパ、母の妹をキチク・アパと呼ぶ。特徴的なことはイトコの存在である。中国の法律では結婚は禁止されているがウイグル族のあいだではかなり行われている。名称もナウラであるが、これは孫と同じである。共同作業、葬式など付き合いも頻繁である。

③遠い血族（イラク・トッカン）イエクン・トッカンのオジ・オバ、イトコなどより遠い範囲。付き合い方もさまざまであり、姻族とともに日常生活では重要性を持たない。

④姻族（クダ・トッカン）。

以上が親族の範囲である。ウイグル社会では血縁は地縁とともに大きな意味を持っている。特徴的なことは兄弟姉妹のつながりの強さである。それはイトコ婚の多さにもつながる。また、結婚のつながりは重視されていない。離婚は多く、その子どもも女性の実家が引き取り育てる。直系のつながりはやや父系に傾いている。

（藤山正二郎、砂井紫里）

キーワード
親族名称・呼称／宗族／族譜

参考文献
王正偉［2008］『回族民俗学』寧夏人民出版社
宋志斌・張同基（主編）［2008］『一個回族村的当代変遷』寧夏人民出版社

17

変わる結婚事情

★回族の婚姻慣行★

中東や中央アジアなどのムスリムと同じように、中国ムスリムも結婚をスンナ（預言者ムハンマドの慣行）として奨励している。イスラームの法規定によると、ムスリムの男性は啓典の民（ユダヤ教徒やキリスト教徒）の女性と結婚できるが、ムスリムの女性はムスリムの男性としか結婚できない。このような法規定には男女間の差異が見られるが、実際の状況としては、世界各地にあるムスリム社会においては同じムスリム同士の結婚が優先される傾向にある。

このことは中国ムスリムにもあてはまる。本章では、筆者が寧夏回族自治区銀川市で見聞きした回族の結婚事情を紹介してみたい。回族は同じ回族との結婚を遵守することでよく知られており、いわゆる民族内婚《みんぞくないこん》が伝統的な婚姻形態として選択される傾向が強い。たとえば、寧夏回族自治区銀川市では、回族が結婚相手を探す場合、自分の家族・親族に「媒人」（仲人）を依頼し、同じ回族の結婚相手を地元で探してもらう事例が多かった。もし回族の結婚相手が見つからない場合は、ほかの「市」や「県」、遠方では他省まで結婚相手を探しに行くこともある。もちろん個人差はあるが、都市部であれ、農村部であれ、同じ回族の結婚相手を家族・親族あるいは友人のコネクションに頼って探し出すことが多い。回族の人々はなぜ民族内婚を厳守しようとするのだろうか。その理由は、回族が漢族と結婚してしまうと、それぞれの食習慣や死生観（とくに埋葬方法）などの違いから結婚後の家庭生活に文化摩擦が発生しやすいと考えられているからである。たとえ漢族がイスラームに改宗したとしても、その後の夫方親族と妻方親族の付き合いが面倒だと考えられることが多く、漢族は結婚相手としては敬遠される傾向にある。漢族が豚肉を常食することも回族が漢族との結婚を忌避する理由のひとつである。

それでは、回族が結婚相手を見つけた後、どのような手続きをふむのだろうか。回族の人々は「尼卡哈」（アラビア語の「ニカーフ」）、つまり結婚をイスラーム法上の契約と考えている。一般に、婚約の儀礼では、清真寺の宗教指導者の立ち会いのもと、男性側は女性側に対して「麦哈爾」（アラビア語のマフル）、すなわち婚資《こんし》を納めなければならない。結婚式では、新郎・新婦の親族や知人・友人を数多く招待し、宗教指導者や寄宿学生にクルアーンを朗誦してもらう。本来ならば、結婚契約書への署名がなされるはずだが、寧夏回族自治区では、新郎・新婦がイスラームの聖句のひとつ、「清真言」（アッラーのほかに神なし。ムハンマドはアッラーの使徒なり）を朗誦するだけで事足りる。近年、地域によっては、新郎・新婦やその両親たちが結婚契約書に署名せねばならない清真寺もある（たとえば内《うち》モンゴル自治区フフホト市）。いずれにしても、結婚は回族にとって重要な契約の儀式であり、婚姻儀礼には新郎・新婦の親族だけでなく、清真寺の宗教指導者や管理責任者たちも必ず出席し、新郎・新婦の結婚契約の重要な証人となる。

ところで、１９８０年代以降、「改革開放政策」が本格化した結果、大都市では再開発が推し進められ、

回族の結婚式。宗教指導者の前でイスラームの聖句を唱える新郎・新婦

清真寺の周囲に集住する回族の伝統的な居住形態が瓦解しつつあり、回族と漢族の混住化が急速な勢いで進んでいる。また、職場や学校では回族と漢族が恋愛・結婚する事例が増加している。たとえば、北京市の回族が集住する牛街の場合、回族と非回族（おもに漢族）の通婚、いわゆる「回漢通婚」が１９８７年時点で36・4％だったが、１９９６年時点では56・7％であり、約10年のあいだに非回族と結婚する回族が増加したことがわかる（良警宇の報告）。ただし、回族と漢族が結婚する場合、漢族はイスラームに改宗せねばならない。清真寺関係者の話によると、漢族のイスラーム改宗には形式上の手続きが多いが、一般的な手続きとしては、漢族が結婚前に回族の恋人あるいは親族に連れられて清真寺を訪問し、イスラームの基礎知識を学び、改宗手続き（信仰告白を済ませる。その後の婚姻儀礼の方法は回族同士のそれとほぼ同じものである。

ここで、回族と漢族の通婚に見られる男女の組み合わせを見ておこう。一般的な傾向としては、回族の男性が漢族の女性を娶る事例が多く、漢族の男性が回族の女性を娶る事例が少ない。西北地方には「只許娶進、不得嫁出」（他民族の女性を娶ってもよいが、自分たちの女性を他民族の男性に嫁がせてはならない）という諺があるように、回族の女性が非ムスリム（おもに漢族）

の男性と結婚することはタブーとされている。回族の女性が漢族の男性と結婚した場合、嫁ぎ先、すなわち漢族側親族の成員となり、その後の生活を漢族社会のなかで営むことになり、漢族にそのうち同化してしまうのではないかという危機感が回族の人々のあいだでは根強いからである（本章では紹介しないが、ウイグル族の場合も非ムスリムと結婚することが忌避される）。ただし、漢族側親族が回族側親族の生活習慣に理解を示す事例もある。

ここまで民族内婚や「回漢通婚」の話を紹介してきたが、回族が結婚相手を選ぶ際、結婚相手の民族戸籍や宗教信仰だけを考慮するわけではない。結婚相手の容姿や性格、学歴や家族構成、職業や収入などの条件も吟味する。近年、中国では女性が男性に高条件を求めるようになり、日本のバブル期の「三高」を彷彿させるが、中国ムスリムにもごく普通に散見される。また、中国の大都市ではムスリムが非ムスリムと恋愛・結婚する場合、イスラームへの改宗を結婚相手に要求しない事例もあり、ムスリムの結婚相手の選び方や夫婦生活のあり方も変化しつつある。ただし、西北地方のムスリムのあいだでは早婚が奨励されることが多く、伝統的な結婚観念が根強い事例も見られる。

（澤井充生）

キーワード
民族内婚／ニカーフ／「回漢通婚」／漢化

参考文献
馬宗保［2002］『多元一体格局中的回漢民族関係』寧夏人民出版社
楊文炯［2007］『互動、調適与重構』民族出版社
良警宇［2006］『牛街——一個城市回族社区的変遷』中央民族大学出版社

18

清真

★イスラームの食文化★

「清真《せいしん》」の二文字が付された物や場所は、ムスリムが安心して食事あるいは使用できることを意味する。

「清真」のマークが印刷された「清真牌《せいしんはい》」には、ムスリムが沐浴で使用する「湯瓶」や「白帽」の図案が用いられてきた。ある「清真牌」では、図案とともに漢語で「清真」と「回族食品」とあり、「民族の風俗習慣を尊重しよう」、「禁忌食物の禁止」というスローガンとともに、アラビア語で「ṭaʻām al-muslimīn（ムスリム食品）」の表示がある。清真のマークは、食品のほか、茶や食具、石鹸などの日用品にも用いられる。

回族の人々に「清真」の意味を尋ねると、一般の住民は、清潔や善良であること、作り手がムスリムであることなどの意味合いでとらえている。宗教指導者の場合は、イスラーム法で合法であることを意味するハラール（halal）であるという。なお、アラビア語のハラールの音訳としては、清真とは別に「哈倆里」や「哈拉」などの表現がある。

中国におけるイスラームの食文化は、クルアーンに基づく三大不浄（ブタ、血、イスラームの法で正しい方法で屠られたのではない動物）を用いないなどの食物規制を基調に、調理では流れる水を用いること、おもに西北地方では食事前にバスマラを朗誦するなどの食事作法がある。

一般の書店では精進料理や地方料理と並んで専門の料理本が売られている。料理のカテゴリーとしての「清真菜《せいしんさい》」（清真料理）は、広義では中国のムスリム諸民族の料理を指すが、狭義では回族の料理を指す場合もある。たとえば、手抓羊肉（茹でた骨付き羊肉）、牛肉拉麺（かん水入りの手打ち汁麺）、羊肉泡饃（ナンに熱々の羊肉入り春雨スープをかけたもの）などは回族の料理として、ポロ（ピラフ）やラグマン（手延べ混ぜ麺）などはウイグルの料理として、また、陝西、甘粛、寧夏、新疆などの地方色豊かな料理としてしばしば取りあげられる。同じ民族でも地域的なバリエーションもあり、たとえば、イスラームの祭日や冠婚葬祭などで自宅で調理され、隣人や友人などに贈られる揚げパンの一種「油香」は、内陸部ではコムギ粉を用いた平たいものであるが、沿海部の一部ではコムギ粉のほかモチ米粉も用いられ、ゲンコツ状の形態である。このように「清真菜」は、イスラームの、という宗教的な意味合いとともに、エスニック・フードや地方料理という側面もある。

旧来の「清真牌」の一例

料理本を見てみると、牛肉や羊肉・小麦粉製品を用いた料理の比重が大きい。イスラームで禁じられた物、たとえばブタや血はもちろんないが、レシピではイスラームに則った手続きは言及されない。たとえば炒青菜、家常牛肉、醤牛肉、麻辣豆腐など、いわゆる中華料理と共通する料理も掲載されている。料理本の表紙には、アラビア語やモスクのドームと月、羊肉料理の図案などが使用され、イスラームの雰囲気を醸し出している。

料理本によっては、その序文で、「民族特色」、「回族」、「イスラーム」といったキーワードとともに、清真料理が「中国飲食文化の重要な構成要素」であり、「長い歴史」を持つことが述べられる。シルクロードを経由した中央アジア原産の豆や野菜・香味野菜、元代の『飲膳正要』や『居家必用事類集』で「回回食品」としてレシピが掲載されている「禿禿麻失」（小麦粉を手で捏ねて掌で平らにし茹でたもの）や「河西肺」（羊の肺の詰め物料理）といった「伝統料理」、清代から続く回族の老舗の料理店（たとえば北京の東来順、上海の洪長興など）についての記述がそうした語りを補強する。

通りの料理店の名称では、「（地名）＋清真餐廳」、「西北拉麵」、「蘭州拉麵館」など、地名や地方名が冠されることが多く、看板や入り口のガラス扉にも清真や「西北風情」、「民族特色」、「民族風味」といった文字や特色のある料理名、草原や清真寺のモチーフが用いられる。壁に貼られたメニューや冊子、手書きのメニューも同様であり、店内に飾られた回暦《かいれき》（イスラーム・カレンダー）やマッカの写真などとも合わさり、地方料理、民族料理、イスラームのイメージが喚起される。

筆者が中心的に調査を行っている福建省のある地域は、ムスリムが少ない地域であったが、内陸出身回族による拉麵館やエジプト、イラク、トルコ、パキスタンなどの外国人ムスリムが経営する清真／ハラール料理店が登場している。この背景には、この地域が輸出用の衣料品や靴の生産集積地のひとつとして、国内外のイスラーム地域の人々を惹きつけていることがあげられる。また、こうした店

東南沿海部の回族家庭の日常の食事

への卸しや当該地域にくらすムスリム個人の便宜のため、中東諸国への留学経験者が、副業として清真な食材の仲介・販売を行っている。

近年、中国においても国内のみならず世界に広がるハラール市場を視野に清真食品の文化資源・経済資源としての価値が「再発見」されている。おもに１９９０年後半から一部の省や市において、民族宗教局・イスラーム教協会などが主体となって「清真食品管理条例」を制定するなど、清真についての法整備がすすめられてきた。そこでは清真を「清真飲食習慣」を保持する「少数民族の風俗習慣」と定義し、生産から流通販売までの各過程における従事者の民族帰属に重点が置かれた。２００９年に寧夏回族自治区において導入された「寧夏回族自治区清真食品認証通則」では、清真食品を「清真食品（HALAL FOOD）はイスラーム法の許可する食用・飲用の製品・原料ならびに伝統的な食品・薬品・物品である」と定義する。この定義は、従来の清真食品に関する条例等とは異なり、「清真＝Halal」と明記して、国際連合食糧農業機関（ＦＡＯ）コーデックス食品規格委員会のハラールのガイドラインなどにも準じた宗教的定義となっている。
こうした新たな清真の公式化と国内外の市場の開拓という経済的関心は、一方で行政の立ち入り検査による従来の「清真牌」の没収や非ムスリムの清真市場への参入など、「清真が清真でない」という問題をより顕在化する傾向にある。時には、羊肉にブタ肉を混入して販売するなどの清真食品の偽装がニュースとなり、全国規模での抗議活動が展開された。こうした中国におけるムスリムの食をめぐる問題は、20世紀初頭のムスリム雑誌でもしばしば取り上げられており、古くて新しい問題である。

（砂井紫里）

キーワード
清真／ハラール／料理

参考文献
熊谷瑞恵［2011］『食と住空間にみるウイグル族の文化――中国新疆に息づく暮らしの場』昭和堂
国家民族事務委員会政策法規司（編）［2006］『国内外清真食品管理法律法規和政策匯編』法律出版社
砂井紫里［2010］「アジアのイスラームへのアプローチ――食文化研究のフィールドから」村井吉敬（編）『アジア学のすすめ　第2巻――アジア社会・文化論』弘文堂、142～172頁
澤井充生［2004］「羊肉料理が伝えるイスラーム――中国に根づいた回族の食文化」『Vesta』54：52～57頁
Gillette, M. B. 2000. *Between Mecca and Beijing: Modernization and Consumption among Urban Chinese Muslims*. Stanford University Press.

19

カシュガルの職人街

★オアシス都市とその住人★

カシュガル（喀什）市区は、中国最西部の都会で、２００９年人口は約45万９０００人。コナ・シェヘル（疏附《そふ》）県32万８０００人、イェンギ・シェヘル（疏勒《そろく》）県33万人が農村部として隣りあっている。漢語名の疏勒は、紀元前の記録（たとえば『漢書《かんじょ》』）に遡り、オアシス城郭都市のひとつであった。都市と農村部は密接にむすびついて歴史をつくってきた。

そうしたオアシスの基本構造を念頭におきながら、ここではおもにオアシス都市住民の生活をささえ、彩り、また農村にも欠かすことのできない手工芸（工業）製品の製作にかかわる職人の姿を紹介してみたい。現代産業と流通がめざましく発展している中国全土のなかで、新疆地区にはまだ素朴な手づくり製品が生き残り、そこに色濃い民族の伝統を見出すこともできる。このような職人仕事は現役であり、観光という新たな産業につながる反面、経済発展から取り残されていく危険にもさらされている。

さて、19世紀後半のヨーロッパ人が残した調査記録を利用した真田安の研究（真田　１９７７）は、カシュガル都市部の常設店舗とバザールが農村部のバザールと連動し、さらに国際的マーケットにもつらなっている姿を描きだした。あらためて当時の記録（おもにT・D・フォーサイス）を抜き出してみると、現在のカシュガル都市生活の原型ともいえる姿をうかがうことができる。

当時、カシュガル市内（旧市街区）の常設店舗573軒のなかでもっとも数が多かったのは綿布商114軒（20％）である。綿布は清朝《しん》の国境を越えた中央アジア地域との「国際」流通品ともなったが、カシュガル住民の衣服素材を提供したにちがいない。ついで多い店が香料・石鹸・ろうそくなどをあつかう雑貨商92軒（16％）、つづいて食品関連で穀物（小麦）商と肉屋が61軒ずつ（各10・6％）、パン（ナン）屋が37軒（6・5％）というように、衣食住生活に必須の品を商う店がならぶ。そのつぎには真鍮・銅・鉄の職人と蹄鉄鍛冶屋が各28軒ずつ（4・9％）を占め、果実商、ブーツ製造業者、鞍・皮革商の各24軒（4・2％）をわずかに上回る。そのあとには、染色業者（19軒）、銀細工商（16軒）、刃物商（13軒）、絹織物商（12軒）、フェルト製カーペット・鞍掛布商と金属器磨き屋（各9軒）、そして床屋（2軒）という、やはり日常生活に直接かかわる職種がならんでいる。一次産品の直売りをのぞけば、どれも職人の手仕事とかかわっていて、すべての集まりが都市をつくっている。

これらの常設店舗があつかう商品のなかには、週一回ひらかれるバザールで取引されるものもある。たとえば、近郊農村から持ちこまれるらしい小麦・穀物、加工品としてのパン（ナン、サムサなど）や、果実・野菜といった食糧、ブーツ、帽子売りなどの数はそれぞれ200店（人）を超え、売上額もかなり大きい。なかでもブーツ・帽子の売上が群を抜いている。古着や布類の取引額も上位を占め、バザール当日のにぎわいと男性の特徴あるいでたちがうかがえる。ただ、ものづくり職人が週市バザール内で活躍する姿は、大工・木工屋が70人程見られるだけであるから、一般に職人はバザールより町の店・工房で仕事をしていることになる。いずれにせよバザールが都市機能の不可欠の要素であることはじゅうぶん理解されるところであろう。

都市カシュガルの日常生活は、20世紀後半から21世紀になって、質量とも飛躍的に変化し、現代化したことはいうまでもないが、バザールでの日用品を中心とする商品取引と町の職人生産という傾向は昔の様子とかわっていないように思われる。カシュガルの生活の中心は、ヘイトガーフ・メスチト（モスク）である。現在でも旧市街の中心であるこのモスク正面（東）広場の100年前の写真を見ると、いかにも臨時といった雰囲気のバザールが開かれていて、そこには鉄クズ売りも出ている。横町には、鍛冶屋などが店を出していた（マカートニ夫人2007年、マンネルハイム1940年）。

100年以上前のこれらの職人の職種のなかに、今では職人街で目をひく楽器屋が特定されていないのは不思議の感がある。当時も現在も、ウイグルの人々が楽器をたのしみ、唄と踊りが生活の一部であることに変わりはない。原料調達の容易な農村部の特産だったのか、あるいは次に述べるような街の変遷が関係しているかもしれない。ともあれ、現在、へ

カシュガルの楽器職人

イトガーフ・メスチトを取り囲むように、常設の店、工房が寄り集まっている。近年、それらの店や半露店街がつぎつぎと取り壊されては観光土産物拠点を兼ねたビルなどになりつつあるが、一方で古い街並みを維持・修繕しながら観光地化する動きもみられる。

いま、ヘイトガーフ・メスチトの西、西南あたりの街区にたちならぶ商店、職人街を歩いてみると、どこか懐かしく温かい人々の営みが見えてくる。楽器屋（中央アジア・ウイグル伝統の楽器が中心）、木工細工師（箪笥、長持、ベッド、揺り籠、壁掛けなどありとあらゆる家具、調度品、室内部品）、銅細工師（鍋、薬缶、茶器、小物）、金銀や錫などの工芸細工師（指環、耳環、首環をはじめとする身体装飾品、家具や家の装飾部品）などなど、民族色の濃い生活用品や娯楽用品が何でもその場で製作され販売されている。もちろんそれなりの騒音が活気を感じさせて、そぞろ歩きも楽しくなる。疲れたらチャイハナ（茶店）で休もう。

このあたりには、刃物などを売る店もあるが、それらを造る鍛冶屋があまり見あたらない。カシュガル南方のイェンギ・ヒサール（英吉沙）が刃物の名産地だからカシュガルでは造られない、というわけでは決してない。60年ほどの歴史を見たほうがよい。かつての記録にも見えたように、鉄をあつかう町の鍛冶屋はもともと旧市街区のなかなどにも散在していたが、１９５５年の新疆ウイグル自治区成立によって今の中国政府の行政が正式に始まると、各種の産業が集団化されていき、鍛冶職人も、文化大革命をはじめとするさまざまな政治変化に応じて離合集散を余儀なくされた。閉鎖された街中のモスクが塀や林で囲まれて比較的ひろい、というわけで鍛冶職人らが集められたこともあった。しかし、旧市街といえども都市化がすすみ住宅がふえるとともに鍛冶屋が出す騒音や空気汚染が嫌われて、一部は各種金属細工師などに転身して現在に至る。また一部は鍛冶職人のまま離散した。こうして繁華な街中の鍛冶屋は激減した。その後また私的な集団を組み、居住区の周縁部に集まって、いまも生き延びている小区画もある。そこでは大型の原料鉄材加工機械を備え、個人店ごとにふいご、かなとこ、ハンマーなどを使って、刃物をはじめとする家庭什器（厨房用品、食品加工用品）、斧、タガネやノミなど大工の工具、焼き肉用の串や蹄鉄、スコップ（ケトメン）、ツルハシに至るまで、鉄製品が手作りされ、バザールへの卸しや小売で捌《さば》かれている。

鍛冶屋はまさに徒弟制によって継承されてきており、人の縁と絆はカシュガルの町と周辺農村とのあいだの人とモノのネットワーク形成の根本にもなっている。こうして、おおきく街が姿を変えつつある今でも、都市住民の素朴な生活と、都市・農村のむすびつきが生きている世界を、職人街からのぞきこむことができるのである。

（梅村　坦）

キーワード
バザール／都市生活／農村部／鍛冶屋

参考文献

梅村坦［２０１１］「現代カシュガルのウイグル人鍛冶職人集団」梅村坦・新免康（編著）『中央ユーラシアの文化と社会』（中央大学政策文化総合研究所研究叢書）中央大学出版部、３１７〜３４２頁
真田安［１９７７］「オアシス・バーザールの静態研究——19世紀後半カシュガリアの場合」『中央大学大学院研究年報』６：２０７〜２２０頁
マカートニ夫人［２００７］『カシュガール滞在記』（別世界との出会い３）金子民雄（訳）、連合出版
Forsyth, T. D. 1875. *Report of a Mission to Yarkund in 1873*. Calcutta.
Mannerheim, C. G. 1940 (rep. 1969). *Across Asia from West to East in 1906-1908*. Volume I and II. Helsinki.

20

カシュガルの伝統住居

★ウイグルの住まい★

ウイグル族の住居は、中庭と、入口を中庭にむけた居室、それらをかこむ高い壁によってつくられている。こうした空間のなりたちは、全新疆でほぼ共通している。

外壁に内部を透かす飾りなどはつけられない。そして壁面につけられる窓は、例外なく2メートルほどの高さにつけられた50センチ四方程度の小窓であるため、外からなかを覗くことはできず、なかからも外を覗くことはできない。このように、ウイグル族の住居は、ほぼ完全に外部からの視線を遮断されている。なぜこのような閉鎖的なよそおいにするのか、そう筆者がたずねたとき、その住居をつくったというウイグル族の男性は「女性を外部に見せないためだ」と答えた。

ウイグル族の住居は、このように敷地のなかと外とが厳格に分けられている。しかし、そうでありながら、いったん敷地のなかに入ると、驚くほど開放的な空間がつくられているのがこの住居の特徴でもある。なかの様子について見ていこう。

敷地内に入ると、まず中庭がある。中庭には葡萄棚が設けられていることがある。葡萄棚のある中庭は、夏には葡萄が葉を茂らす心地よい空間になる。中庭と居室の入り口が接する部分には、ひさしであるピシャイワンや、縁台であるスパがつくられることがある。こうした縁台スパを含めた中庭の地面には、レンガがしきつめられていることが多い。そして、そうした地面には居室と同じように絨毯が敷かれることがある。このことは、中庭の地面が居室内と同様生活スペースの一部と考えられていることを示していると思われる。

居室空間は、レンガをつみあげた壁と、ポプラ材でふいた天井によってつくられている。そうした居室は、外壁に沿って、平均して六〜七つが建てられている。そうした居室には、砂塵や冷気をさえぎる緩衝用空間があり、人々の暮らしは、夏季は多く外に面した緩衝用空間、冬季はそうした緩衝用空間の奥側の居室においていとなまれている。このように、ウイグル族の居室空間には、緩衝用空間と奥側の居室という、二連、三連の空間構成が見られることが特徴である。

居室の内部は、盛り土によって高くつくられている。この盛り土部分は、都市部では土ではなく木製の台によってつくられていることが多い。こうして高くつくられた場所は、敷物が敷かれ居住スペースとなる。敷物は、3種類を確認す

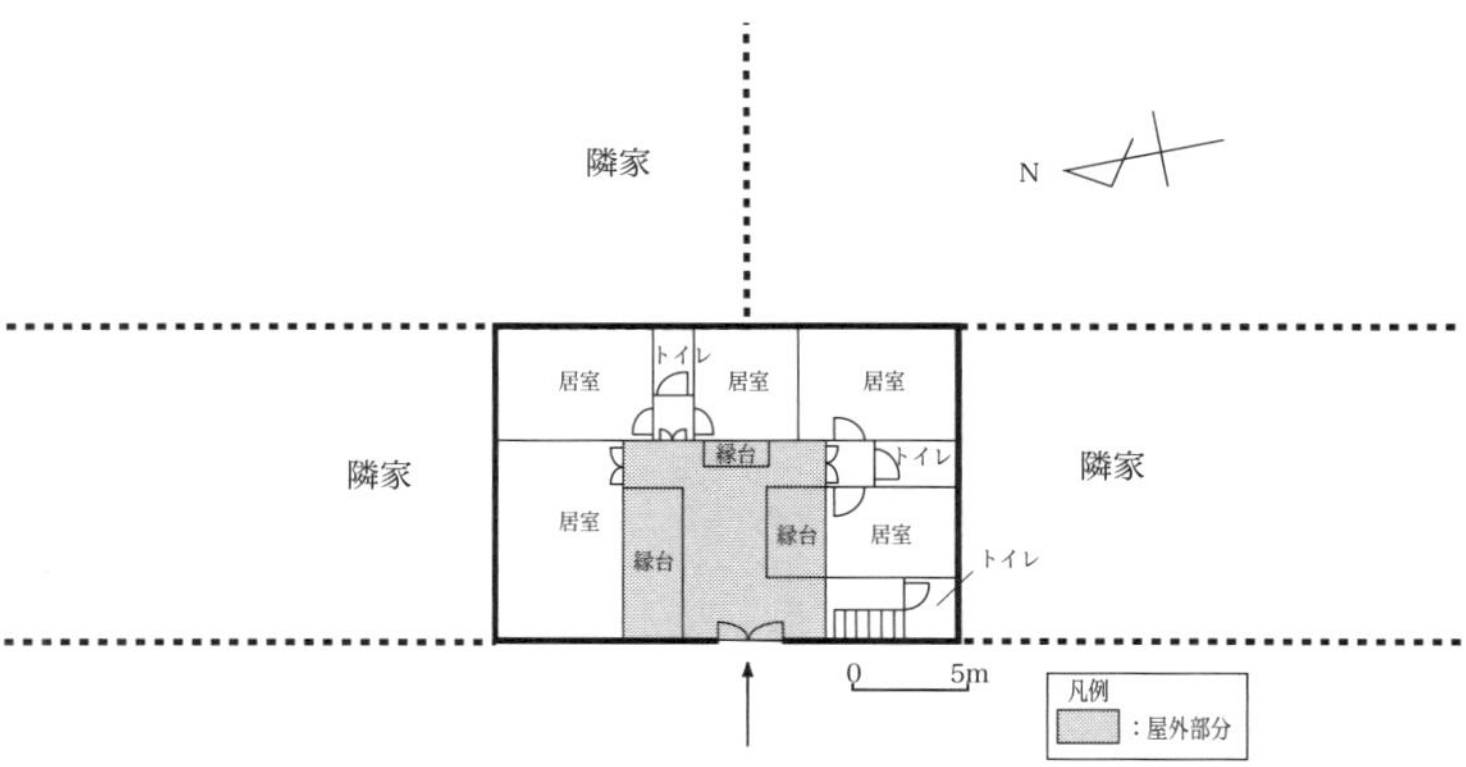

ある住居の間取り（カシュガル市）

ある結婚式の日の中庭（カシュガル市）

ることができた。ひとつは絨毯のギリムである。これは新疆の特産品でもあり、バザールではウイグル族自らのデザインによる、赤い幾何学模様、あるいは花、石榴《ざくろ》の実をモチーフにした絨毯が数多く売られている。二つめは羊の毛からつくるキギズと呼ばれるフェルトである。キギズは農村で多く用いられている。キギズは羊の毛を叩き、平たくしたもので、埃が多くでるが、ギリムより暖かく体によいものとされている。三つめはシルダックと呼ばれるフェルトを染め、模様を縫いこんでつくったものである。シルダックはクルグズ族やカザフ族がつくるものとされている。

壁には、とくに日干しレンガの住居では、周囲にザディワルと呼ばれる布を貼る。これは壁に寄り掛かった際に、砂が衣服につかないようにという配慮によって貼られるものである。壁にこうした布を貼る習慣は、都市部では装飾として名残を留めている。壁には絨毯であるギリムが貼られることもあるが、カシュガルではあまり見られない。部屋の壁面には凹みがつくられ、凹みにはカバンや風呂敷に包んだ衣服のほか、座布団、就寝時の布団などが収納されている。この凹みは大きいものがメラップ、小さいものがオユックと呼ばれている。メラップの語源は、モスクでマッカの方向を指し示すために壁に彫られるミフラーブである。

座布団、就寝時の敷き布団はキョルペと呼ばれている。キョルペの長さは1メートル程度の長さから4メートル程度までさまざまにある。これは訪問者用、宴会用、就寝用とさまざまな用途があるうえ、そのすべてが手づくりであるためである。新生児が生まれれば1メートル程の長さのキョルペがつくられ、結婚の際には、新郎新婦の新居の接客用に4メートルほどの長いキョルペが贈り物としてつくられる。接客用の座布団はとくに美しい布を使用してつくられ、これらはとくにイケンダスと呼ばれている。こうした座布団類は、いつもは部屋の隅につみあげられているか、カーテンをかけられたメラップに収納されている。

家具は、筆者が見た限りでは2種類があった。食器箱のジャーワンと、洋服箱のサンドゥクである。食器箱のジャーワンは、木製の箱状のもので、おもに部屋の土間部分に置かれている。サンドゥクも木製の箱状のものであるが、彫刻や金属板で装飾が施されていることが多い。サンドゥクは、多く嫁入り道具として購入される。サンドゥクは、必ずしも部屋に置かれるものとはされておらず、住居によっては物置部屋に置かれていた。

このように、ウイグル族の居室内部は、視覚的には多く絨毯と座布団とで構成されている。家具はあまり見られず、物があってもメラップ、オユックという壁の凹みに収納されているため、部屋の四隅はむきだしになったまま、何も置かれていないことがほとんどである。このため、ウイグル族の住居ではどの部屋からも、だいたい同じ印象を受ける。

このような住居をおもに生活の場としているのは女性である。男性は昼間はあまり住居内にいるべきでないとされている。そのため住居では親族、友人を問わず、日々女性の訪問客が見られ、そうした女性の客を居住者の女性がもてなす、女性同士のつきあいが行われていることを見出すことができる。ウイグル族の住居は、女性同士のつきあいの場としてあるのである。

（熊谷瑞恵）

キーワード

中庭／居室／家具／内装／女性

参考文献

熊谷瑞恵［２０１１］『食と住空間にみるウイグル族の文化——中国新疆に息づく暮らしの場』昭和堂

瀬渡章子［２００４］「カシュガル地区におけるウイグル族の住まいと生活」岩崎雅美（編）『中国・シルクロードの女性と生活』東方出版、99～１１４頁

——［２００６］「ホータン地区のウイグル族の住まいと生活」岩崎雅美（編）『中国・シルクロード　ウイグル女性の家族と生活』東方出版、１４９～１７２頁

柘和秀［２００２］「ウイグル族の住まい」陣内秀信・新井勇治（編）『イスラーム世界の都市空間』法政大学出版局、５３９～５５０頁

Abdukérim, R. 1996. *Uyghur-örp-adetliri* (Uighur's customs and habits). shinjiang-yashlar-ösmürler-neshriyati.

21

新疆の遊牧民

★カザフ、クルグズ、モンゴルの定住化をめぐって★

遊牧は、羊、山羊、馬、牛、ラクダ（これを五畜《ごちく》という）を飼育する牧畜方法のひとつだが、勝手気ままに、いつでもどこへでも自由に放牧しているわけではない。日ごと季節ごとに移動を繰り返すものの、家畜と人間の集団は、おおまかでも一定の領域のなかを1年間で一巡するものと考えよう。しかし、自然と家畜を頼りとする生業である以上、雪害や旱魃、家畜の疫病といった災害と無縁ではいられず、遊牧経済はもともと不安定要素をかかえこんでいる。そのために、遊牧社会は安定をめざす行動や生活様式を生み出してきた。なかでも移動生活に対する定住生活は対置される生活様式であるにもかかわらず、定住の要素は遊牧社会の内部に胚胎《はいたい》し、また取り入れられつつ現在に至っている。

ここでは現在の新疆の遊牧民社会における定住化の実態について、その程度や形、規模を勘案して、三つのパターンに分けて事例を紹介し、また現代の遊牧社会が直面している問題について触れてみたい。なおここで取り上げるカザフ族、クルグズ族は一般的にイスラームを、モンゴル族はチベット仏教を信奉する。

たとえば天山山中のバインブルク草原は、冬季には雪によって外界と隔絶されがちであるが、逆にいうと歴史的には独立した遊牧大集団が存在しえた。この標高3000メートル前後の、日本でいえば東海地方全域にあたるような広大な山岳草原では、1993年段階でわずか1万人強の牧民（モンゴル族95％、残りはカザフ族）が約60万頭の家畜とともに年間をつうじて遊牧生活を営んでいた。遊牧民の集団の数は1970年代に、30弱に整理された。伝統に従ってきた草原の利用状態をかなり人工的に整理して、移動経路や放牧地をめぐる紛争を解決しようとした結果である。遊牧民は移動式テント（ゲル、キギズオイ）により集団ごとのテリトリー内部を移動して1年のサイクルをすごす。半年以上の長く厳しい冬を家畜とともにすごす冬営地は、夏営地や春・秋の牧地よりもはっきりと一定のところに特定されている。一般的にいって、遊牧民は夏秋のあいだに越冬用の草を刈り干し草として保管するほか、家畜囲いを形成するなど、その外観からしても冬営地は定住化の要素を持つことになる。バインブルクの場合には伝統的な遊牧生活が存続しているように観察されるが、ここにも後に述べるような現代中国経済の波がおしよせていることは間違いない。

草原あるいは草原の縁辺地に、農牧兼業の定住村が形成されることがある。一例としてクルグズ族のテギルメティ村を見る。カシュガル東方のアルトゥシュ（阿図什）から東北へ直線距離で約40キロメートル、そこから約40キロメートルの草原を北上すれば隣国クルグズスタンとの国境をなす山岳になる。1987年の聞き取りでは、自然農村のたたずまいを見せるこの村の人口約5200人の70％（500戸）が専業農家であるが、残りは遊牧も行っていた。いずれもこの村に家屋と農地を持つ。農牧兼業の家では春に小麦・トウモロコシを植えたあと家族のほとんどが秋まで、国境山岳内部までの

アルタイのカザフ遊牧民。秋の移動

遊牧に出る。秋に戻ってくると畑の収穫をすませて自家用に使う。家畜の越冬は下山した場所つまり村からかなり離れた冬営地で、若者が担当しているという。この農村の存在は20世紀初めにはすでに外界にも知られていた。ローカルな交通路に沿っていたのである。詳しいことは実証できないものの、かなり早い時代から遊牧民自らが定住生活を取り入れていった経緯を暗示しているのではないかと思われ、次に見るような現代中国政府の政策に基づく定住化とは異なる。

中国・新疆政府は１９８０年代、とくに１９９０年代からは積極的に遊牧民に住宅提供などの定住化政策を進め、一方では「草地使用許可証」を発行して遊牧草原の管理にのりだした。これらは自然環境保護や経済発展を同時にめざす政策の一環をなしている。アルタイ地方のカザフ族遊牧地域を例にとって見る。新疆政府は早く１９８８年から国連世界食糧計画（ＷＦＰ）の援助のもとに、ブルチン県では6年半かけて荒れ地1万６６６６ヘクタールを開墾し、大規模用水路をめぐらし、域内に整然とした植林帯や同一形式に区画された牧草地と家屋を造成し、定住型の超大型集団居住「村」を建設した。遊牧民集団をそっくり取り込んだような形となっている。それとは少しちがう方向の試みとして、アルタイ市では日本の政府開発援助（ODA）により、伝統的な遊牧移動のサイクルを取り入れるやり方で2006年までに「村」が建設された。この「村」は四季の大移動の中間地点（春・秋の営地あたり）に設けられ、家畜飼料と農産物の生産（灌漑水路による畑地造成、各戸での地下サイロや農園の設営）、都市部との物資交流（店舗の設営）、移動補助の拠点（弱い家畜の保護、資材置き場の設置）というような機能が与えられた。これらの「村」が、ここに住み、利用する遊牧民にとってどの程度の魅力があり、継続するかどうかについては未知数のところがある。たとえばこの「村」においては、生活経済の向上や、遊牧労働の過酷さからの脱却がとくに若者や婦人から期待される一方で、男性老人たちのなかには、私財を投じただけの見返りがあるのかという不安や伝統的遊牧生活形態への強いこだわりが見える。このことは、WFPの例で、この定住区域に入ったカザフ牧民のなかには規制に反して山地放牧に出ていく者も絶えないと聞いたことと関連しているはずである。

以上のように、長所短所を含め、定住化の要素をぬきにしては、新疆における現在の遊牧民を語ることはできない。その背景に遊牧社会のなかでせめぎあう伝統と現代とを見なければならないだろう。それは次のような問題点に集約される。

バインブルクでもアルタイでも、遊牧草地ではじつは過放牧《かほうぼく》がすすんできた。新疆の経済発展が大規模な都市化を生み、食肉需要が増大して羊肉の単価が年々上昇していた結果である。当然、牧民は利を求めて家畜を殖やそうとする。それは遊牧・牧畜に新規参入しようとする勢力とのあいだで放牧テリトリーをめぐる紛争を発生させている。さらに、政策に応じて「定住」し始めた遊牧民は、「草地使用許可証」すなわち認定された草地使用権を手放さない。つまりたとえ自分はどこかに定住しても、自分の家畜を別人に預けるから夏の遊牧は以前どおりに行われる。また定住化によって冬季の家畜管理がよくなれば家畜数の減少に歯止めがかかる。要するに過放牧を解消する手段のひとつでもあった定住化政策は、必ずしも行政の思惑どおりには運ばない事態になっている。遊牧民の生きる知恵は悠久の遊牧世界のしたたかさに裏打ちされている。政府による定住化政策の成否は、カザフ族やモンゴル族、クルグズ族など遊牧生活をしている人々の生活習慣・経済利益・伝統的心情に立脚して、彼らの信頼を得るかどうかにかかってくるであろう。

（梅村　坦）

キーワード

定住化／遊牧の伝統／都市化／過放牧／草原管理

参考文献

梅村坦［１９９６］「ユルドゥズ草原とタリムのオアシス」『沙漠研究』5―2：91～１０６頁
――［１９９７］『内陸アジア史の展開』（世界史リブレット11）山川出版社
――［１９９９］「遊牧民と定居社会――新疆の事例を中心に」松原正毅・小長谷有紀・佐々木史郎（編）『国立民族学博物館研究報告別冊20　ユーラシア遊牧社会の歴史と現在』、５８７～６１２頁
――［２００５］「天山山中に遊牧民をたずねて」松原正毅・小長谷有紀・楊海英（編）『ユーラシア草原からのメッセージ――遊牧研究の最前線』平凡社、37～62頁
――［２００６］「新疆ウイグル自治区における遊牧民『定住化』のプロセス――アルタイ市アラハク郷のインタビューから」『中央大学政策文化総合研究所年報』９：１０８～１２４頁
林俊雄［２００９］『遊牧国家の誕生』（世界史リブレット98）山川出版社

22

バザール

★オアシスの市場★

人々の日常生活で最もウエイトを占める部分は、生産と消費に象徴される経済的営みである。生産・流通・分配の結節点と考えられるバザールは、新疆ウイグル自治区の都市とそれをとり巻く農村部からなるオアシス住民の日常営為を鮮やかに映し出している。ペルシア語起源のバザールという用語はイスラーム圏で広く使われ（アラビア語圏ではスーク）さまざまな業種の常設店舗が密集している商業エリア、特定の業種が集中する常設店舗街、定期市である週ごとに開催される週市に対し、時に応じて適宜使われている。ウイグル社会において都市・農村からなるオアシスの住民の生活に深く根ざし、都市と農村を結びつけオアシス社会を有機的な社会実体として成り立たせているのが週市バザールである（以下単にバザールと表記）。ここではウイグル族を象徴する伝統都市カシュガルを取り上げる。以下、おもに１９９６年時点の調査記録に基づくものである。ウイグル族が多数居住するタリム盆地やトゥルファン盆地の他のオアシス社会でも同様である。

カシュガルオアシスは、人口30万を超えるカシュガル市（都市部）と周辺農村部を含め１００万を大きく超える人口を持つ。

農村バザール・ベシュケレムイェザの家畜市

行政上、農村部はいくつかの県、各県のなかはいくつかのイェザ（鎮・郷）からなり最下位の役所がおかれている。バザールはカシュガル市と各イェザに立つ。カシュガルは日曜日、イェザのバザール（以下農村バザール）は曜日をずらして開催される。バザール日、カシュガルのバザールには数万の人が集まり、おびただしい交易品が搬入され、混沌の世界が繰り広げられる。外国人観光者の人気スポットでもある。農村バザールにも万に近いあるいは万を超える人が集まる。週ごとに開催されるバザールの大喧噪・混沌と映る世界の実態はどうなっているのだろうか。

　農村バザールから見てみよう。イェザの役所付近に、簡素な屋根のみを付けた細長い基壇が幾筋も立地しているバザールエリアがあり、その基壇では1～2メートル幅単位で、生活に必要なさまざまな種類の物品を商う商人らしき人物の売り場が並ぶ。またエリア周辺の道路・空き地にも多くの露店が店開きをしている。基壇の売り場は、使用税の納入に伴う営業の権利を所有している者しか出店できないが、露店は誰でも出店できるフリーマーケットであり、出品した商品にのみ課税される。羊を中心とした家畜市がバザールエリアの一角、エリアに面した大通りなどで開かれ、一方で羊を屠殺、解体して肉塊を目方で売る羊肉屋もある。また、不思議なことに農村バザールであるにもかかわらず生鮮野菜を売る店がじつに多い。

農村居住者が売り、農村居住者が買うという実態がある。イェザ全域から住民が集まり、農村バザールの交易圏が形成されている。

じつは、バザールの売買関係、社会的機能はウイグル農村居住者の四つの生業・収入手段と結びついていた。第一は果樹園・庭園における果物・野菜の生産である。第二は農地を使った穀物・綿花などの農業生産である。第三は畑地の周辺の草地を利用し羊を肥らせて売却することである。バザールでは、午前は子羊を、農村居住の羊を専門的に飼育している人から農民が買い、午後は生育した羊を、都市からきた専門の食肉業者が農民から購入する。第四は商売・商業活動である。なぜ商業が農村居住者の生業に含まれるのだろうか。それは第一から第三の生業がいずれも現金収入の道に直結し、商品作物の栽培と売却を前提としたオアシス農業と深く結びついているからである。新疆のオアシス農耕は融雪河川の水源（トゥルファンではカレーズによる地下水）を利用した灌漑農業である。灌漑農業は人的労力と資金面において極めて高いコストがかかる。したがって、商品作物を前提とした農業を開発・発展させて、四つの生業形態すべてを現金収入に連動させ、高コストを埋め合わせてきた。まさに換金を可能にしていた場所こそがバザールである。オアシスでは水源に制限があり、耕地の拡大には限界があった。そのためオアシスでは、農地を持てない農村居住者という慢性的な余剰労働人口を潜在させていた。この余剰労働人口に現金収入の手段を与えていたのがバザールでの出店であり、バザール交易を動かしていたエネルギーでもあった。

農地を持てない農村居住者は農家から数種類の野菜を買い集める。農民は多種類の野菜は栽培できないので、必要な野菜を週ごとのバザールで購入した。羊肉も同様で、自らが飼育した羊を自家用に屠殺・解体しても保存はできない。必要な量だけバザールで買えばよい。これが、農村居住者が売り、農村居住者が購入していた理由である。生鮮食料品以外の布・衣類等、日常雑貨、工具類、砂糖・菓子類など都市の工場製品を扱う店、家具・工具類等の修理を行う職人の店もある。このような店はバザール巡回商人が多く、都市カシュガルで仕入れ、開催日をずらして立つ農村のバザールを巡回し、都市から離れた農村部に都市の製品等を供給する役割を果たしている。バザールが都市と農村を結びつけている。

数万の人が集まる都市カシュガルのバザール日の光景は圧巻である。市街地の東部にバザールエリアがある。エリア周辺の路上脇は、フリーマーケットの露店の交易場所になる。早朝から露店の場所取りが始まる。郊外から交易品のスイカ、メロン、野菜類などを山積みにしたトラックやトラクター、ロバ車や荷台を使った自転車が続々と到着する。彼らは路上脇の露店商に卸し売りしたり、自らが露店を開いたりして、商品を所狭しと並べた露店が数えきれないほどの数にふくれあがる。そのうち、市街地の住民と、徒歩・ロバ車・自転車・自動車を使って朝出て夕方に帰宅できる範囲の近郊農村居住者の買い手が繰り出す。売り手のなかには、農村部から大量に仕入れ卸し売りする専門の商人たち、農村から仕入れ露店で消費者に売る農家出身の小商人、自分の生産物を露店で売る農民など、さまざまなレベルの人々が含まれている。

バザールエリアは小規模ではあるが千を優に超すほどの常設店舗が密集している。布・衣類・帽子・穀物・食肉・乾菓・香辛料・砂糖・菓子・鍋・食器・ナイフ・工具・機械部品・建設資材など、生活と生産活動に必要なありとあらゆるものを扱っている。家畜市の大きなエリアも隣接している。行政当局は、農村バザールと同様、フリーマーケットの露店では出品した商品に課税して流通を管理し、常設店舗では出店の権利と営業の権利を公認し、それに課税してエリア内の交易活動を管理している。混沌と映るバザール交易は巧妙なシステムによって運営・管理されていた。エリアの店舗主のなかには農村出身者もいて、生業としての商業の延長上に農村バザールそして都市のバザールへと進出していた。慢性的な農村の余剰労働人口を潜在させていたオアシス社会は、バザールの交易にその余剰労働人口を吸収、商業活動を活性化させ、オアシスと都市の発展に結びつけていた。

以上は1996年の実態であるが、近年の漢族資本によるビル型デパート店舗進出により都市経済が大きく変化している。しかし、庶民の経済生活におけるバザールの役割と機能は十分いきづいている。

（真田　安）

キーワード

農村バザール／都市バザール／オアシス農業／商品作物／露店と常設店舗

参考文献

真田安［1999］「バザール・混沌の奥にある社会システムを求めて」『アジア遊学』1：54～70頁

新免康・真田安・王建新［2002］『新疆ウイグルのバザールとマザール』東京外国語大学アジア・アフリカ言語文化研究所

コラム3

葡萄棚の下のバラカ

菅原　純

「ほらおばさん見て、これが私の子よ！」

マヒラおばさん（仮名）のもとに、顔なじみと思しき晴れ着を着た数人の女性たちが、ひとりの赤ん坊を連れてやってきた。目がくりくりした可愛い赤ん坊は生後半年足らずといったところだろうか、お座りはできても、「はいはい」はまだおぼつかなげといった感じ。女性たちは赤ん坊の母親とその親族と見える。彼女たちはマヒラおばさんの手招きで葡萄棚の下にしつらえられた縁台（スパ）に並んで腰を下ろした。

「まあ、かわいい子だ。さあ、こっちにおいで」

マヒラおばさんは、慣れた手つきで赤ん坊を母親から受け取ると、よいしょっと抱っこをして、それからその祖母と思しき年輩の女性の手に赤ん坊を委ね、女性の膝に赤ん坊を座らせると、てきぱきと「仕事」を始めた。厳かに祈禱の聖句を唱えながら、ヒマワリ油だろうか、黄金色の液体をたっぷりと赤ん坊の頭にすりこんで、上から包帯をぐるぐる巻いていく。マヒラおばさんがその包帯の端を縫い合わせると、その施術はおしまいであった。

「神のご加護がありますように、この子が健康に恵まれますように」

「ありがとう、ありがとう、おばさん」

女性たちは口々にお礼の言葉を述べ、ぞろぞろ引き上げていった。

「ごめんなさいね。休日はいつもこんな感じなのよ。みな子どもが産まれると、子どもが健やかに育ってくれますように、って私のところに来るの」

マヒラおばさんはそういうと、施術の終わるのを待っていた私たちにもう一杯、新しいお茶

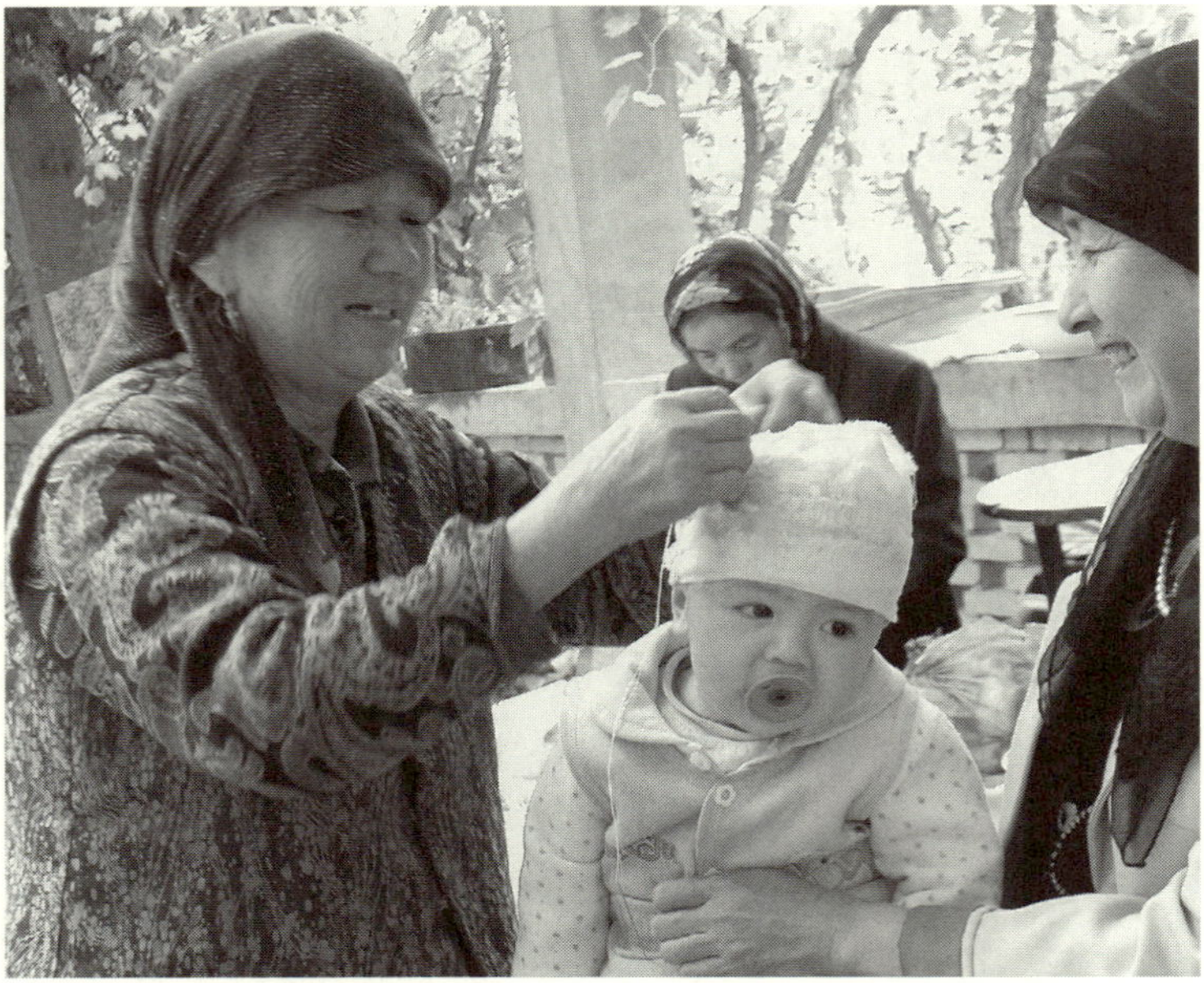

を注いでくれた。
ここは新疆クムル（哈密《ハミ》）地方のとある聖者廟のお隣の家。マヒラおばさんはひとりでその聖者廟を護る女性の「シャイフ」だ。町の小高い丘のてっぺんにその聖者廟はある。聖者廟とはいっても、朽ちた墓石がひとつあるだけ。僅かに供えられた供物が、その「墓」が参詣の対象であることを窺わせている。マヒラおばさんによれば、この墓が建てられてから数百年、クムルの王をはじめ、この地の信徒たちは何度もこの墓に相応しい壮麗な墓室や墓苑を普請《ふしん》したのだけれども、建てるたびにそれは程なく荒廃してしまったのだとか。やがて信徒たちは「それは、この聖者がそういう墓室や墓苑を望まないからに相違ない」と信じるようになっ

た。

「この聖者」は、遠くカシュガルの壮麗な墓廟で知られる聖者ヒダーヤトゥッラー、通称アーファーク（アパク）・ホージャの妻の墓と伝えられる。ここに葬られた女性はクムルに生まれたとされる聖者の最初の妻であり、聖者に従ってトゥルファン、カシュガルに至ったけれども、聖者の子を産むこともなく、数年で故郷に戻り、この地で亡くなったのだという。

聖者ヒダーヤトゥッラーの妻としては「首切り女王」の名で知られるジャッラト・ヘニムなる女性が聖者伝の記事でよく知られているものの、クムルにもう一人の妻があったことはあまり知られていない。しかしその「聖墓」の存在は、彼女が長く格別の聖性、一定の権威をもって当地住民の人々に扱われてきたことを窺わせる。そして出産後の女性たちが赤ん坊を伴ってマヒラおばさんのところを訪れ、彼女の施術を受けるために引きも切らぬ有様は、この聖者廟の権威との何らかの関係を想像させるのである。母親たちは聖墓の管理者であるマヒラおばさんが持つであろう女性聖者の、ひいては聖者ヒダーヤトゥッラーの神秘的な霊力（バラカ）にあずかろうとしているのだ。葡萄棚の下で聖者のバラカを授かったこの子どもは、必ずやたくましく育っていくことだろう。そう母親たちは信じている。

その日、同じ葡萄棚の下で、私たちはマヒラおばさんが手ずから勧めてくれたお茶と果物を楽しみながら、彼女からさまざまな不思議な話を聞く喜びの時間を持った。これも考えてみれば聖者のバラカ、少なくともそのお裾分けだったのかもしれない。

IV

イスラームを生きる人々

23

清真寺とメスチト

★中国のモスク★

イスラームが中国へ伝播した時期は唐代とされているが、アラブ人やペルシア人などの外来ムスリムがかつての長安《ちょうあん》、広《こう》州《しゅう》、泉州《せんしゅう》などの都市に移り住むと、モスクが建設され、独自のコミュニティが形成された（第14章）。モスク（アラビア語ではマスジド）は中国語（漢語）ではかつては「礼拝寺」、「回回寺」、「真教寺」、「清浄寺」、「清真寺」などと称されてきたが、現在では「清真寺」という名称が一般に使用される。ウイグル族など漢語を母語としないムスリムの多い新疆では漢語の表記も使用されるが、アラビア語のマスジドの転訛であるメスチトと呼ばれることが多い。２００５年頃の中国イスラーム教協会（第47章）の資料によると、中国全土には3万４０００以上ものモスクがある。清真寺もメスチトもムスリムが日々の礼拝、伝統的なイスラーム教育（第24章）、人生儀礼、年中行事などを実施する場所であることに変わりはないが、建築様式には違いが見られる。以下、それぞれの特徴を具体的に紹介してみよう。

清真寺という名称は漢語を日常生活で使う回族、東郷族、保安族などがよく使用する。いわゆる「宮殿式」と呼ばれる伝統的な建築様式には中国の儒教・道教・仏教の諸影響が見られ、中央アジアや中東などのモスクの外観とはあきらかに異なる。まず、清真寺の敷地内の建物の配置や構造は漢族の「四合院《しごういん》」とほぼ同じである。東西南北に建物が配置され、中央に中庭がある。東側に「大門」（出入り口）があり、「大門」を入るとすぐ目の前に「影壁」がある。その反対側の西側に「大殿」あるいは「礼拝殿」、つまり礼拝を行う建物がある。これは「坐西朝東」の構造である。南北にはイスラーム教育が行われる「経堂」や「開学《かいがく》アホン」（教長《きょうちょう》）（第24章）が常駐する「講堂」などの建物がある。

北京牛街礼拝寺（撮影：澤井充生）

清真寺の建築様式を仔細に観察すると、梁や柱、屋根瓦や外壁などの形状は道教の道観や仏教寺院のスタイルに酷似している。たとえば、北京市の有名な牛街礼拝寺はアラブ人が建設したとされるが、屋根瓦には龍や鳳凰の彫像が鎮座し、瓦の側面には蝙蝠《こうもり》の文様が刻まれている。「大殿」のなかは色鮮やかな赤色を基調とすることが多い。「大殿」の外壁や天井に草花の模様がよく描かれる。中国の伝統的な建築様式の影響が濃厚である。

その一方で、イスラーム建築の特色も目にすることができる。清真寺の屋根には新月や星をあしらったマークが掲げられる。また、「大殿」の出入り口には、「扁額《へんがく》」や「対聯《たいれん》」が掲げられる。そこにはイスラームの思想を意味する聖句が漢字やアラビア語で刻まれる。たとえば、漢語では「認主独一」、「清真古教」、「教崇西域」、アラビア語では「ラー・イラーハ・イッラッラー。ムハンマド・ラスールッラー」（アッラーのほかに神はなし。ムハンマドはアッラーの使徒である）などをよく見かける。「大殿」の内部には、メッカの方向を示す「窑殿内」あるいは「聖龕」（ミフラーブ）、金曜説教の際に使われる「宣講台」あるいは「講経台」（ミンバル）なども必ずある。建物の内外にアラビア文字のイスラームの聖句が描かれることも多い。「大殿」のなかにマッカのカーバ神殿やマディーナ・モスクの絵を掲げることもある。それ以外にも、礼拝前の沐浴《もくよく》を行う「水房」あるいは「滌慮処」、アザーンを行う「邦克楼」、断食《だんじき》明けの際に月の満ち欠けを眺める「望月楼」などの建物もあり、これらの設備は中東や中央アジアのモスクの建築様式（中国では「アラブ式」と呼ばれる）にも共通する特徴である。

このように清真寺の建築様式に見られる中国の伝統文化とイスラームの接触は外部者の視点から見ると一見したところ矛盾しているかのように見えるかもしれない。西北部を中心とするイスラーム改革の影響から建築様式を「宮殿式」から「アラブ式」へ変更する清真寺も出てきている。しかし、それはごく一部のケースであり、漢族にかこまれて漢文化にも慣れ親しんできた回族の多くは伝統的な建築様式に親近感を抱いている。

他方、メスチトと呼称されるウイグル族のモスクにおいては、建築様式面で上記回族のモスクに一般的に見られるいわゆる「宮殿式」はいたって少なく、隣接する中央アジア地域との類似性を持つものが多い。ここでは具体的な事例としてカシュガルのヘイトガーフ（漢語名：艾提尕爾清真寺）を紹介しよう。

ヘイトガーフ・メスチト（撮影：新免康）

　このモスクの創建は、一説によれば15世紀とも伝えられるが、確かなことはわからない。現状における建造物に直接つながる形に施設が整備されたのは、１８７０年代のヤークーブ・ベグ政権の時代（第37章を参照）と推定される。ヤークーブ・ベグは、清《しん》朝領におけるムスリム反乱に乗じて、中央アジアのコーカンド・ハーン国からカシュガルに来て政権を樹立した人物であるので、ハーン国が本拠としたフェルガナ盆地におけるモスクの様式が、ヘイトガーフの建造物のあり方に影響を及ぼしている可能性もある。

　モスク境内の敷地は四角形で、最大長１４０メートル、最大幅１２０メートルあり、６０００名の礼拝者を収容できると称せられる。広場に面した大門の扉をくぐって上を見上げると、ドーム型の天井を持つ大規模な建造物になっていることがわかる。この大門の建造物の両側に、2本のミナレットが立つ。敷地のなかに足を踏み入れると、背の高い樹木が生い茂り、そのなかに池が配された、庭園のような静謐《せいひつ》な空間が広がる。その中央を入り口からまっすぐに延びる道の行きつく先が、壮大な礼拝用本殿である。木製の列柱が立ち並び、手前の一方が開放されたオープンな礼拝スペースの外殿と、外殿の中央部に配された内殿からなる。ミフラーブは、内殿の奥にある。本殿の手前左側、すなわち敷地の南側の辺を構成するのが、元来付設されていたマドラサの建造物であるが、現在は機能していない。カシュガル市内の別の場所に、公認のカシュガル地区イスラーム教経文学校が設けられている。

マドラサのほか、モスクに関連して注目される施設は、クチャのハーンカー・メスチト（漢語名：庫車大寺）の敷地内に残されているイスラーム法廷跡である。この法廷跡の建物にはヒジュラ暦1347年（1928／1929年）という表示があり、これはおそらく建造年を示したものと考えられる。新疆のウイグル族社会においてはイスラーム法が部分的に1950年代初頭まで機能していたといわれているので、この法廷も同時期まで使用されていた可能性がある。現在は新疆ウイグル自治区の重要文化財に指定された本モスクの一部として建物が保存され、その内部に、当時使われていたとされる刑罰用のムチや剣などが見学者用に展示されている。

（澤井充生・新免　康）

キーワード

清真寺／牛街礼拝寺／「扁額」／メスチト／ヘイトガーフ

参考文献

楊永昌［1981］『漫談清真寺』寧夏人民出版社
劉致平［2011］『中国伊斯蘭教建築』中国建築工業出版社

24

経堂教育

★清真寺におけるイスラーム教育★

「経堂教育」は、中国の清真寺（モスク）で伝統的に行われてきた、イスラーム諸学に関する教育を指す。この呼称自体は、中華民国時代から使われ始め、当時は「寺院教育」などの呼び方もあったが、現在は「経堂教育」の呼び名が定着している。その名は、清真寺の蔵書部屋である「経堂」が、しばしば教室となったことに由来する。

経堂教育は、一般にいわれるところによれば、イスラーム世界に古くから存在した教育施設「マドラサ」や中国の私塾における教育方式をモデルとして、胡登洲《ことうしゅう》（１５９７年没）が陝西において開始したとされる。当時、中国ムスリムのあいだでは、彼らの漢語化と並行してイスラームの知識が急速に失われつつあったが、胡登洲が経堂教育を創始してこの危機を救ったというのである。しかしこの物語は、胡登洲の学統への帰属を称することで自らの正統性を誇った後代の学者（アホン）たちの言説に出たものにすぎず、実際のところはよくわからない。ただ、17世紀に入って、のちに経堂教育と呼ばれるものの体制が徐々に整備されてゆき、中国においてイスラーム諸学が衰微から復興へと向かったことは確かだろう。そして18世紀初頭には、後代に見られるような経堂教育の姿がほぼ出来上がっていたと思われる。以下では、その成熟した経堂教育の様子を見ていくことにしよう。

経堂教育の教師は「アホン」（阿訇）と呼ばれる人々がつとめた。アホンはペルシア語で「学者」を意味する「アーホンド」がなまった言葉である。

中国ムスリムは、一般に清真寺を中心に集住してひとつのコミュニティを形成するのだが、そのようなコミュニティごとに、このアホンが招請された。今も昔も多くのばあい、コミュニティの長老（郷老《きょうろう》）たちが人選を合議し、なるべく博学有徳の聞こえのあるアホンを遠近にかかわらず招聘した。ただし、イスラーム神秘主義教団（門宦《もんがん》）の影響下にあるコミュニティの場合は、教団指導者がアホンの人選を指図した。また、中華民国時代の青海《せいかい》では、回民軍閥の支配のもと、本山（海乙寺）が末寺（稍麻寺）にアホンを派遣する体制がしかれたが、これらは例外である。

各コミュニティに招致されたアホンは、清真寺に起居しながら、経堂教育のみならず、およそイスラームの知識が必要なコミュニティ内のさまざまな業務をつかさどった。その職位は、ふつう「教長《きょうちょう》」の名で呼ばれる。教長に就任したアホンの職務内容は、経堂教育のほかに、集団礼拝の指導、新月の目視による断食の開始・終了の決定、冠婚葬祭での読経、屠畜、イスラーム法に照らした是非判断や対案提示、イスラーム法違犯者の処罰、さらには雨乞いなどがあった。任期はたいてい3年で、問題が無ければ再任もありえた。

経堂教育では、コミュニティのメンバーの子弟にイスラーム教育が施された。それらの学生のなかには、イスラームの基礎知識やアラビア語の初歩を学んだだけで卒業する者もおれば、より高度な学

第24章
経堂教育

問を授けられて次世代のアホンとして養成される者もいた。加えて、アホンの名声にひかれて遠路はるばるやってきた学究の徒や、赴任先を転々とする師につき従ってきた古参の弟子も、アホンになるための指導を受けた。彼らのようなアホン候補生は、「ハリーファ」（アラビア語で「代理人」の意）や「マンラー」（「師」を意味するアラビア語の「マウラー」がなまったもの）と呼ばれた。彼らは、アホンとのあいだに強固な師弟関係を結び、ともに清真寺に寄宿してその職務を補佐しながら学問の研鑽を積んだ。

アホンの給料や寄宿学生の生活費をはじめとする経堂教育の諸経費は、アホンを招聘したコミュニティのメンバーによって賄《まかな》われた。経堂教育の初期段階では、有志のアホンが私財をなげうって、あるいは商売などをしながら、自らの学堂を経営していたようであるが、やがてコミュニティのメンバーが、経堂教育の諸経費をザカート（喜捨）やサダカ（自発的義捐）などの名目で負担しあい、アホンを招聘するようになった。「義産」や「義田」と呼ばれる特定の店舗や田畑からの収入が、そうした経費に割り当てられることもあった。

経堂教育の学課についていえば、まずアラビア語文法、次いで修辞学や論理学を攻め、そのうえでイスラームの神学や法学を修得することが、ひとまずの目標とされた。優秀な学徒は、さらにペルシア語の学習とペルシア語で書かれたイスラーム神秘主義文献の研究に進んだ。これらのイスラーム諸学の一部ないしすべてを十数年から20年前後かけて修了すれば、師アホンの認可のもとに、候補生は晴れて新アホンとなった。そのさい免許のしるしとして新アホンに外套が贈られたので、この卒業の儀式を「穿衣」という。

さて、伝統的な経堂教育は、数多《あまた》の優秀なアホンを輩出し、中国イスラームの歴史上まちがいなく

学習に励む経堂の学徒たち

重要な役割を果たした。しかし近代になると、学制や進級制度がなく教育の効率が悪いことや、教育内容が硬直化して現実に適応できていないことなどが問題視されるようになった。そして、これらの欠陥を改めた近代的なムスリム教育を旨とする新式学校（小・中・師範学校）が、20世紀初頭より各地に設立されるようになった。

その背景には、中国ムスリムがイスラームの正しい理解や、漢語の運用能力、近代的諸知識を欠いていることにより、中国社会のなかで立ち遅れているという現実への反省があった。そして、宗教教育はもとより普通教育や政治的・社会的活動をも担える人材を育成することによって、中国ムスリムの政治的・社会的地位を高めるとともに、列強の前に滅びに瀕する中国を救うという抱負があった。また、中国ムスリムが中国に帰属意識を持つことがイスラームの教義に沿うものとして強く肯定されたうえで、愛国精神の涵養《かんよう》が重要な教育課題であると認識された。

新式学校のなかでも規模や影響力の最も大きかったのは、成達師範学校である。同校では、学生がアラビア語と漢語の双方に精通し、イスラーム諸学のみならず、歴史・数学などの近代的諸科目や、教育学、世俗的法律の知識なども身につけることを目標として、カリキュラムが組まれた（ただし、アラビア語を優先してペルシア語教育は切り捨てられた）。加えて、イスラーム文化こそが列強の攻勢のただなかにも世界中のムスリムを存続させた要因だとして、それを発揚することで中国の富強に貢献することも教育趣旨に掲げられた。

中華人民共和国の時代になると、新式学校の近代的ムスリム教育を引き継ぐものとして、イスラーム教経学院が北京ほか各地に設立された。加えて最近では、臨夏外国語学校（臨夏中阿学校）をはじめとする私立のアラビア語専門学校なども各地に現れてきている。これらの専門学校では、アラビア語教育を中心に、イスラームの知識のほか、教育学やコンピュータの知識なども教授されている。なかには金融・経済・貿易などに関する課程を設けるところもある。

こうした新しいムスリム教育機関の叢生は、しかし決して清真寺での経堂教育を淘汰しなかった。とくに改革開放以降、甘粛《かんしゅく》臨夏の堡子《ほし》清真寺など一部の清真寺では、学制・カリキュラムの整備、教材や教育方法の改良、漢語教育の強化などの改革が積極的に行われ、経堂教育は新たな発展段階をむかえている。

（中西竜也）

キーワード
経堂教育／胡登洲／アホン／新式学校／イスラーム教経学院

参考文献
岩村忍［1949］『中国回教社会の構造（上）』日本評論社
――［1950］『中国回教社会の構造（下）』日本評論社
周伝斌［2008］『薪火相伝的回族教育』寧夏人民出版社
丁士仁［2006］「二十世紀河州経堂教育的両次重大突破」『回族研究』64：51～55頁

25

中国イスラームの経典

★中国に流布したアラビア語・ペルシア語文献★

本章では、おもに中国内地もしくは沿岸部を対象に、アラビア語・ペルシア語イスラーム文献の流布状況を見て行きたい。

中華民国の頃、中国ムスリムのあいだでは、儒教の「十三経《じゅうさんけい》」にならって、「十三部経《じゅうさんぶけい》」と呼ばれる一群のアラビア語・ペルシア語文献が主要経典として認知されていた。その内訳は、必ずしも固定されていたわけではないが、おおむね次のようなものであった。

①五部作からなるアラビア語文法書（連五本）、②ムタッリズィー（1213年没）のアラビア語文法書『灯明の光輝』、③ジャーミー（1492年没）のアラビア語文法書『輝きの効用』、④タフターザーニー（1389／1290年没）の修辞学書『サッカーキーの〈諸学の鍵〉の摘要』、⑤タフターザーニーの神学書『ナサフィーの〈信条〉の注釈』、⑥ウバイドゥッラー・イブン・マスウード（1346年没）の法学書『〈護衛〉の注釈』、⑦イブン・ワドアーン（1197／1198年没）による四十のハディースの注釈『説教集』、⑧フサームッディーンによる四十のハディースの注釈『四十』、⑨ナジュムッディーン・ラーズィー（1256年没）の神秘主義著作『下僕たちの大道』、⑩ジ

中国で流布する稀少なペルシア語刊本。手前はサアディー『薔薇園』にトルコ語訳を付した『薔薇園の熱望』（20世紀初頭タシュケント刊）

ヤーミーの神秘主義著作『閃光の照射』、⑪常《じょう》志美《しび》（1670年没）のペルシア語文法書二部『風』と『探求の道』、⑫サアディーの教訓物語書『薔薇園』、⑬『クルアーン』。

これらは、民国時代よりも前に中国で流布していたものばかりである。すなわち、清代の初めに河南や北京などの清真寺《せいしんじ》で教鞭をとった舎《しゃ》起霊《きれい》（1703年没）の教科書リストや、ほぼ同時代に生きた南京のムスリム学者劉智《りゅうち》（1724年以降没）の『天方性理《てんぽうせいり》』、『天方典礼《てんぽうてんれい》』に掲げられた参考文献書目、および1782年に乾《けん》隆帝《りゅうてい》の御覧に呈せられたアラビア語・ペルシア語文献の目録のなかにも見出されるのである。そしてこれらは、中国ムスリムの伝統的な読書傾向を、よく反映している。

その傾向とは、第一に、ペルシア語文献がよく読まれてきたということである。「十三部経」は、ほぼ半分の⑦～⑫がペルシア語文献である。

ちなみに、⑪の文献は、ペルシア語文法を専門に扱った独立著作としては世界最古といわれる。作者の常志美は、山東のムスリム学者であった。

第二の傾向としては、イスラーム神秘主義（スーフィズム）に関する書籍が珍重されてきたということが挙げられる。「十三部経」には、その手のものとして⑨と⑩がエントリーされている。ほかにも、アズィーズ・ナサフィー（1300年以前没）の『至遠の目的地』や、ジャーミーの『光芒』（これらもペルシア語文献である）などが、清初以来よく読まれてきた。ついでながら、アズィーズ・ナサフィーやジャーミーといえば、イスラーム思想界の巨人イブン・アラビー（1240年没）の思想の解説者として有名であるが、はたして彼らの著作を媒体として、中国ムスリムのあいだにもイブン・アラビーの思想が浸透した。

さらに第三の傾向として、中国ムスリムはスンナ派四法学派のひとつであるハナフィー派に属し、彼らのあいだでは、同派の著作が他派のものを排して数多く流布してきたということが指摘できる。「十三部経」中の唯一の法学書である⑥も、やはり該派の法学書に相違ない。

ところで、とくに前近代の中国ムスリムが親しんだ諸経典のうちには、中央アジアやイランで著されたものが数多く目につく。加えて、それらの成立年代は、モンゴル時代、あるいはそれ以前に書かれたものが多数を占める。この傾向は、中国ムスリムの父祖たちの多くが中央アジアやイランの出身者であったこと、あわせて彼らの来華がユーラシアの東西統合のすすんだモンゴル時代にピークに達したことに起因している。ただし、中国と西方の行き来が比較的疎遠になったと見られるモンゴル時代以降も、中国への経典の伝来はけっして途絶えなかった。たとえば、ティムール朝下で活躍したジャーミーやタフターザーニーの作品などが、中国ムスリムのあいだで古くから流布してきたことからも、それは明らかである。

ともあれ、結果として、中国ムスリムが古くから奉じてきた経典は、同じくペルシア語文化とハナフィー法学派の強い影響下にあった中央アジアや南アジアのムスリムたちのあいだで権威を認められてきた作品と、種類が非常に似通うこととなった。中国と中央アジア、南アジアは、ペルシア語のイスラーム神秘主義文献やハナフィー派の法学書の数々を共有した。ほかにも、たとえば、伝統的イスラーム教育におけるアラビア語文法の教科書は、中国と中央アジアとでほぼ共通している。

近代に入ると、中国ムスリムが手にする経典のヴァリエーションは、各段にふえた。鉄道や汽船などの交通手段の発達によって、マッカ巡礼やイスラーム世界の各地に行きやすくなり、中国ムスリムがイスラーム諸国から新たな書籍を携えて帰国することが多くなったことも一因だろう。そうこうするうち、イスラーム諸国の活版や石版の印刷刊本が、数多く輸入されるようになった。たとえば王静《おうせい》斎《さい》（１９４９年没）は、１９０３年の段階で、河北《かほく》省孟村県の海思福《かいしふく》という人が２００余種もの刊本を所有していたと述べている。王静斎自身も、マッカをはじめとする中東を旅したのち、６００余種の刊本を携えて帰国した。現在中国で出回っている、19世紀末から20世紀前半のデリー版やムンバイ版、マッカ版、エジプトのブーラーク版、イスタンブル版、カザン版などの刊本の複製品は、おそらくその当時の遺産であろう。

そのうえ、とくに19世紀以降なると、中国ムスリム自身がアラビア語やペルシア語で著述を行うようになった。たとえば、馬徳新《ばとくしん》（１８７４年没）、馬聯元《ばれんげん》（１９０３年没）、馬良駿《ばりょうしゅん》（１９５７年没）などが、

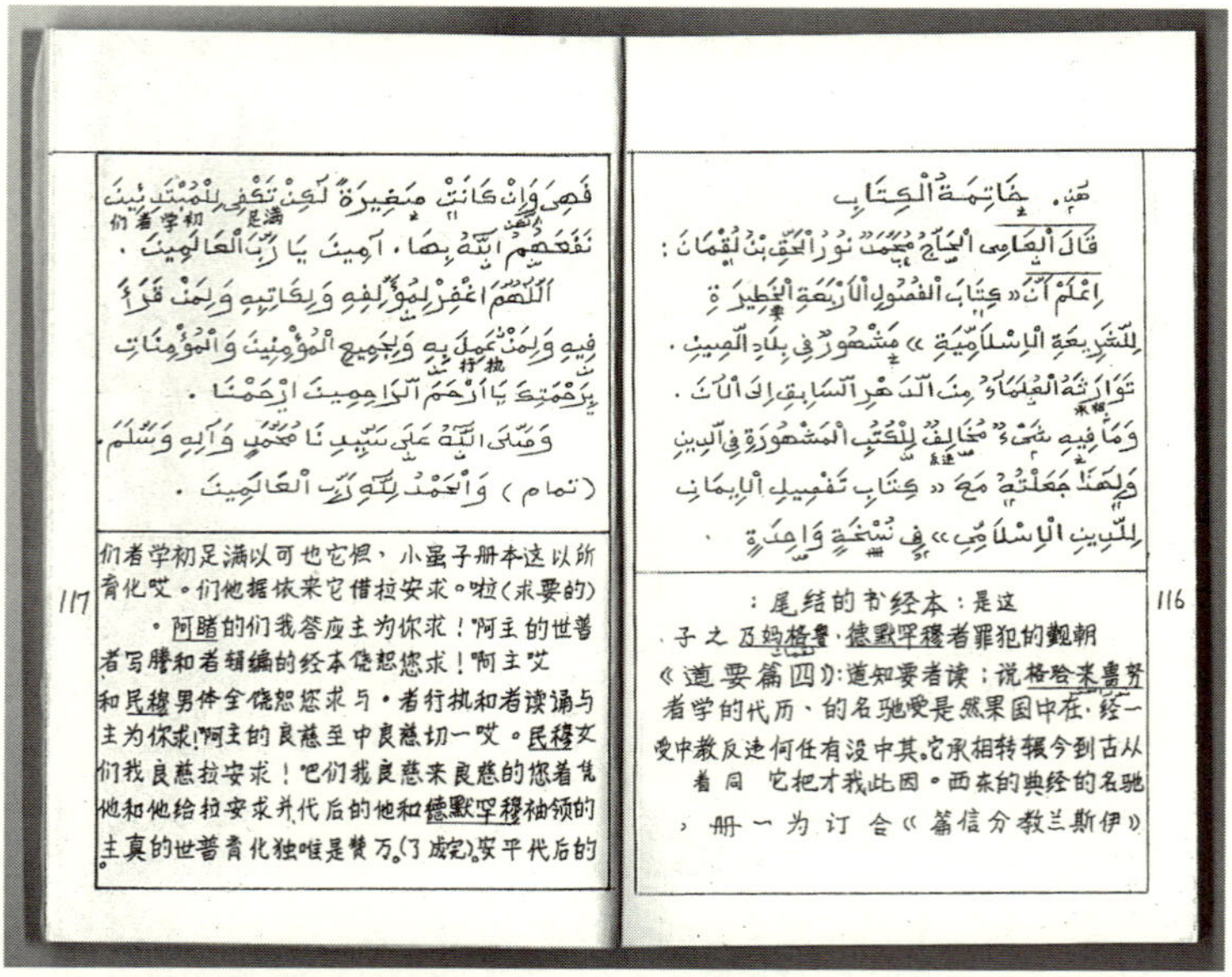

馬聯元編『中阿対照「天方分信篇」和「四篇要道」合訂本』。アラビア語に合わせて、漢語が通常とは逆に右から左に書かれている

比較的多作で有名である。

そして現在、中国ムスリムの書肆《しょし》では、民国期に輸入された印刷刊本のリプリントに加えて、中東諸国やパキスタンの最近の出版物も売られている。書籍のみならず、説教師のライブ映像やイスラームの諸儀礼についてのレクチャー動画をおさめたVCDという名の新しい「経典」も目を奪う。中国イスラームの経典は、グローバル化の進展と印刷・メディア技術の発展を背景として、ますます種類と量を豊かにしている。

なるほど法学分野においては依然としてハナフィー派の支配が揺るぎない。また、ペルシア語文化の伝統は消えつつある。多数のアラビア語刊本が比較的廉価で流通しているいっぽうで、稀少なペルシア語古典の写本がまれに非常な高値で取引される書籍市場に、かつてペルシア語書籍を愛読した中国ムスリムの面影はもうない。だがそこには、国内におけるアラビア語学習の隆盛と世界的なイスラーム復興の潮流に刺激された中国ムスリムの知的情熱が、たしかに渦巻いている。

ただしごく最近、とくにいわゆる「アラブの春」以降は、このような書肆の活況に陰りが見える。「アラブの春」の波及を恐れる当局が、アラビア語・ペルシア語文献の印刷・販売を制限していることに原因があるらしい。古典著作など「アラブの春」とは直接関係のない文献のみは印刷・販売を許可して規制への不満をかわすといった余裕や柔軟さもなく、一律に制限を加えているようである。一時的な現象に過ぎなければよいのだが。

（中西竜也）

キーワード

十三部経／ハナフィー派／イスラーム神秘主義（スーフィズム）／ペルシア語

参考文献

Leslie, Donald D. and Mohamed Wassel. 1982. "Arabic and Persian Sources Used by Liu Chi'h." *Central Asiatic Journal*. Vol. 26 (1-2): 78-104.

Leslie, Donald D., YANG Daye and Ahmed Youssef. 2001. "Arabic Works Shown to the Qianlong Emperor in 1782." *Central Asiatic Journal*. Vol. 45(1): 7-27.

Mozafar Bakhtyar. 1994. "China." *World Survey of Islamic Manuscripts*. Geoffrey Roper (ed.). Vol. 4 (Supplement). Al-Furqān Islamic Heritage Foundation, pp. 61-116.

Ⅳ
イスラームを生きる人々

26

回族の女寺と女学

★女性専用のモスクとマドラサ★

イスラームはその教えのなかで男女隔離をうたう。地域のウラマー（イスラーム法学者）の解釈により、どのような場所で男女隔離をすべきかが決定される。バスの前部が男性、後部が女性、海水浴場での男女の別、などが決められているイランがその典型であろう。ここまで厳格に隔離をしなくとも、ムスリム／ムスリマが一番男女隔離を感じる所、それがモスク（アラビア語でマスジド）とマドラサ（モスク付属の宗教学校、アラビア語学校）である。世界中でモスクやマドラサの多くからムスリマは排除されている。モスクには男性専用が多いからである。また、モスクでムスリム／ムスリマに対して説教《せっきょう》ができるハティーブ（説教師）は男性に限られている。女性の礼拝が許されているモスクでも、女性はカーテンで仕切った狭い領域に押し込められるか、ハティーブの姿を遠くから臨むことしかできない二階の女性専用礼拝殿を割り当てられているケースが多い。モスクで女性の礼拝が禁止されている地域では、女性は家のなかのみで礼拝する。その理由として「イスラームの教えによれば、女性の重要な仕事は家事、育児、介護だ。家庭に目配りしなければならない以上、家のなかでの礼拝が一番合理的」といった説明がよくなされる。しかし、モスクは、仲間と会って情報交換をし、宗教心を高め、仲間意識を培う場でもある。女性が宗教活動すらも禁止され、家のなかに留め置かれるならば、彼女たちはどのように仲間を作るのか？　あるいは、宗教知識をどのように獲得し子どもたちに伝えるのか。このような潜在的悩みを世界中の敬虔なムスリマたちは持ち、女性専用のモスクやマドラサを持つことを望んでいる。

ところが、中国には歴史的に女性専用のモスクやマドラサが存在する。それが、清真女寺《せいしんじょじ》と女学《じょがく》（中阿女学、清真女学、イスラーム女学、女校などとも呼ばれる）である。清真女寺は、河南、河北、山東などのジャマーア（第14章）を中心に清《しん》代中期からつくられ始め、ムスリマのみが集う場所として現在に至っている。マリア・ジャショックと水鏡君はこのような世界史的にも稀有な現象が中国で起こった理由について、次のように述べる。第一に劉智《りゅうち》が『天方典《てんぽうてん》礼《れい》』に「婦道」を書き込み、イスラーム的女性観をつくったこと。第二に、中国のムスリムが中華世界で圧倒的な少数者であるゆえに、女性の手で宗教知識が家庭内に入り、その結果家人がモスクに通って宗教振興することを男性が期待したこと。第三に、仏教、道教など多文化多宗教が交差する社会環境にあったこと、である。

山東省済南市の済南清真女寺

このような清真女寺は、現在でも多くが女性のみで運営される。女性が礼拝で宗教心を確かめる場、アラビア語と漢語の識字や宗教知識を得る場であるともに、女同士のおしゃべりで悩みを打ち明けたり励ましあったりする「居場所」といった複合的な役割を持っている。現在、世俗化の波は中国の回《かい》族社会でも深刻である。女寺や女学で宗教知識を学んだ女性は家庭で家族にムスリムとしていかに生きるべきかを伝えることができる。すなわち、女性の宗教教育とは家族、ジャマーアの宗教教育、ひいては宗教的エスニシティである回族の存続ともつながっていると考えているムスリムは多い。だからこそ、家人は女寺や女学に家庭の主婦が通うことを勧めるのである。

　他方、ムスリムの集居地である西北には清真女寺は存在しなかったばかりか、女性のための識字教育機関も中華民国時代が終わるまでほぼ機能していなかった。１９４９年以降中国共産党は西北の僻地の回族地域にも学校を作った。しかし、親たちは貧困や男尊女卑の思想、漢族男性が教師を務めるマルクス主義の公立学校への嫌悪感から女児を学校に送らず、したがって女性の識字率は１９７８年の改革開放発動の時点で甘粛の臨夏回族自治州では17％にとどまった。

　改革開放後、西北で公立学校とともに教育機関として出現したのがアラビア語と漢語の識字と宗教知識を教える男女別イスラーム学校で、多く四年制であった。女性のための女学は１９８０年代初めにでき始め、１９９０年代には全盛を迎えた。西北の回族の集住地域に女学は認可／非認可のものを含め数多く存在する。一部は立派な校舎を備え、中等専門学校として大学入学資格を与えるまでに成長している。もっとも大多数は民家を借り上げているか、アパートの一室かモスクの敷地内の一室を使う小規模なもので、設備も十分とはいえない。１９９０年代まで回族女性の公立学校中退率は高く、早婚傾向にあったため、女学は12～19歳の女性の結婚までのお行儀見習いの場所という性格が強かっ

寧夏出身の女性通訳（義烏市）

た。しかし、公立学校通学経験がない者でも、女学で学ぶことで、別の女学の教師（ウスターズ、慣用的に「女阿訇」とも呼ばれる）になるか、国外のイスラーム圏に留学するものも出てきた。

21世紀に入って、中国が本格的に経済ブームに沸き始めると、女学卒業生のなかからは沿海地方の広州、義烏、石獅といった大都市に移住し、国外イスラーム地域むけ輸出入通商業務に従事するもの、とくにアラビア語通訳となるものが続出するようになった。通訳の月給は、２０００元以上（２００８年）である。これは、西北の公立学校に勤める大卒教師に匹敵するかそれ以上の高給である。彼女たちは、故郷の父母に送金し、また、人に感謝され、必要とされる仕事をすることで西北の貧困地区の回族女性のあこがれの存在となっている。その結果、女学には入学希望者が引きも切らない。一部の女学は宗教色が薄くなり、金儲けの技術を教えるだけになってしまった、という批判も回族内部から出るようになった。

清真女寺も女学も、女性が男性の目を気にせず沐浴し礼拝し、ともに学ぶ場所、という点からすれば共通している。西北や西南《せいなん》ではまだまだ清真女寺の数は少ないが、しかし、その代替場所として女学がある。いずれも、女性の能動性を高める場所、神が女性という属性を与えた恩寵を確かめ、ムスリマとして生きる意義を確認しあう場所という意義がある。神が預言者に啓示を下した言語であるアラビア語はムスリム／ムスリマであれば必ず学ぶべきというのがイスラームの考え方である。その学んだアラビア語能力がたまたま「世界の工場」となった中国で通商業務に実利的に役に立つということがわかり、彼女たちはアラビア語通訳をやっている。しかし、イスラームを学んだ彼女たちは金銭的なことよりも、やはり精神的なことに重きを置きたいという思いが強い。したがって、たとえば通商業務で一定の安定した収入を得ていても、それを捨ててムスリムらしさを育てる幼稚園をつくったり、女性のためのアラビア語学習班をつくったりという人たちが出ている。貪欲でない資本主義のありかたや女性のエンパワーメントを考えるうえで、清真女寺と女学で礼拝し倫理性とともに実利をもたらすアラビア語とイスラームを学ぶムスリマたちは世界史的にも重要な位置にいるといえよう。

（松本ますみ）

キーワード

女寺／女学／イスラーム教育／女性の宗教知識／アラビア語通訳

参考文献

水鏡君［２００７］「中原清真女寺」『回族文学』４：60～64頁
水鏡君・瑪利亜雅紹克［２００２］『中国清真女寺史』三聯書店
松本ますみ［２０１０］『イスラームへの回帰――中国のムスリマたち』（イスラームを知る7）山川出版社
――［２０１１］「もう一つの女性解放と開発に向けての選択？」『女性・戦争・人権』11：89～１１６頁
Matsumoto, Masumi and Atsuko, Shimbo. 2011. "Islamic Education in China: Triple Discrimination and the Challenge of Hui Women's Madrasas." in Sakurai Keiko and Fariba Adelkah (eds.) *The Moral Economy of the Madrasa: Islam and Education Today*. Routledge, pp. 85-102.
Maria Jaschok and Shui Jingjun. 2011. *Women, Religion, and Space in China*, Routledge.

27

年中行事

★イードと預言者聖誕祭マウリド★

イスラームでイード（祭り）といえば、断食明《だんじき》けの祭り（イード・アル＝フィトル）と犠牲祭《ぎせいさい》（イード・アル＝アドハー）が有名である。中東や中央アジアとおなじように中国ムスリムも毎年必ず盛大に行う。イードは漢語では「爾徳」あるいは「爾代」と表記され、断食明けの祭りは「大爾徳」（大イード）、犠牲祭は「小爾徳」（小イード）と呼ばれている。漢語を母語とする回族は断食明けの祭りを「開斎節」、犠牲祭を「宰牲節」または「古爾邦節」（クルバーン）といい、おもに新疆《しんきょう》ウイグル自治区にいるテュルク系民族は前者を「ローザ」、後者を「クルバーン」と呼びならわしている。

まず、寧夏回族自治区で観察した「開斎節」を紹介してみよう。一般に、ヒジュラ暦9月（ラマダーン）が終了する第29日の夕方、新月を肉眼で観測することができると、ラマダーンが終了したことになり、10月（シャウワール）が始まる。それとは別の方法として天文学的計算によって月の始まりを決める人々もいる。いずれにしても、およそ3日以内に清真寺（モスク）で「開斎節」を開催する。「開斎節」当日の早朝、男性たちはその日のために用意した一帳羅を身に纏い、清真寺へ向かう。清真寺

断食明けの祭りの早朝。集団礼拝を待つ回族の人たち

ではまず沐浴を行う。沐浴を済ませると、「大殿」（礼拝を行う建物）に入り、場所取りを行う。この日は参加者が非常に多く、大殿には収容できないので、清真寺の中庭に絨毯を敷き詰める。「アッラーフ・アクバル！アッラーフ・アクバル！（神は偉大なり）」。礼拝の呼びかけが始まると、「開学《かいがく》アホン」（教長《きょうちょう》）やマンラー（寄宿学生）たちが整列して大殿のなかに入っていく。まず、開学アホンと寄宿学生たちがクルアーンを朗誦する。その後、開学アホンが「瓦爾茲」（ワアズ、漢語による説教）や「呼図白」（フトバ、アラビア語による説教）を行い、イスラームの教義やイードの必要性を聴衆に説明する。それが終わると、参加者はマッカにむかって集団礼拝を行う。礼拝の終了後、参加者たちは「アッサラーム・アライクム」（平安がありますように）といいながら両手で握手し、「封斎」（断食）の終わりを祝福しあう。

男性たちは帰宅後、休むまもなく家族を連れ立って親戚や友人を訪問する。その際、茶葉や菓子類を持参して手渡すことが礼儀である。その日のうちに親戚や友人のお宅を何軒もはしごすることも珍しくない。女性たちは大挙しておしよせる客人のため食事の用意に奔走する。子どもたちにはお小遣いが手渡されることが多く、「開斎節」はさながら日本のお正月のようである。時間の余裕があれば、「回民公墓《かいみんこうぼ》」（ムスリム墓地）にも足を運び、クルアーンを朗誦し、亡くなった身近な親族の平安を祈る。

もうひとつの犠牲祭も盛大に開催される。犠牲祭は預言者イブラーヒームがその子イスマーイールをアッラーに捧げようとした伝承に基づく儀礼である。ヒジュラ暦12月（ズー・アル＝ヒッジャ）の10日頃、牛や羊などの家畜をほふり、その肉をお互いに贈りあう。犠牲祭当日の早朝、男性たちは清真寺へ行き、開学アホンの説教を拝聴し、集団礼拝を行う。礼拝の終了後、男性たちは清真寺の敷地内や裏手へ移動し、牛あるいは羊などの家畜を屠る準備にとりかかる。もし可能ならば、世帯主（男性）が担当するが、それが無理な場合は清真寺のアホンやマンラーに代行を依頼する。男性たちが牛や羊を動かないように押さえつけると、ナイフを右手に持った者がバスマラ（「慈愛あまねく慈悲深きアッラーの御名において」という意味の聖句）をアラビア語で唱えながら家畜の頸動脈を一瞬のうちに切断する。息を引きとった家畜は手足を切断された後、毛皮の隙間から空気を吹き込まれて手際よく解体される。10分もかからない。新鮮な肉は、清真寺、親戚、友人、貧者などに配る。この日も親族や友人のあいだで相互訪問や墓参がよく行われる。女性たちは自宅で来客に備えてご馳走を用意しておく。

二大イードのほかにも重要な年中行事がある。代表的なものは預言者ムハンマドの聖誕祭（マウリド・アル＝ナビー）である。漢語では「聖紀節」といい、一般にはヒジュラ暦3月（ラビーウ・アル＝アウワル）

犠牲祭の日に羊を屠る回族の人たち

の12日に開催される。この日も男性たちは清真寺へ足を運ぶ。クルアーンだけでなく、預言者讃歌を朗誦し、ムハンマドの事績を想いおこす。ただし、中国イスラームには「教派《きょうは》」という独特な観念があり、各教派の見解が異なることから、聖誕祭を実施しない清真寺もある。たとえば、イスラーム改革を提唱するイフワーン派やサラフィーヤ派は聖誕祭の実施には極めて消極的である。伝統的なカディーム派の多い中国では聖誕祭はイードとともに重視される年中行事のひとつと見なされることが多い。

このほか、預言者ムハンマドの娘ファーティマの逝去した日を記念する行事がある。それは「法貼麦節」と呼ばれる。ファーティマは漢語では「法貼麦太太」（ファーティマ奥様）というが、ヒジュラ暦6月（ジュマーダー・アル＝アーヒラ）の15日頃、ファーティマを偲ぶ男女が清真寺でクルアーンの朗誦やドアー（祈念）を行う。また、ヒジュラ暦1月（ムハッラム）の10日にムハンマドの娘婿アリーの次男フサインの殉教を偲ぶアーシューラーの行事を開催する清真寺もある。これらの行事はシーア派に由来する儀礼であるが、スンナ派の多い中国ムスリムのあいだでも実施される。ただし、イランのように哀悼行事が行われることはない。それ以外にも、ヒジュラ暦8月（シャアバーン）の15日頃にバラーアト（贖罪《しょくざい》）のためのクルアーン朗誦、ヒジュラ暦9月（ラマダーン）の27日の夜（ライラ・アル＝カドル）には特別な礼拝が実施されるなど細々とした年中行事は少なくない。

ここまではイスラームと関連した行事を紹介したが、回族のなかには、漢族の「春節」、「端午節」、「中秋節」などを祝う人々もいる。正確にいえば、回族は漢族のように盛大に祝うことはせず、あくまでも祝祭日と考えており、実家へ帰省したり、家族全員で外出したり、「清真」（ハラール）の粽《ちまき》や団子を食べたりするぐらいである。地域差や個人差はあるが、祝祭日であっても爆竹や賭け事などは厳禁される傾向にある。なぜなら爆竹を使うこと自体が「漢化《かんか》」（漢族に同化するという意味）と見なされており、賭け事はイスラームでは禁止されているからである。最近、中国でもクリスマスを祝う若者が日本と同じように増えているが、中国ムスリムは過剰な西洋化に対して警鐘を鳴らしている。

（澤井充生）

キーワード

イード／「開斎節」／「古爾邦節」／「聖紀節」／「法貼麦節」

参考文献

王正偉［1999］『回族民俗学概論』寧夏人民出版社

28

ゴンベイ

★回族が参詣する聖者廟★

回族やサラール族、東郷族、保安族などの「聖者」の墓のことをゴンベイという。この語は、円頂陵墓を意味するアラビア語のクッバおよびペルシア語のゴンバドに由来し、漢語では「拱北」や「拱拝」などと表記される。ゴンベイは中国各地に点在するが、西北地方、とくに寧夏や甘粛には大小さまざまな多数のゴンベイが存在する。筆者の調査では、寧夏南部（面積約2万６０００平方キロメートル）において28個のゴンベイが確認され、文献資料には同地域に70個以上のゴンベイがあるとも記されている。また、甘粛省臨夏回族自治州（面積約８０００平方キロメートル）にも多くのゴンベイがあり、その数は１００個以上といわれている。

　ゴンベイの多くは、特定の「門宦」（スーフィー教団、第34章）に属しており、「教主」やムルシド、「老人家」などと呼ばれるスーフィー教団の指導者の墓に、しばしば立派な廟が建てられている。また、「道堂」と呼ばれる教団の現任指導者の居宅や修道場が併設されていることもある。たとえば、寧夏中部の農村地域にある洪崗子《こうこうし》ゴンベイは敷地面積が３ヘクタールと広大で、フフィーヤ派の一支派である洪門というスーフィー教団の歴代指導者の墓と壮麗な廟があり、道堂も併設されている。また、清《しん》代に指導者やその家族が流刑にあったジャフリーヤ派は、寧夏や甘粛のみならず、新疆や雲南、吉林などにもゴンベイが点在し、信徒は長距離を移動してそれらのゴンベイに参詣する。

さらに、特定のスーフィー教団に属していないゴンベイもあり、「西方」(西アジアや中央アジアの意)から来たと伝えられるイスラームの宣教者など、来歴の不明な人物の墓に廟が建てられていることもある。そして、しばしば周辺住民のあいだでその「聖者」が起こした奇蹟(カラーマ)が伝承されており、多くの参詣者を集めている。

来歴不明の「聖者」のゴンベイ
(寧夏回族自治区中寧県)

回族などの中国ムスリムのうち、とくにスーフィズムの影響を受けている人々は、しばしばゴンベイに参詣(ズィヤーラ)する。時期を選ばず単身または家族など少人数で参詣することもあるが、ゴンベイがにぎわうのは「爾曼里」(アマル)の期間である。アマルは「行為」を意味するアラビア語に由来し、聖者の命日とそれ以前の4、5日間にゴンベイを参詣し、聖者の追悼儀礼を行うことを指す。その際、ジャマーア(第14章)の成員が一団となって集団で参詣することが多い。聖者の命日が中国の旧暦で数えられていることが特徴的である。この理由は、寧夏や甘粛にスーフィズムが伝播した17世紀頃はもちろん、現在でもとくに農村地域では旧暦で生活が営まれているからだと考えられる。これは、ヒジュラ暦(イスラーム暦)に基づいてイードが執り行われていることとくらべて

参詣者でにぎわう洪崗子ゴンベイ

（第27章）、ゴンベイでの儀礼にはローカルな文化が多分に反映されているということの一端を示している。

寧夏や甘粛、青海などにおいては、フロントガラスに「上墳」（墓参り）と書いた紙を掲げたバスや乗用車を見かけることがある。車内には、白帽を被った男性や、「蓋頭」（頭巾）や「紗巾」（スカーフ）を被った女性が、たいがい詰め込み気味に乗っている。成人のみならず子どももいる。時には、オープン・トラックの荷台に、このような人々が満載されていることもある。そして、日によっては、これらの車が何台も列をなして走ってゆく光景が見られる。ゴンベイへの集団参詣は、しばしばこのように行われる。

アマルの期間中、ゴンベイは多くの参詣者でにぎわい、まるで「白帽の大海」のようだと表現されることもある。規模の大きなゴンベイでは、参詣者は数万人になり、他省など遠方からも参詣者が集まる。たとえば、先述の洪崗子ゴンベイでは、約2000キロメートル離れた新疆ウイグル自治区からの参詣者も確認できた。ゴンベイにおいては、参詣者は同行の集団ごとに聖者墓の前に集まり、神への賛美を繰り返し唱えるズィクルを行い、祭られている聖者を追悼する。多くのジャマーアでは、イスラーム諸学の学習経験がありズィクルを行える人はごく一部だが、彼/彼女らがジャマーアを代表するかたちで追悼儀礼を行うことによって、同行者全員がゴンベイ参詣の目的を達成できると認識されている。これが、ジャマーアの成員が集団参詣を行うおもな理由である。

人々のゴンベイ参詣の目的は、多様で複合的である。聖者を介してバラカ（神からの聖なる力や恵み）を得るというのがその一つである。回族などの中国ムスリムはこれを「沾吉」や「沾光」（恩恵にあずかる）と表現する。ゴンベイでは、より多くのバラカを得ようと、参詣者がさかんに墓石をなでたり体をこすりつけたりする光景を目にする。そして、バラカの獲得は現世利益の祈願と結びつく。ゴンベイに連れてきた子どもを聖者の墓石に触れさせ、子どもの成長を祈る姿も見られる。来世での平安を祈り、聖者の霊に近づくことも目的の一つである。筆者の聞き取りでは、参詣者から「死後、老人家に会うことになるので、死後にもいいことがあるように事前に（老人家の）墓にお参りしておく」や「（埋葬されている）老人家に会えて、うれしい」などの回答を得た。

また、多くの人々が集まるゴンベイの周辺では、多数の露店が出る。あつかっている商品は、食料や飲料から衣料品、装飾品、宗教用品などさまざまである。参詣者のなかにはこれらの露店で買い物をする人もいる。さらに、ゴンベイにおいて、他地域から来た親戚や知人との会話を楽しむ人も見受けられる。ゴンベイ参詣にはこのようなレクリエーションの要素も含まれている。

ゴンベイ参詣者に女性が多いことも特徴的である。多くの清真寺では女性の立ち入りが制限されていることから、中国のムスリマは日常的な礼拝やイードなど清真寺で行われる宗教活動に参加できないことが多い。また、親の理解が得られず、望んでもイスラーム諸学を学習できないこともある。それに対して、ゴンベイへは女性も参詣できる。現に、積極的にゴンベイに参詣している女性から「ゴンベイで宗教活動に参加できてうれしい」という感想をよく聞く。ゴンベイ参詣は、清真寺での活動に参加できないムスリマに宗教活動に参加する機会を提供しており、これが参詣活動の活性化につながっていると解釈できる。

イスラームの宗教活動というと、モスクで行われるもの、およびマッカ巡礼などがよく想起されるが、聖者廟参詣のような、シャリーア（イスラーム法）に規定されていない活動もさかんに行われている。本章で見た中国ムスリムのゴンベイ参詣のように、そこにはローカルな文化や歴史が多分に反映されており、各地域におけるイスラーム受容の多様性という観点からも注目できるのではないだろうか。

（高橋健太郎）

キーワード
ゴンベイ／スーフィー教団／聖者／参詣（ズィヤーラ）

参考文献
高橋健太郎［2005］「中国・回族の聖者廟参詣と地域社会――寧夏回族自治区の事例」『地理学評論』78：987～999頁
張承志［1993］『殉教の中国イスラム――神秘主義教団ジャフリーヤの歴史』梅村坦（編訳）、亜紀書房

29

マザール

★新疆の聖者墓廟★

聖者墓廟への参詣行為は世界各地のムスリム社会の多くで見られる。病気平癒や子宝に恵まれるなどさまざまな望みをいだいた信者が、墓に祀られた聖者をとおして神の恩寵にあずかりたいと願掛けする祈りが参拝の主眼であるといえよう。ムスリムが集住する新疆南部では、都市や村落、さらに人里離れた砂漠の荒野や山峡など、至る所に「マザール」（原義は「訪れるべき場所」）と総称される宗教施設が建立されている。その規模や形態は、大モスクと見違えるほどのドーム型建築から一般の墓園内の何の変哲もない墓まで、大小さまざまであり、聖性をおびた大木や泉水、洞窟などの自然景観を伴うものも多い。そのほとんどは、聖者として崇敬される宗教指導者や殉教戦士の墓や廟であるけれども、実在と架空の多種多様な人物が遺体の有無にかかわらず祀られている所もある。さらに、それらの所は遺体を埋葬した（とされる）墓廟ではなく、偉人が滞在した（とされる）ことで聖性を帯びた「カダムガーフ」（「足跡の地」）として埋葬地と区別されることもある。ここで謂うマザールにも、そのような祀りの聖地が含意されていることをあらかじめお断りしておきたい。その意味で「マザール」は「参詣地」と訳すほうがよいかもしれない。また新疆において現存するマザールの総数を定めることは難しいが、最も多く見られるホータン地区管轄の7県には、大小2000余りのマザールがあるという。このように新疆のマザールを全般的に語ることは容易でないので、筆者が実際に訪問したホータン地区とカシュガル地域の代表的なマザールの具体的様相を紹介したい。

ホータン市の西南郊外ブザク郷《ごう》（村）の広大な霊園には、礼拝堂の裏手にイマーム・ムーサー・カーズィムのマザールがある。その墓は巨大な蒲鉾形の建造物で、横手の円錐形の建物は彼の母の墓であるという。2000年2月に訪ねた時、色とりどりの旗竿で飾られたマザールの前で、熱心に祈る信者の姿が見られた。その日は墓参りの縁日であったようで、このマザールと礼拝堂の左右に広がる共同墓地にも多くの住民がお参りに来ていたし、霊園の門前では食べ物や薬の屋台も出て賑わっていた。ムーサー・カーズィムはシーア派の十二イマーム派から第七代イマームにあてられ尊崇されている。バグダード郊外のカーズィマインにあるその墓廟が同派信者にとって重要な参詣地であることはいうまでもない。しかし、ホータンの伝承では、歴史事実ではないものの、この地を治める異教徒の王の軍と戦って死んだことになっており、殉教者（シャヒード）として祀られている。

ホータン市から東方約250キロメートル離れたニヤ市街地の北方約70キロメートル、タクラマカン砂漠の縁辺にイマーム・ジャアファル・サーディクのマザールがある。砂に覆われた小高い丘の上の墓廟へ、宿泊施設をそなえる麓の小集落から共同墓地をへて参道が続いている。ここに祀られているジャアファル・サーディクはムーサー・カーズィムの父で、十二イマーム派では第六代イマームにあたる。彼の遺体はサウジアラビアのマディナの墓地に葬られたとされており、ホータンの墓が本物でないことは、すでに16世紀の歴史書『ターリーヒ・ラシーディー』にも指摘されている。しかし、古今の情報によれば、このニヤのマザールは毎年、遠方から、あまたの参拝者を引き寄せているという。墓が本物であるか偽物であるかは、おそらく、個々の信者の参詣行為にとって大きな意味を持っていないのではなかろうか。いずれにしてもマザールとして高い聖性を帯びているのである。なお、この二つのマザールを含めて、ホータン地区には第四代から第一二代まで9人のイマームの名でそれぞれ建てられたマザールがあるといい、「十二イマーム・マザール」と総称されている。

ホータン地区には「十二イマーム・マザール」以外にもイマームの称号を冠されたマザールがいくつかある。そのなかでも、チラ県ボスタン郷にある「四イマーム・マザール」の縁起では、西トルキスタンから援軍を率いて来た4人のイマームが、ホータンにおいてカラハン朝君主ユースフ・カディル・ハーン主導の聖戦に参加して殉教《じゅんきょう》したとされている。この説話からも、ホータン地区が「殉教者たちのホータン」と称される由縁の一端をうかがうことができる。また、ニヤのイマーム・ジャアファル・サーディク・マザールを最終目的地として、ホータン地区の西から東へ著名なイマーム墓廟11カ所を巡拝する行事があることも近年の研究で指摘されている。

このように来歴の不分明なマザールはホータン地区にほかにも多くあり、またその建築も概して地味である。一方、カシュガル地域に眼を転じてみると、対照的に、中央アジア史上に令名を馳せた人物を祀る墓廟がその威容を誇っている。そのような施設の代表としてアルトゥシュ（アトゥシュ）市郊外にあるカラハン朝君主サトゥク・ボグラ・ハーン（955／956年没）のマザールをあげねばならない。そのドーム型建築の墓廟は1902年の地震で倒壊し、墓そのものは小さな建物に長らく安置されて

サトゥク・ボグラ・ハーン廟

いたが、1995年に始まった再建事業により、往時の偉容をとりもどしている。サトゥク・ボグラ・ハーンはテュルク系民族のなかで最も早くイスラームを受容したと伝えられ、その墓廟にかかわる歴史事象は13世紀末頃の由来から今日まで文献資料により辿ることができる。

サトゥクの孫で仏教徒との戦いで殉教したという伝説を持つアリー・アルスラン・ハーンは、カシュガル市内の同名のマザールと、イェンギ・ヒサールの市街地から東方約40キロメートルの砂丘のなかにあるオルダム・マザールに祀られている。民間伝説によると、戦死したアリー・アルスラン・ハーンの遺体のうえにオルダム・マザールが建てられ、切られた首はカシュガル市内のマザールに埋葬されたという。現在オルダム・マザール自体に墓や墓廟建造物はないけれども、参詣の際に運ばれ円錐状に束ねられた無数の長い樹木の旗竿(トゥグ)が、赤・白・青の布きれをなびかせながら砂丘のうえに屹立する姿は見る者を圧倒する。このマザールは人里離れた砂漠のまっただなかにあるにもかかわらず、カシュガル地域の内外から多数の信者が参拝する大規模な聖地であるとされている。そのお参りの際に、カシュガル市内のアリー・アルスラン・ハーン廟やサトゥク・ボグラ・ハーン廟などを巡拝することも指摘されており、行事はアリー・アルスラン・ハーンの命日とされるヒジュラ暦ムハッラム月10日にオルダム・マザールでクライマックスを迎えるという。

イマーム・ジャアファル・サーディク廟やオルダム・マザールの場合のように、いくつかのマザールをセットにして巡拝していく参詣行為からマザールのグループ化がうかがわれる。さまざまな巡拝の事例を蓄積すれば、外面的には個々別々に存在する許多のマザールに対して参詣者が抱いている全体的なイメージを鮮明にすることができるのではないだろうか。

（澤田　稔）

キーワード
マザール／殉教者（シャヒード）／カラハン朝／サトゥク・ボグラ・ハーン

参考文献
澤田稔［１９９９］「オルダム・パーディシャー聖域について」『内陸アジア史研究』14：91～１０９頁
――［２０００］「タクラマカン砂漠南辺の聖墓」『帝塚山学院大学人間文化学部研究年報』２：１６０～１８２頁
馬品彦［１９８７］「南疆的麻扎和麻扎朝拝」青海省宗務局（編）『中国伊斯蘭教研究』青海人民出版社、３６９～３８６頁
濱田正美［１９９１］「サトク・ボグラ・ハンの墓廟をめぐって」『西南アジア研究』34：89～１１２頁
熱依拉達吾提［２００１］『維吾爾族麻扎文化研究』新疆大学出版社

30

ムスリムのシャーマニズム

★中国西北の民間信仰★

中国には10のムスリム民族があり、それぞれの歴史や居住環境、生活習慣、言語文化、そして宗教信仰上にも大きな差異がある。とくに、民間信仰を見る限りではムスリムという共通のアイデンティティがありながらも、ウイグル族のマザール崇拝、回族の門宦および教祖や教主の父系の血縁につながる拱北《ゴンベイ》崇拝、カザフ族の山岳崇拝、タジク族の火の崇拝など、多様な信仰様式が存在する。それらの信仰形態と並んで、シャーマニズムは中国ムスリムの民間信仰の底流として一般的に見られる。以下、西北地方に集住するウイグル族、カザフ族と回族などの、すでにシャーマニズムに関わる学術研究で取り上げられている民族の事例を中心にして、宗教文化の背景、霊能者、霊観念と治療儀礼などの基本状況について整理と考察を行いたい。

ウイグル族の先祖は、10世紀の中頃までゾロアスター教、マニ教、ネストリウス派キリスト教、並びにシャーマニズムなどを信仰していた。その後、イスラームへの改宗が行われ、およそ15世紀になってからは、タリム盆地全域のイスラーム化が完成された。その過程で、幾つかの宗教が歴史の表舞台から降りたが、シャーマニズムは砂漠オアシス住民の民間信仰の一部として現代に至って機能している。関係研究によると、現在の東新疆のクムルから南新疆のカシュガルやホータンにまで至る地域にペリ・バフシやジン・モッラと呼ばれるシャーマンとされうる霊能者が多く存在し、住民に厄払いや病気治療の儀礼を提供している。ウイグル族には、男性、女性のシャーマンがいる。いずれも人生のある時期から師匠について修業して学ぶか、怪病にかかり治った後にシャーマンになるといった道がある。彼らと普通の住民とを繋ぐ信仰の絆とは、神や霊的存在に対する畏れである。イスラームの唯一の神に作られた天地人間といった世界に、日と月、山と河、動物と植物などの自然界にかかわる精霊、各種の聖者霊、人間の幽霊と怨霊、そして天使や悪魔などと、さまざまな霊的存在があり、人々に影響を与えるという考えがある。一般の病気なら、病院に行って医者に助けてもらうが、悪い霊物にとりつかれると、シャーマンに悪霊を追い払う儀礼を依頼することが多くのウイグル族住民のしきたりである。シャーマンらは、普段は一般人と同じく生活を維持するために仕事に就いているが、いったん住民からの依頼があると厄払いや病気治療の儀礼を執り行う。儀礼の過程において、鶏や羊を生贄《いけにえ》にしその血を撒いたりして鎮魂を行い、歌ったり踊ったりしてトランスという特殊な精神状態に入る。そこで、剣や枝や鞭などで霊物と闘ったり、綿で火を燃やして悪霊や憑きものを排除しようとしたり、盛んに象徴的な活動を行う（阿地力・阿帕爾ほか、２０１０）。

トゥルファンのムルトゥック聖者廟の側に置かれるヤギの角。霊的存在を象徴する

脱魂型《だっこん》シャーマンであることと、儀礼の始終にクルアーンの朗読やイスラームの祈禱式があることなどが特徴である（王建新、２０１０）。

カザフ族の宗教信仰はウイグル族に似通った歴史的経緯がある。９世紀頃から、イスラームが中央アジアのカザフ草原や西域に広がってくることで、カザフ族の遊牧民の先祖もムスリムとなりほかの宗教および仏教、ネストリウス派キリスト教およびシャーマニズムなどを同時に信仰する時代もあった。しかし、シャーマニズムは民間信仰の一部として現代まで生き延びた。関連研究によると、カザフ族のシャーマンには男女ともいる。若い時に特殊な病気にかかって闘病の過程でシャーマンになるか、父祖の仕事を受け継いだり師匠について修業したりしてシャーマンになる。普通の人と同様に仕事を持つが、儀礼の依頼があるたびに霊能力を披露する。カザフ族にはテングリ信仰といわれる自然崇拝がある。テングリとは天上界における天神という意味を持つが、山、河、風、雨などの自然現象や天候に宿る霊的存在を指す場合もある。また、祖先神、幽霊、悪霊など人間に関わる霊の存在を感じることも盛んである。さまざまな動物の霊やイスラーム信仰に関わる天使、悪魔および精霊なども信仰の対象になる。カザフ族のシャーマンは、人間に危害を与える悪霊を退治する際、鷹や蛇および猿などの動物霊を守護神として召集し、動物の動きをしながらトランス状態に入り、守護神らの力を借りたりして怪物や悪霊と闘う。儀礼はクルアーンの朗読とイスラームの祈禱式から始まる。鞭、ケトメン（鋤《すき》の類）、箸、茶碗、呪札などが用いられ、歌唱や踊りの過程でさまざまな象徴行為が行われる。最後に、はじめと同じくクルアーンの朗誦とイスラームの祈禱を行って終わる（迪木拉提・奥邁爾、２００７）。カザフ族のシャーマンは、基本的に脱魂型というべきだが、儀礼過程で動物の動きを真似たりすることで、守護神の霊を自分の体に憑かせる現象があるところから、憑依《ひょうい》―脱魂型と見ることもできる。

回族の先祖は、7世紀から中国の広州や泉州に来航してきたアラビアやペルシア系ムスリムである。のちに、モンゴル支配期より中央アジア方面からの色目人《しきもくじん》のムスリムもさらにこのグループに加わり、近現代の歴史過程で徐々に回族という民族集団となった。彼らの大多数は、漢文や儒教倫理などの中国文化になじみ深く、漢姓を使用したり漢語を上手に話したりして漢族社会に似通う社会組織と伝統文化を有する。そこで、イスラームを信仰することをもって自集団のエスニック境界を築いている。そんな回族にも民間信仰の重要な一部としてシャーマニズムがある。「吹杜哇」（ツイドワ）という厄払いの治療儀礼を行う霊能職者には男性も女性も多く存在するが、シャーマンとして取り扱われることは多くない。関連の研究報告によると、特殊な精神病に陥り変な夢を見たり狐や猫などの動物の霊と交信したりして病気を治し、その後霊能治療師、と変身した女性の事例がある。その女性が触れられる霊的存在には、さまざまな動物や家畜の霊、人間の霊魂や悪霊、そしてムスリムには馴染みの天使、聖者の霊、精霊と悪魔などがあるが、自然物や天候に関わるものはない。儀礼の道具として、茶碗、麺棒、布、灸、刀、銀のイヤリング、狼の爪、アルコール、棉と卵などが用意される。儀礼はやはりクルアーンの朗読とイスラームの祈禱から始まり、患者と会話しながら状況をさぐり、刀で患者の体を叩いたり狼爪《ろうそう》で打ったりして象徴的治療行為に入る。その過程で徐々にシャーマンの気分が盛り上がり、病気の原因となる悪霊を脅かして患者の体から追い出すふりをしてから、卵で体を撫でることで患者の魂を呼び戻す行為を繰り返す。最後に、クルアーンの朗読と祈禱を行って儀礼を終える（馬金玉ほか、２００９）。自分の霊を派遣して悪霊を探したり追い出したりすることで、脱魂型シャーマンであると判断できるが、踊りや歌唱がなく儀礼が静かに進行することに回族的特徴がある。

以上の事例で、中国西北のムスリム民族におけるシャーマニズムは民間信仰の一部として存在し機能し続けていることがわかる。儀礼の過程においては、宗教的正統性の必要条件としてクルアーンの朗読やイスラーム儀式が行われることと、北方民族の脱魂型シャーマンが主流であることなどの共通点が見られる。しかし、霊観念や儀礼作法の細部まで検討していくとやはり各民族の歴史形成、生活環境及び伝統文化の影響で相違点が多い。それらを考察していくことでムスリム諸民族の宗教文化の多彩な側面が理解できる。

（王　建新）

キーワード

ムスリム少数民族／霊観念／自然崇拝／シャーマン／治療儀礼

参考文献

阿地力・阿帕爾、迪木拉提・奥邁爾、劉明［２０１０］『維吾爾族薩満文化遺存調査』民族出版社
王建新［２０１０］「現代語境中的新疆維吾爾薩満研究――基于人類学的視角」『北方民族大学学報』第2期：19～24頁
迪木拉提・奥邁爾［２００７］「当代哈薩克族薩満教信仰――儀式及其変遷」『新疆社会科学』第5期：44～48頁
馬金玉・楊忠東［２００９］「新疆回族女薩満的個案調査研究」『新疆大学学報（哲学人文社会科学版）』第1期：75～80頁

コラム4

「にぎやか」なお墓参り

清水由里子

それは2003年の2月、友人に連れられてカシュガルのとある村を訪れた時のこと。朝起きると友人が、「これからトプラック・ベシ（お墓）に行くけど一緒に来ないか？」という。その日は、イスラーム二大祭の一つであるクルバーン祭（犠牲祭《ぎせいさい》）の当日。クルバーン祭はウイグルの人びとが心待ちにする、年で一番大きなお祭りなのだが、彼らはその日、モスクでの礼《れい》拝《はい》の前、さもなければ礼拝後に必ず墓に詣でるのだという。普通、親族でもなければなかなか参加できないということもあり、物珍しさも手伝って、喜んで彼に付いていくことにした。

　友人とその息子と連れだって墓地への道をてくてく歩いていくと、墓参に向かうとおぼしき人々が村のあちこちからやってきた。立ち止まっては祈りを唱え、歩き出してはまた足を止めて祈る。人々の列はゆっくり、ゆっくりと墓地に向かって進んでいった。まるで巡礼者のように。しばらくしてたどり着いた墓地はしかし、なぜか異様なざわめきで満たされていた。そこかしこから、「ウォイ・アパーム！（ああ、お母さん）」、「ウォイ・ダダーム！（ああ、父さん）」という悲痛な叫び声が聞こえてくる。その迫力に驚きつつ辺りを見回すと、大声を上げて嘆き悲しみ、墓にすがりついて涙を流す女たちや、その横で膝をつき、眉根にしわを寄せてじっと祈りを唱える男たちがいた。そこには、私の想像していた静かな墓地としめやかな墓参の様子は微塵もなかった。

　尋常ならざる喧噪に驚き、最近このあたりで大きな事故でもあったのかと聞いたところ、そうではないとのこと。おいおいとむせび泣く隣

ウイグル族の墓地（トゥルファン）

のお墓の家族にしても、故人が召されたのはもう10年以上も昔のことだとか。たとえ何年前であろうとも、まるで昨日亡くなったかのように嘆き悲しむ。それが彼らの墓参の作法なのだそうだ。そういわれればその前夜、友人の母親が「さーて、明日はお墓参りに行ってたっぷり泣いてくるわ！」と張り切っていたこと、年端もいかない娘が「うまく泣けるかしら？」とちょっぴり不安そうにしていたことを思いだした。といっても嘘泣きをするわけではない。気持ちが高ぶって、自然に涙が溢れてくるのだそうだ。そんな風に哀悼の意を表すことが、亡き人への何よりの供養になると考えられているのだろう。墓には、水や花が手向けられる代わりに、トウモロコシや小麦の種がまかれる。小鳥がついばめば、それは故人の功徳《くどく》となる。彼らはそう信じている。

　こうした墓参の習慣は、本来的にはイスラームの儀礼ではない。より土着的な信仰や風習に由来するものであろう。しかし、ほかの多くのムスリム地域でもそうであるように、ウイグル族のあいだで、それはイスラームの祭りと分かちがたく結びつき、モスクにおける集団礼拝や犠牲の家畜の屠殺と同様、なくてはならないものとなっている。こうした事例はまた、バラットと呼ばれる祭りにも見いだすことができる。

バラット祭は、「バラーアト（贖罪《しょくざい》）の夜」、すなわちイスラーム暦８月14日の夜に行われる祭りである。その夜は、ムスリムたちがアッラーに懺悔し、罪の赦しを願う特別な夜であり、彼らは礼拝やクルアーンの朗読をして夜を明かす。ウイグルのバラット祭は、以前は多分に異教的な側面を持っていた。まだバラット祭が盛大に行われていた頃、その夜が訪れると、人々は油の入ったひょうたんを長い竿の先につけて火をともし、墓地に集って祖先への祈禱を行った。若者たちは燃えさかるひょうたんを高々と掲げ、歌いながら街中を練り歩いたという。１９４０年代を最後として、こうした風習は姿を消していったものの、この祭りが持つ祖先崇拝的な性格はなおもその名残をとどめている。今でもバラットの夜になると、ウイグル族たちはポシュカルと呼ばれる小麦の揚げ菓子を作る。揚げたポシュカルの香ばしい匂いは天に届き、彼らの祖先の魂への供養となる。彼らはそう信じている。

ポシュカル

V

中国史のなかのムスリム

31

中国におけるイスラームの伝播と拡大

★唐代から元代のムスリム★

イスラームが中国へ伝来したのは唐の時代である。唐代にアラブ人は「大食《タージー》」と呼ばれていた。これは、当時のペルシア語で「アラブ人」を意味した「ターズィーク」を漢字で音写したものである。651年（永徽2、ヒジュラ暦30／31）、イスラーム化した大食国の使者が来朝し、正式に唐と通好関係が結ばれた。712年（開元1）の大食国の使者は皇帝に謁見した際に跪拝《きはい》を行わなかったが、それは「天神（アッラー）に対して礼拝するのみで、王に対しては礼拝の法がない」という理由によるものであった。

唐代に中国で活動したムスリムの大半は、アラブ系の商人である。インド洋から東南アジア海域にかけての海上交易は、15世紀末のヨーロッパ勢力の進出までムスリム商人が独占していた。中継貿易港には居留地が形成され、それが中国南部の沿海都市にも達したのである。当時の日本が、「倭国」に由来する「ワークワーク」の国としてアラブ世界へ伝わったのも、中国とアラブの交流が進んだためである。

唐から北宋の時代にかけて、最もムスリム商人の活動が顕著だったのが広州（広東）である。唐代の広州城内には南海を経て渡来した外国商人が多数居留しており、その最有力がアラブ系のムスリム商人であった。彼らのコミュニティには、唐の皇帝の意向に基づいて、ムスリム間の係争を裁定する法官が選任されていた。その判決はイスラームの戒律にのっとっており、また本国のカリフの名を読みあげて金曜礼拝が執り行われた。さらに宋代になると、漢人との雑居が禁止され、広州城内の西側に外国人居住区「蕃坊《ばんぼう》」が設置された。「蕃坊」には「蕃長司」という役所が設置され、「都蕃長」あるいは「蕃長」と呼ばれる長官が「蕃坊」の行政と管理、および外国商人の招来に従事した。「蕃坊」の人口はムスリムが多数を占め、ミナレットを持つモスクも建設された。王朝は「蕃坊」の内情にはなるべく関与せず、たとえ漢人とのあいだに係争・犯罪が発生したとしても、重罪でない限りは中国の刑律を適用せず、彼らの法律によって処理させた。「蕃坊」は一種の治外法権を持った「租界」だったのである。

タラス河（カザフスタン）。唐軍とアラブ軍が戦った正確な場所は判明していない

　当初ムスリム商人は北風の吹く冬季に本国へ帰国していたが、次第に中国に永住する者が増え、姓名・衣服・飲食（ただし豚肉・飲酒の禁忌は保持）は徐々に中国化し、漢人女性との結婚により混血が進んだ。中国本土で生まれ育った二世・三世のなかには、漢詩を吟ずるなど中国文化に親しみ、四書五

経を学んで科挙に及第する者もあらわれた。ムスリム商人の豪奢な生活は、漢人から羨望の眼差しが向けられたという。

かたや内陸地方に目を転ずると、8世紀初頭のアラブ軍による中央アジア遠征以降、イスラーム勢力は現地住民の改宗をともないつつ東漸を強めた。751年、タラス河畔の戦いで唐軍はアラブ軍に完敗し、中央アジアから唐の勢力は大きく後退した。その後イスラーム化の波はパミール以東に及び、15世紀末には明朝西辺に達して中央アジアのイスラーム化は完了した。このような状況を反映して、中央アジア経由で中国に到来するムスリム（おもにペルシア系・テュルク系）が増え、内陸地方の主要都市においてもその足跡を確認できるようになる。有名な北京の牛街モスクも、遼代の996年創建といわれている。

中国におけるムスリムの勢力が飛躍的に伸張するのが、モンゴル人が中国本土を支配した元の時代である。モンゴル高原に勃興した早い段階から、すでにモンゴル政権は中央アジアやペルシア出身者と関係を持っており、チンギス・ハーンの幕営には商人・技術者・官僚として多数のムスリムが寓居していた。彼らはモンゴル政権のパートナーとして、モンゴル帝国の拡大を裏で支える役割を果たしたのである。世祖フビライの時代に財務の手腕をかわれ、中国本土の地方長官に抜擢されたサイイド・アッジャッル（第32章）やアフマドなどは、その最たる例である。

モンゴル帝国の覇権によってユーラシアの東西が緩やかな統合を得ると、帝国の東部領域をなす元朝治下の中国本土に、西方から大量のムスリムが流入した。「回回」と称された外来ムスリムは、元朝体制下でモンゴル人に次いで優位な「色目人《しきもくじん》」の範疇にあった。人の移動に伴い、イスラーム世界の高い科学技術も中国にもたらされ、天文学などが著しく進歩した。また、フビライの孫にあたり、中国西部を統治した安西《あんせい》王アーナンダは、イスラームを厚く信奉し、麾下15万の軍の大半を改宗させたという。この逸話が示すように、甘粛・陝西・寧夏・雲南などの内陸地方でもムスリム住民が定着し、その様子から「元時、回回天下に遍《あまね》し」と評された。中国ムスリムの中国全土における広範な分布は、元代に形成されたものである。

沿海部におけるムスリム商人の活動も前代にまして活発化した。1126年に金の攻撃により北宋が滅亡し、臨安《りんあん》（現杭州）を国都とする南宋が成立すると、臨安に近い福建の泉州が対外貿易の拠点として飛躍的に発展した。南宋末に約30年にわたって泉州の市舶司《しはくし》（海上貿易の事務を担当する役所）の長官を務めた蒲寿庚《ほじゅこう》は、父の代に広州から泉州に移住したアラブ系ムスリムの子孫（蒲《ほ》姓はアラビア語の Abū に由来する）といわれている。1267年に臨安が陥落すると、蒲寿庚は元に降り、元軍の江南平定に多大なる貢献をなした。彼は元朝政権から厚遇を受け、マルコ・ポーロやイブン・バットゥータが世界無二の貿易港と感嘆した泉州

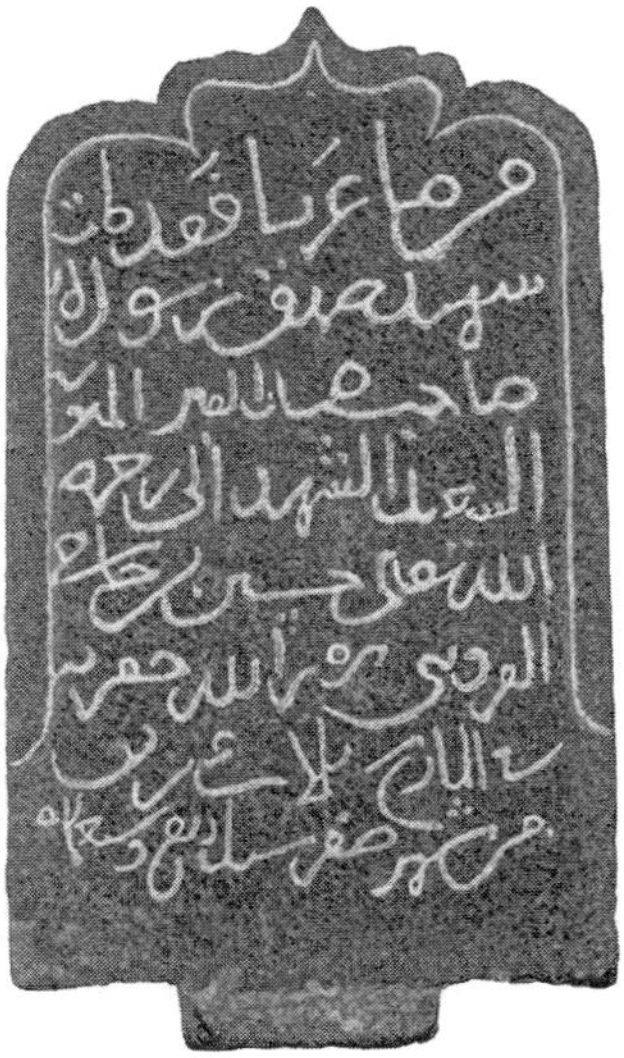

泉州出土のアラビア文墓碑（1307年／元・大徳8年、福建博物院所蔵。出典：『東アジアの海とシルクロードの拠点福建――沈没船、貿易都市、陶磁器、茶文化』海のシルクロードの出発点“福建”展開催実行委員会、2008年）

（ザイトン）の基礎を築いた。元代の泉州市舶司の長官に任命された30名のうち10名がムスリムであったということからも、福建地方でのムスリムの権勢ぶりが窺える。その一方で、元代に特権的な地位を得ていた外来ムスリムの姿は漢人民衆の反発・憎悪の対象となり、イスラーム的な儀礼や禁忌など、漢人とは異なる風俗・習慣への蔑視が強まった。ここには現代まで根強く残る回漢対立の淵源を見ることができる。

モンゴル勢力が駆逐されて漢人政権の明朝が成立すると、後ろ盾を失った外来ムスリムの権勢は著しく失墜した。さらに明朝中期以降の消極的な対外政策のなかで、出身本国とのつながりが断たれ、次第に中国社会のなかに埋没していく。唐〜元代に中国で活動したムスリムは、基本的には外来者として異族視され、中華の民とは別の存在と見なされていた。皮肉なことに、中華世界の内部に包摂された中国ムスリム（回民）のコミュニティが形成されるのは、明代中期以降となる。

（小沼孝博）

キーワード

広州／「蕃坊」／泉州（ザイトン）／タラス河畔の戦い／蒲寿庚

参考文献

桑原隲蔵［1989］『蒲寿庚の事蹟』（東洋文庫）平凡社
田坂興道［1964］『中国における回教の伝来とその弘通（上・下巻）』東洋文庫
松田孝一［1995］「モンゴル時代中国におけるイスラームの拡大」堀川徹編『世界に広がるイスラーム』（講座イスラーム世界3）、栄光教育文化研究所、156〜192頁

32

中国史に名を残したムスリム

★南宋から近代まで★

中国ムスリムの先祖のなかには近代以前の中国史に大きな足跡を残してきた者も多い。本章では、そのなかで比較的よく知られている人物を何人か紹介しよう。

13世紀に蒲寿庚《ほじゅこう》（?～1283年?）という巨万の富を蓄えたムスリム商人が現在の福建《ふっけん》の泉州《せんしゅう》におり、南宋時代の1245年頃から提挙市舶《ていきょしはく》を務めていた。提挙市舶とは今でいう税関の仕事で、海外貿易を一手に司っていた。蒲姓はアラビア語Abūがなまったものである。1277年、蒲は元《げん》に服属したが、彼の豊かな経済力に元も注目せざるを得なかったからであろう。泉州は、マルコ・ポーロが『東方見聞録《とうほうけんぶんろく》』で、インドの船が莫大な量の香料、宝石、真珠、胡椒、沈香《じんこう》、白檀《びゃくだん》などを持ち込んでいる、と記した世界最大級の商港であった（第31章参照）。

元の時代には、西域から移り住んだムスリムやその末裔たちが色目人《しきもくじん》として重用された。そのなかで最も有名なのが、ブハラ（現在のウズベキスタン）出身のサイイド・アッジャッル・シャムス・アル＝ディーン（賽典赤・贍思丁）（1211～1279年）とその息子ナスル・アル＝ディーン（納速拉丁）（?～1292年）であろう。チンギス・ハーンに帰順したサイイド・アッジャッ

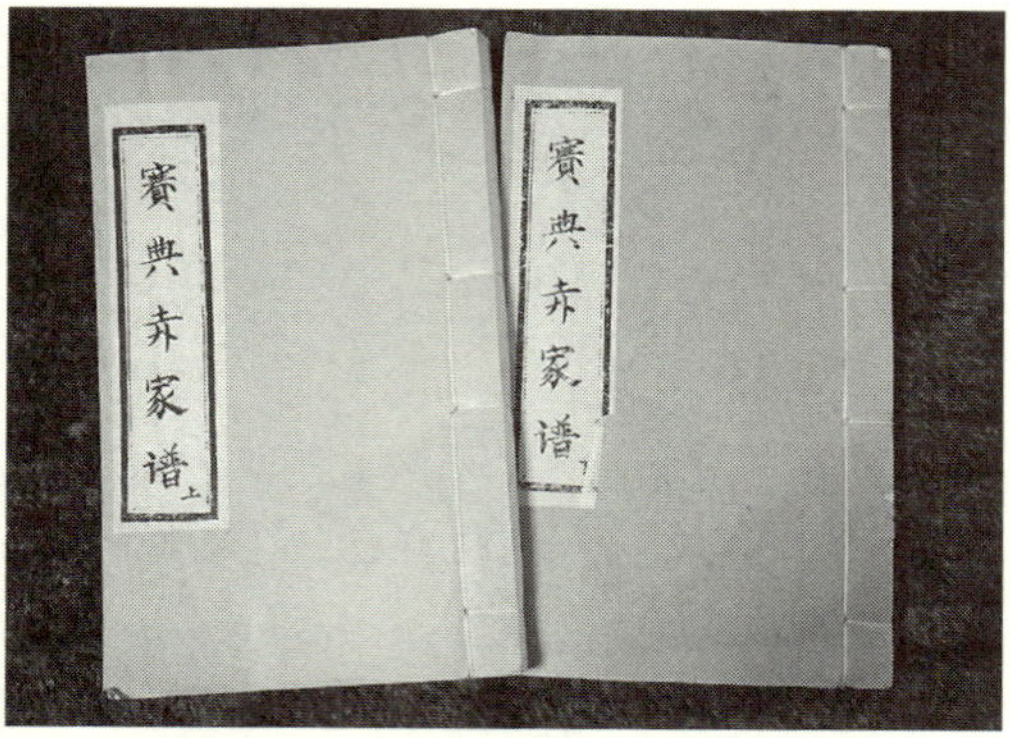

賽典赤家譜

ルは中国にやってきて北京周辺の宣撫使《せんぶし》を経て、陝西と四川《しせん》の行省平章政事《こうしょうへいしょうせいじ》を務めた。その政治手法を認められ、１２４７年に雲南行省平章政事となった。これは、今の省長にあたる。雲南は、フビライが攻めて滅ぼした大理《だいり》国があった所で、サイイド・アッジャッルの着任前は政治的に安定していなかった。サイイド・アッジャッルのもとで雲南は初めて中国の領域内に組み入れられ、駅站の設置により中央の大都との関係も強化された。雲南での行政機構の整備、治水・灌漑事業の展開、諸民族・宗教・思想を宥和させる政策など、その廉潔な政治手法から彼の事跡をたたえる雲南人は多い。息子のナスルも父の死後、雲南の統治にあたり、隣接する東南アジア諸地域との交易事業に尽力した。

明《みん》の時代になると、中国に定着したムスリムの漢化が進んだ。そのなかには、皇帝に仕官するものも出た。一番有名なのは、鄭和《ていわ》（１３７１年？～１４３５年？）であろう。彼は雲南の昆陽《こんよう》出身のムスリムで、サイイド・アッジャッルの六世先の子孫ともいわれる。もとの姓は馬であった。祖父も父も、雲南から陸路ビルマに出て、おそらくは海路マッカ巡礼をしたハーッジュであった。明が元の残党を雲南で討った際に彼は北京に連れてこられ、燕王《えんおう》（のちの永楽帝《えいらくてい》）の宦官《かんがん》となった。燕王が南京《なんきん》を攻めて建文《けんぶん》帝を廃帝とした靖難《せいなん》の変で、燕王を助け、永楽帝の即位後に「内宮監太監」（土木・建築を司る高官）に大抜擢され鄭姓を与えられた。

永楽帝は冊封体制の再編をめざし、朝貢貿易を促進するために鄭和を南海遠征艦隊の司令官に任命した。遠征隊は南京から出航し、1405年から1433年まで七回を数え、全行程29・6万キロメートルにも及んだ。各回の航海は2万7000人前後の人員と62艘の「宝船」、40艘以上の随伴船からなった大艦隊を組んで行われた。「宝船」1艘の大きさは長さ130メートル、幅60メートル、積載量は7000トンとも推察され、当時の造船技術を駆使した桁外れのものであった。艦隊は東南アジアを経由して、インド、ペルシア、アラビア半島、東アフリカにまで達した。鄭和の遠征先にはムスリム居住地が多く、ムスリム同士の信頼関係に基づく交易が盛んであった。中近東～インド洋～東南アジア～中国の海路を熟知していたのがムスリムの乗組員であったことも鄭和の航海の成功と関連しているであろう。大航海時代より遡ること70年、砲艦を使わずして海の道を開拓し、インド洋のかなたまで明の桁外れの経済力を知らしめた、という点において、鄭和は現在でも回族が中国史への貢献という誇りを語るときによく取り上げられる。

また、海瑞（1514～1586年）も海南島出身のムスリムであった。1549年に挙人となった彼は、時の嘉靖《かせい》帝に進言書を出した。道教に凝って国政を顧みない嘉靖帝を諌める内容であった。皇帝の逆鱗に触れて罷免され、獄中に入れられるも、次の皇帝の時代には許された。行政官に復帰し、民政の刷新に力を尽くした謹厳実直な清官であったという。海瑞は約400年後、永い眠りからたたき起こされ、政治策略の道具として中国史の表舞台に引きずり出された。1960年に北京副市長で歴史学者の呉晗《ごがん》が『海瑞罷官』という戯曲を書いた。ところが、1965年になって姚文元《ようぶんげん》がこの戯

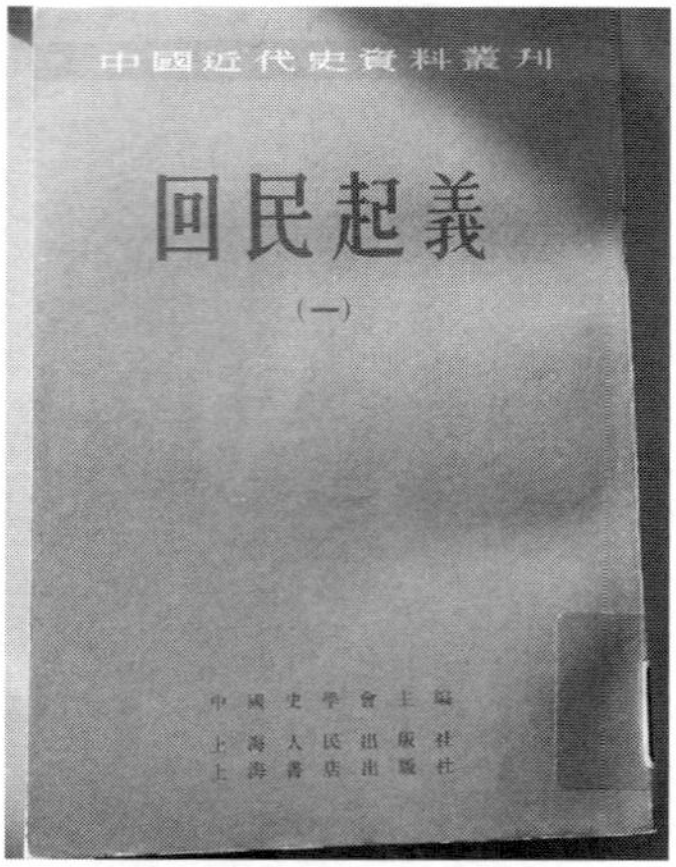

白寿彝の編集による『回民起義』

曲と呉晗を批判した。それは、海瑞を罷免した愚かな皇帝を毛沢東《もうたくとう》に、皇帝を諌めた海瑞を彭徳懐《ほうとくかい》になぞらえた、とするものだった。彭徳懐は毛沢東批判を行ってすでに失脚していた。この劇自体がプロレタリア独裁と社会主義に反対するものと批判され、呉晗は自殺した。これが、実質上の文化大革命の発端となった。

近代以前の中国ムスリムを再発見し、再評価したのが中国イスラーム新文化運動だった（第40章参照）ということを最後に指摘しておきたい。近代中国国家の国民としてのムスリムの立ち位置を再定義しようとしたこの運動で、とりわけ中国史におけるムスリムの足跡を掘り起こした最大の功労者は白寿彝《はくじゅい》（１９０９〜２０００年）である。白寿彝は、河南省開封《かいほう》市の生まれのムスリムの歴史家で、最晩年に著した『中国通史《ちゅうごくつうし》』（全12巻22冊、約１２００万字）は、中国歴史学界の金字塔とも評される。彼は１９３５年、『伊斯蘭《イスラーム》』半月刊という雑誌を発刊し、「中国回教史料之輯録」という論考で中国史にムスリムが果たしてきた役割の重要性を初めて示した。ほぼ同じ頃、著名な中国古典学者顧頡剛《こけつごう》との知己を得た彼は、顧頡剛を団長とする西北考察旅行に随行したほか、精力的に中国ムスリム関連史料の発掘や論文の執筆を続けた。人民共和国成立後の１９５２年に中国史学会編纂の中国近代史史料叢刊『回民起義』全4巻を編集したのも白寿彝だった。巻中には、彼が発見した史料も含まれ、19世紀の陝西と雲南の回民蜂起が「叛乱」でなく、「起義」であったことを唯物史観に基づき証明しようとした。

彼の60年間以上の膨大な仕事は中国イスラーム史と中国史全般に渉る。それらは、回族史研究の先鞭をつけただけでなく、「多民族と多文化が多元一体となって作った中国史」という中国政府の公的歴史観を補強するのに役立っている。1934年に顧頡剛は雑誌『禹貢《うこう》』発刊の辞に次のように書いた。「帝国主義者のひどい圧迫を受けてわれわれの民族意識は非常に高揚しつつある。……いつか『中国通史』が出来上がり、われわれ民族成分（この場合は中華民族を指す）がどのようなものであるか、どの地域がわれわれのものであるのかを解き明かしてくれることを皆が待ち望んでいる」。約60年後の白寿彝の『中国通史』の完成は「中華民族」の通史として、ナショナリスト顧頡剛の悲願を継承したものといえるだろう。

（松本ますみ）

キーワード

蒲寿庚／サイイド・アッジャッル・シャムス・アル＝ディーン／鄭和の航海／海瑞／白寿彝

参考文献

禹貢学会（編）［2010］『禹貢』半月刊（復刻版）中華書局
桑原隲蔵［1989］『蒲寿庚の事跡』（東洋文庫）平凡社
呉海鷹（編）［2005］『鄭和与回族伊斯蘭文化』寧夏人民出版社
白寿彝（主編）［1985］『回族人物志　元代』寧夏人民出版社
――（主編）［1985］『回族人物志　明代』寧夏人民出版社

33

回儒

★中国イスラームの思想的営為★

「回儒《かいじゅ》」とは前近代における漢語を母語とする中国ムスリム知識人のことであり、とりわけ漢語によるイスラームの教義・思想に関する著訳書がある者を指す。回儒は明《みん》朝末期から清《しん》朝にかけて登場するのだが、知識は持っていても刊行物がなければ回儒とは呼んでいない。

また回儒という語は自称ではない。この語の初出は、日本の東洋史学者、桑田六郎《くわたろくろう》が大正14（1925）年に発表した「明末清初の回儒」（『白鳥博士還暦記念東洋史論叢』岩波書店）であり、また日本で使用されてきた語であるといわれる。ただしこれには補足が必要である。まず語の初出だが、まさに回儒と呼ばれる馬注《ばちゅう》（1640〜1711年頃）の『清真指南《せいしんしなん》』（1710年）巻八・教條八款に用例がある。ここでは、奇抜な格好で遊行するカランダル（スーフィー修行僧）が雲南《うんなん》にやってきて街の風紀を乱したとされるのだが、その悪影響の例として「酒を好む回儒、色欲を貪る満喇《マンラー》」たちが彼らを友とし、師とすることが挙げられている。マンラーは経堂教育（マドラサ教育）を受ける学生のこと。このマンラーと対になる語「回儒」はムスリムの知識人、学者を指すと考えてよいだろう。イエズス会士マテオ・リッチが自らを「西儒《せいじゅ》」と称したのと同じ用法である。ただし桑田六郎がこの『清真指南』のこの箇所に基づいて回儒の語を使用しているとはおもえない。したがって桑田論文が初出とする説はうごかないだろう。一方、その使用については、最近の中国で刊行された論文では前近代の中国ムスリム知識人のことを回儒と呼ぶものがしばしば見られる。中国にとっては逆輸入漢語ということになる。

　桑田は前掲論文において明清交替の時期に「数多の回々学者が輩出して、盛に回教経典及び儀律の翻訳が行はれた」と述べ、「当時の回儒の略伝とその著述の一班」として十数名の回儒を挙げている。回儒といえば漢語によってイスラームの教義・思想を明らかにした者を思い浮かべるのは、この桑田の言によるところがやはり大きい。ただし翻訳者にくわえて著述者をあわせて考えることが多い。

　さて、その回儒の思想において問題のひとつとなるのは、儒教社会のなかで生きるムスリムが儒教の思想や文化をどのように把握するかということであった。ここではとくに世界の根本原理、最高存在をどのように捉えていいあらわしたかについて、回儒の置かれた立場のちがいから概観してみたい。

　回儒の多くはアホンであったと推察される。アホンとは清真寺（モスク）において宗教儀礼を主宰すると同時にとり行い、宗教知識の教授を生業とする者である。たとえば回儒の先がけである王岱輿《おうたいよ》（１５９０年頃〜１６５７年頃）はその著『正教真詮《せいきょうしんせん》』（１６４２年）において最高存在、すなわちアッラーを「真主《しんしゅ》」と呼んだうえで「ただ一なるものであり、くらべるものもない。最初のない、もともとあるものであり、命令をうけてあるものではない」と説明する。また時空間には属さないので人間の知識では認識できない。つまりわれわれの世界とはかかわることなく隔絶した存在とする。

　それに対して中国で伝統的に最高存在とされている概念、たとえば『周易《しゅうえき》』に見える万物生成の根源としての「太極《たいきょく》」などは真主に主宰されるものとして下位に分類している。ただしただ単に真主の下におとしめているわけではない。中国思想史において「太極」の語は宋学の先駆者である周《しゅう》敦頤《とんい》（1017〜1073年）によって「無極而太極（無極にして太極）」と敷衍《ふえん》され、さらにこの句を朱熹《しゅき》（1130〜1200年）が「太極」の性質は「無極《むきょく》」であると解釈した。王岱輿はこの「無極而太極」における「無極」と「太極」を取り出し、イブン＝アラビー（d.1240）流の神が自己顕現する過程を説明する際に援用する。イブン＝アラビーは、万物は唯一の根源的存在（神）の顕現である、という「存在一性論」を唱え、後世のイスラーム世界に多大な影響を与えた人物であり、中国にも彼の学派に属する学者の書が多く伝わっている。「存在一性論」においては、神がまったくあらわれない絶対的存在である段階と、神が自己顕現して世界が現出してくる段階とに大きくわかれる。王岱輿は前者の最高存在を「真主」と呼び、中国に既存の概念でいい表すことはできない、とする。しかし後者の神が自己顕現してくる過程の段階については「無極」と「太極」の語を用いて説明を行うのである。

また最も精緻で独特な存在論を展開したと目される劉《りゅう》智《ち》（1670年頃〜1730年頃）も恐らくアホンであったと考えられる。彼の代表的著作『天方性理《てんぽうせいり》』では、王岱輿のようにイスラーム的最高存在の下に中国の伝統的なそれを単純に位置づけることはしない。たしかに「無極而太極」についていえば、朱熹が「無極＝太極」とした最高存在を超え出るものとして、イブン＝アラビーの術語である「ウジュード」（存在）を「有」と訳し、宋学が説くこの世の原初「無極而太極」を否定している。だが、世界の始まりである「有」と、その「有」が分化して世界や人を含めた万物が現れた末に最終的に到達する地点である「真」との関係を、まさに宋学でいわれる「無極にして太極」という「無極」と「太

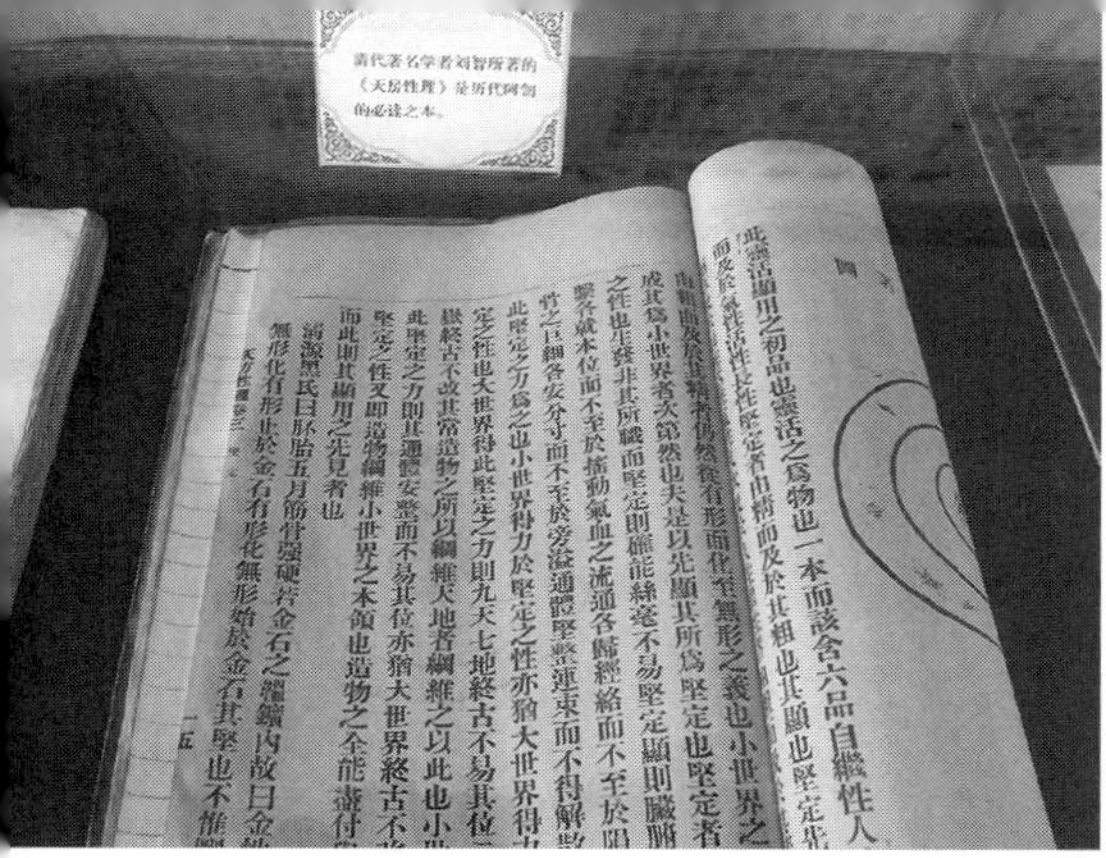
ハルビン市阿城清真寺に展示された劉智『天方性理』。アホン「必読の書」とある

極」の相補的なありかたとして捉えるのである。王岱輿が中国伝統思想のうえにイスラームを接続させたかたちで存在論を語ったとすれば、劉智はイスラームのそれを中国伝統思想特有の思惟構造によって説明したといえる。

いずれにせよ、彼らはアホンであり、清真寺を中心とするムスリム・コミュニティの構成員に対する指導を職務とし、イスラームの教えを教授することを重要な課題としていた。したがって、ほかでもない（つまり儒教などとは異なる）イスラームの独自性の説明に重点を置いたのである。ただし、それは彼らが再構成した「中国イスラーム思想」であったことも確認しておきたい。

一方、官僚となった回儒の言説となると様相が変わってくる。たとえば金天柱《きんてんちゅう》（1690年頃～1765年頃）は翰林院の四訳館という通訳や翻訳を行う部署でペルシア語を担当していた役人である。官僚であるので、ムスリムに囲まれて生活を送るアホンとは異なり、漢人のなかで職務をこなすことになる。彼の書『清真釈疑《せいしんしゃくぎ》』はタイトルが示すようにイスラーム（清真）に対する疑いを払う（釈疑）ことに主眼を置く。つまり読者対象は非ムスリムである。『清真釈疑』の説明によれば、イスラームは中国に伝来してこのかた、儒教とともに国の恩に報い、国のために力を尽くしてきた教えである。また『詩経《しきょう》』に見える「上帝《じょうてい》」を朱熹が「天の主宰」であると注釈しているように、イスラームでいう「主宰」は儒教経典の「上帝」概念に近い。といったようにイスラームの協調性、類似性を強調する。清末の著名な回儒、馬徳新《ばとくしん》（1794～1874年）もアホンではあるが、のちに清朝から命ぜられて雲南の「回回総掌教《かいかいそうしょうきょう》」となっている。彼の弟子である馬安礼《ばあんれい》が師の嘆きとして次のような言葉を記している。「頭の固い儒者や見識の浅い学者は、天といえばその形体にこだわり、理といえばその主宰性について理解しない。そのため回教を異端であるとし、しりぞけて歯牙にもかけない。いっぽう回教の人々はしばしば古くて表層的な習慣にしたがい、至高の道理を忘れ、真主についてはその名を避けて天といっている。知らないのである、天とはつまり真主であることを、真主とはつまり上帝であることを」（阿日孚『祝天大賛集解』馬安礼序）。まさに官僚として、そしてアホンとしての立場からの言説であろう。こうしたアッラーと天・上帝を同一視する言説は、20世紀初頭に起こった中国ムスリムによるイスラーム新文化運動によって批判されることとなる。

（佐藤　実）

キーワード
王岱輿／劉智／馬注／金天柱／馬徳新／上帝／アッラー

参考文献
佐藤実［2008］『劉智の自然学――中国イスラーム思想研究序説』汲古書院
中国伊斯蘭思想研究会（編）［2005］『中国伊斯蘭思想研究』第1号
――［2006］『中国伊斯蘭思想研究』第2号
――［2007］『中国伊斯蘭思想研究』第3号
仁子寿晴［2012］『文明の邂逅　イスラーム世界の東と西』山川出版社
堀池信夫他［2009］『アジア遊学　中国のイスラーム思想と文化』勉誠出版
Sachiko Murata. 2009. *The Sage Learning of Liu Zhi: Islamic Thought in Confucian Terms*. Harvard University Asia Center.

34

門　宦

★神秘主義教団の歴史的展開★

「門宦《もんがん》」とは何を指すか？　これはなかなか厄介な問題である。中華民国期にはカーディリーヤ、フフィーヤ（ナクシュバンディーヤの一系統）、クブラヴィーヤ、ジャフリーヤ（ナクシュバンディーヤの一系統）の四つのタリーカ（教団、修行法）を「四大門宦」と称した。この例からすれば、「門宦」はタリーカを指す言葉ともいえる。

早くは元朝時代に修道場を形成していたタリーカもあるから、それも「門宦」といえるのかもしれない。また、『ミルサード』などのスーフィズム文献を奥儀としていた、前近代の「カディーム」（清真古教）も「経堂教育」（第24章）によって緩やかに結ばれた、大きな門宦と呼べそうである。ところが、これらが「門宦」と表現されることは極めて稀である。

では、「門宦」という名称で呼ばれてきたものは何であろうか。その共通項をまとめると、次のようになろう。①17世紀中頃以降、臨夏、西寧などの「河湟《かこう》地域」を中心に、甘粛・寧夏・青海など中国西北地方で創始された。②上記の四大タリーカの流れを汲み、現地のムスリムによって形成された。すなわち、四大タリーカの流れを汲みつつ、西北地方のムスリムによって、

大洪北（カーディリーヤ）に参詣する家族

17世紀中頃以降に結成されたもののみが、「門宦」と呼ばれるのである。

17世紀中頃に、フフィーヤ、カーディリーヤなどのタリーカが西北地方にさかんに流入した。そのなかにはすでに中国に伝わっていたものもあったが、失伝もしくは変質していたのである。初期の「門宦」はそれらのタリーカのサブ・オーダー（下部教団）とも呼ぶべき形で創設された。「大拱北」（カーディリーヤ）、「穆扶提」（フフィーヤ）、「大湾頭（張門）」（クブラヴィーヤ）などがそれである。

その形成には、各タリーカの三人の聖者、すなわちホジャ・アブドッラー、ホジャ・アーファーク、ムヒー・アッディーンの「流離譚」が深く関わっている。つまり、「西方」から訪れた聖者の教えを受けたとする地元ムスリムが、その教えを「西方」由来の「正しい」教えであると標榜し、信徒を集めることで、

「門宦」が結成されたのである。なお、これらの教団の教主墓はズィヤーラ（聖墓参詣）の対象となり、「拱北（拱拝）：ゴンベイ」（アラビア語qubba、ペルシア語gonbadの音写）と呼ばれたため、「門宦」は「拱北」とも呼ばれる。

これら「門宦」は在来の「カディーム」と異なり、個々のコミュニティの規模を超えて教団組織を拡大する「組織化の理念」を持っていた。そのため、この地域（西北地方）のムスリム社会は「門宦」の「教主」を「核」として大きく再編されることになった。また、その動きは「正しい教え」を求める西方への遊学者を促し、彼らにより、西方から次々と新たな宗教知識・儀礼がもたらされた。こうして、第二世代の「門宦」とも呼ぶべき、「華寺」（フフィーヤ）や「馬明心《ばめいしん》の新教」（ジャフリーヤ）などが形成された。その一方で、既存の「門宦」のなかからも、西方遊学によって権威の強化を図る例や、分派を創始する例が相次いだのである。

こうして、河湟地域をはじめとした西北地方のムスリムのあいだでは、西方留学者がもたらした、わかりやすく、かつ新奇な「正しい」教えを求める気風が醸成された。同時に、留学による「新知識」に基づいて新教団を設立するという営為は、社会的上昇を実現するための手段として定型化されていった。なぜならば、多くの場合、結果的に「門宦」の「教主」がカリスマ的支配を行い、結果的に彼らと周辺の者たちに富が集中したからである。

この一連の流れは20世紀初頭まで続き、数十の大小の教団が西北地方を中心に形成されることになる。つまり、「門宦」は、絶えず宗教的に活性化させ続けることで、「新たな教え」を求める流動的なムスリム社会を西北地方に成立させていたのである。

しかし、現地のムスリム人口は限られていたため、教団間では熾烈な信徒争奪が繰り返された。時にそれは、官憲の介入を招き、蜂起に発展する場合も少なくなかった。たとえば、1781年のジャフリーヤの蜂起は、「華寺」と「馬明心の新教」のあいだでの争いが火種となったものである。ゆえに、清代末期には「門宦」を地域秩序の混乱の根源として鋭く指摘する地方官も現れた。また、中華民国期には同様の理由から、現地のイスラームを新興の「イフワーン」を基軸に「標準化」していこうとする「回民軍閥《かいみんぐんばつ》」(第39章)によって、「門宦」が激しい弾圧を受けることもあった。中華人民共和国成立後も、「教主」の強力な支配力は「封建的特権」、富と土地の集中は「封建搾取」であるとして糾弾され、政府から弾圧を受けた「門宦」の例もある。総じて、1950年代から1970年代は「門宦」にとって冬の時代であったといえる。

1980年代以降も、必ずしも「門宦」にとって恵まれた時代だったとはいえない。上述のような歴史的経緯のなかで「門宦」が身に纏わざるを得なかった「セクト主義」や「閉鎖性」は「若者離れ」を引き起こす場合があった。また、省レベルを超えるネットワークを持つ「門宦」のあり方が、政府の宗教管理と齟齬をきたす例も見られた。しかし、依然として「門宦」はそれなりに多数の信徒を擁し、「教主」の墓へのズィヤーラも行われている。

「グローバル化」のなかで「門宦」は、かつての「華々しい」役割を終えたといわざるを得ない。メディアやインターネットを通じ、そして一般ムスリムにも可能になった聖地巡礼を通じて、「西方」の「正しい」教えについての情報は、直接的にも間接的にも充分に手に入る。しかし、それでも「門宦」の信徒であろうとする者は少なくない。それは、「開明的」であろうとする若手の「門宦」の教主や「門宦」

のアホンの努力がある程度の効果を挙げていることもあろう。しかし、それと並んで、「門宦」が「中国ムスリム」によって、「中華社会のなか」で発展してきたことが大きいのではないだろうか。

「大拱北」を例にとってみよう。この「門宦」は「教主」の墓を中心に壮麗な宗教建築のコンプレックスを持ち、ゆえにその名に「大」を冠される。その境内には、瓦材を利用した見事なレリーフが随所にある。なかでも精彩を放つのが、創始者以来、理想とされてきたスーフィーの「隠遁《いんとん》」の風景をモチーフとしたものである。ところが、それは花鳥風月を取り込んだものであり、中国伝統思想で重視される「隠逸《いんいつ》」の風景と極めて似通っている。つまり、「西方イスラーム」的なスーフィーの「隠遁」が、中華文化のコンテキストのなかで読み変えられているのである。そうした部分が、中華社会に囲まれて育った中国ムスリムに安心感や親しみ易さを与え、「おらが町のマザール（聖者廟）」という一種のプライドをも付加しているのではないだろうか。また、こうした「柔らかさ」は前近代のイスラーム――とりわけタリーカ――が世界各地で信徒を得て、地元社会に浸透していく原動力となったものでもある。

（黒岩　高）

キーワード
「門宦」／タリーカ／イスラーム神秘主義／拱北（拱拝）

参考文献

黒岩高［1994］「17～18世紀におけるスーフィー教団と回民社会」『イスラム世界』43：1～26頁
張承志［1993］『殉教の中国イスラム――神秘主義教団ジャフリーヤの歴史』亜紀書房

35

回民蜂起

★清朝政府とムスリムと回民★

外来のムスリムが中国に渡来したのは早くも唐代のことであり、中国で起きたムスリム蜂起ということであれば、かなり時代を遡ることができる。しかし、エスニック・グループとしての回民《かいみん》が成立したのは、せいぜい明代後期のことだから、「回《かい》民蜂起《みんほうき》」といえば、それ以降の時代のものが対象となろう。

明末から中華民国期に至るまで、じつに大小さまざまな回民蜂起が発生している。現代のわれわれからすれば、回民蜂起はムスリムの起こしたものであるという先入観から、ついつい「回民蜂起＝ムスリム蜂起」という図式で捉えてしまいがちである。確かに「回民蜂起」はムスリムである回民が起こした蜂起には違いないのだが、実際には「ムスリムとしての権利を主張するために蜂起した」あるいは「非ムスリム政権を打倒するために立ち上がった」といった例がほとんど見当たらないのである。

たとえば、地域レベルの蜂起のなかでは比較的知名度が高いものとして、1781年の「新教《しんきょう》」（ジャフリーヤ）の蜂起がある。この蜂起はいわば旧来と新興のスーフィー教団同士の信徒獲得競争に、官憲が不用意に介入したがために騒ぎが拡大してしまった例であり、「ムスリムだから発生した」という必然性があ

第35章

回民蜂起

杜文秀の旗揚げ地の一つ、宴旗廠

まり見当たらない。それを白蓮教系の新旧の教団の争いに置き変えてみても成立してしまう図式である。つまり、なんらかの社会的・政治的な流れから官憲に抑圧されたマイノリティ、ないしはマイナー宗教信徒の蜂起と捉えることが充分に可能なのだ。

　大規模な蜂起の例として、1856～1874年の雲《うん》南《なん》の回民蜂起がある。その発生の機序は極めて複雑であるが、かいつまんで紹介してみよう。清《しん》代中期までの人口爆発に伴う雲南省における開発・移住の進行は、「土《ど》客《きゃく》」（先住者と移住者）対立をはじめ、さまざまな社会集団間での対抗関係を生じさせ、それらの対抗関係は、徐々に漢・回間のエスニック対立に集約されていった。こうしたなか、1853年以降、省内で頻発した漢人・回民間の紛争は、各地の回民武装勢力と地方政府との全面的な交戦状態へと発展した。蜂起のなかで、とくに重要な役割を果たしたのは、蒙化庁《もうかちょう》（現在の巍山）一帯の杜文《とぶん》秀《しゅう》の勢力である。杜文秀は1856年に大理《だいり》府城を攻略して「政権」を樹立し、以降、1872年末に大理が陥落するまでの十数年にわたって、回民に限らず、さまざまな反乱勢力の盟主的役割を果たした。

たしかに、この蜂起の盟主である杜文秀は「スルターン・スライマーン」を称したとされ、印章も残されている。しかし、この蜂起が、漢やイなど、ほかの民族の勢力を含み、どちらかといえば中国王朝型の政権を目指していたことを考えれば、「追い詰められた弱者の蜂起」としての意味合いが強いように思う。

一方、結果としてムスリム蜂起となったと思われる例もある。雲南の回民蜂起と並んで捻軍《ねんぐん》や太平《たいへい》天国《てんごく》の蜂起に比肩される清末の大反乱、陝西・甘粛の回民蜂起（1862〜1873年）である。顛末を紹介しておこう。

1862年の太平天国軍の侵入を機に陝西省華《か》県に発した回民蜂起は回民皆殺しのデマ・うわさの流布とともに陝西の各城市に広がり、数ヵ月後には甘粛（現在の寧夏回族自治区、青海省の一部を含む民国期以前の甘粛）に波及し、翌々年には新疆の回民蜂起を誘発した。蜂起の急速な拡大の背景には、正規兵の不足を補うために奨励された、団練《だんれん》編成をはじめとする郷村の自衛武装があった。これら団練は流言によってたやすく回民コミュニティを襲撃し、それに対して回民も報復を行った。こうした局所的な衝突の連鎖が「漢・回仇殺」と呼ばれる泥沼の対立構造を広範囲に現出させたのである。蜂起の長期化のなかで、鎮圧の切り札として陝甘総督に起用されたのが、洋務官僚としても知られる左宗《さそう》棠《とう》である。1868年に陝西に入った左宗棠は翌年には陝西を回復したが、甘粛での蜂起鎮圧は難航した。スーフィー教団（門宦）の教主たちを指導者とする甘粛各地の回民軍は組織力に優れていたのである。寧夏の金積堡《きんせきほ》を拠点とする、「新教」（ジャフリーヤ）の教主馬化龍《ばかりゅう》はそうした指導者の典型で

回民蜂起で用いられた大砲（雲南省大理市）

あった。教主たちの持つカリスマ性は蜂起軍に強固な団結力を与え、複数の省にまたがる教団のネットワークは情報網としても機能し、蜂起軍の連携行動を可能にした。また、地方名士としてのステイタスも得ていた彼らは、蜂起中も清軍指揮官との交渉を通じて権限を拡張し続けたのである。しかし難攻不落を誇った金積堡も１８７０年末に陥落した。そして、翌々年、河州（現臨夏回族自治州）の蜂起軍に清朝軍が大敗を喫したのを例外として、事態は急速に収束に向かい、１８７３年には西寧《せいねい》地区、粛州《しゅくしゅう》地区の蜂起軍が清朝軍の攻勢に屈し、蜂起は概ね終結を迎えた。

つまり、この蜂起は危機的状況下でのマイノリティの抵抗として始まったものが、流言の流布とともに各地に広がったものである。しかし、蜂起側はほぼムスリムであった。このことが、漢・回の違いとは何か、煎じ詰めればムスリムであるとは何かを、回民に自覚させる契機ともなった。そうした意味で、この蜂起は結果としてムスリム蜂起であったということができよう。

さて、清代中期以降に多発した漢・回の械闘《かいとう》（武器を持っての闘争）の影響で、法的にも回民の立場は難しいものとなったが、歴代の皇帝は回民が「由緒正しい民」であり、ほかの民族と同じく「王朝の赤子」であるという態度を崩してはいない。しかし、現場で采配に当たった官僚たちはその限りではない。蜂起全体についてはいざ知らず、局面ごとに捉えれば、対処にあたった官僚の出自が蜂起の展開に影響を与えた例が見受けられるのである。すなわち、西北地方などでは蜂起当初、対処に当たったのは弁事《べんじ》大臣クラスの旗人（満人など）出身の文官や、旗人出身の武官であることが多い。彼らは、回民の有力者をうまく取り込むことで、現地のパワーバランスを一定に保ちながら、秩序の決定的な崩壊の回避に努めていたようだ。しかし、蜂起の長期化とともに漢人の科挙官僚が投入されるようになり、彼らが王朝的秩序を「振りかざす」ことによって、現地のパワーバランスが完全に崩れ、蜂起が拡大してしまったケースがじつに多い。

すなわち、そこにはマイノリティであることを熟知した旗人出身の官僚が、現地の有職故実を利用して「なあなあ」に事を収めようとしているところに、王朝秩序に忠実であり、それゆえに融通の利《き》かない気鋭の漢人科挙官僚が出張《でば》ってきたがために、紛争の火種を大きくしてしまったという構造が見え隠れするのである。

（黒岩　高）

キーワード
回民蜂起／杜文秀／金積堡／門宦

参考文献
中田吉信［1959］「同治年間の陝甘の回乱について」近代中国研究委員会（編）『近代中国研究三』東京大学出版会、69〜159頁

36

清朝の新疆征服・統治とイスラーム聖者裔の「聖戦」

★異教徒の支配のもとで★

18世紀中葉、清朝は天山山脈の北に広がる草原地帯を拠点としていた遊牧国家ジューンガルを攻め滅ぼし、続いてその南方に位置する、テュルク系ムスリム（現在のウイグル族）が居住する東トルキスタンのオアシス地帯を征服した。この新たに獲得した天山山脈の南北一帯を、清朝は「新たな領域」を意味する「新疆」と呼ぶようになる。清朝による新疆征服は、中央アジア東部が現代中国の領土に組み込まれることになる淵源であり、当地域の歴史展開において極めて重要な位置を占めている。

新疆征服後、清朝は現地住民の風俗・習慣を尊重し、伝統的な政治・社会システムを利用しながら統治体制を作り上げていった。たとえば、満洲人である清朝の為政者は、中国本土の漢人には弁髪《べんぱつ》を強制していたが、新疆のムスリム住民に対しては基本的にそれを禁止した。また、中国本土から漢人移民が流入してくることを制限し、ムスリム住民とのあいだに争いが発生することを防ごうとした。各オアシス都市に駐留する清朝の官僚や兵士の数はわずかであり、彼らは反乱などの重大な事件が発生しない限り現地社会に関与せず、ムスリム民衆の統治はベグ（伯克）と呼ばれる現地人有力者にほぼ全面的に委ねられて

蘇公塔碑文（トゥルファン）
初代トゥルファン郡王エミン・ホージャの功績を記念した碑文。漢文（右）では清朝皇帝の「旧僕」として「天恩」に報いることが宣言される一方、テュルク文（左）ではアッラーへの感謝が表明されている（典拠：国家図書館・国家古籍保護中心編『西域遺珍——新疆歴史文献暨古籍保護成果展図録』北京：国家図書館出版社、2011 年）

いた。

　イスラームへの対応についても、宗教指導者のアホンが政治に関わることを禁止した以外、とくに制限を加えることはなく、非常に緩やかであった。ベグをはじめとするムスリム有力者のなかには、権威の象徴として一般には禁止されている弁髪を結い、清朝の官服を身にまといつつも、モスクやマザール（聖者廟）の建設・修理を積極的に行う者もいた。清朝の政治権力に服する一方で、ムスリム民衆に対しては従来どおりイスラーム支配者として君臨していたのである。しかし、以上のような統治体制は、清朝末期に中国本土の地方行政システムである省制が施行され、新たに「新疆省」が設置（1884年）されるに及び、順次あらためられていくことになる。

　清朝の支配は、新疆のムスリム社会にとって異民族・異教徒による支配にほかならない。ただし、清朝の支配下で新疆社会は比較的安定した状況を保ち、農地は拡大し人口も増加した。現地ムスリムのあいだには、たとえ異教徒の王であれ、「公正なる統治」を実現してくれる清朝皇帝には信頼を寄せ、その恩義には忠誠をもって報いるべきであるという考え方を持つ人々がいた。ヤークーブ・ベグ政権に参加した経歴をも持つ、現地の歴史家ムッラー・ムーサー（1836年?~1917年?）は、この忠誠の観念を、古代からテュルク民族に伝わる「塩の義務」という言葉で表現している。このような異教徒支配の受容の思考は、中央アジアのほかのテュルク系ムスリムのあいだにも広く存在を確認することができる。歴史的に異民族・異教徒の支配を受けることが多く、理想とは異なる状況に置かれていた中央アジアのテュルク・イスラーム社会においては、おのずと備わっていた自己正当化の精神なのかもしれない。

一方、当然のことながら、異教徒の支配からの脱却を目指す考え方は確固として存在していた。その論理は、イスラーム法（シャリーア）に基づく聖戦（ジハード）の敢行によって異教徒の支配を打倒し、「ダール・アル・イスラーム」（イスラームの家＝イスラーム法によって統治される空間）を実現させる、というものであった。その運動の中核となったのが、いわゆるカシュガル・ホージャ家に属するイスラーム聖者裔《せいじゃえい》である。

カシュガル・ホージャ家は、西トルキスタンに起源を持つイスラーム神秘主義（スーフィズム）の指導者一族であり、その血筋は預言者ムハンマドに連なるとされている。16世紀後半に東トルキスタンに到来して以来、当地域の歴史において重要な役割を演じた。とくに家系を異にする黒山党《こくざんとう》（イスハーキーヤ）と白山党《はくざんとう》（アーファーキーヤ）の対立は、東トルキスタンを支配していたヤルカンド・ハーン国の政争をも巻き込み、外敵ジューンガルの介入をまねいた。１６８０年のジューンガル軍の侵攻により、ヤルカンド・ハーン国が消滅状態になると、ジューンガルの傀儡《かいらい》としてカシュガル・ホージャ家はこの地を支配した。18世紀中葉の清朝征服の際も、最後まで抵抗を試みたのが白山党ホージャの兄弟、ブルハーヌッディーンとホージャ・ジャハーンであった。当初彼らは清朝に協力的であったが、

白山党ホージャの墓廟、アーファーク・ホージャ廟（カシュガル）

のちに反抗的な姿勢に転じたため、清朝の遠征軍によって粉砕・駆逐された。

ところが、ブルハーヌッディーンの遺児サリムサクがただ一人、西方のブハラ地方に逃れ生き延びた。そして1820年代以降、その子孫たちが故郷の奪還をめざし、清朝への聖戦をとなえて侵入を繰り返すことになる。1826年、サリムサクの次子ジャハーンギールの聖戦はその最初のものである。ジャハーンギールはクルグズ遊牧民を糾合してカシュガルに侵入し、新疆西部から清朝勢力を一掃して半年間その地を支配した。しかし、清朝の援軍が到着するとジャハーンギールは捕らえられ、北京に連行されて処刑された。

反乱鎮定後、東方貿易の利権拡大を狙うコーカンド・ハーン国が、ジャハーンギール聖戦に関与していたことが発覚し、清朝はコーカンド・ハーン国と断交し、新疆域内のコーカンド商人を追放した。これに対してコーカンド側は、ジャハーンギールの兄ユースフを担ぎ出し、1830年に新疆へ侵入した。侵入軍は清朝の援軍が到着する前に帰還したが、これによってコーカンドは清朝から新疆における優位な商業利権を獲得し、パミール地域の国際貿易を独占し、経済的に新疆を浸食していくことになる。

ジャハーンギールの聖戦に際しては、多数の現地民衆が呼応し、反乱が拡大した。反乱鎮圧後、清朝政府が統治の問題点を調査していくなかで、オアシス駐留の清朝行政官やベグらが民衆を圧迫していたことが明らかとなった。このような腐敗を刷新すべく、清朝政府は統治体制の改革に着手しようとするが、その後もホージャ一族やコーカンド・ハーン国の侵入事件が断続的に発生し、政治的・社会的混乱を収拾できなかった。また、ほぼ時を同じくして、清朝は海を渡って迫りくるヨーロッパ勢力という新たな脅威と直面し、もはや内陸辺疆地域の状況を顧みる余裕はなくなっていた。新疆における清朝の政治権力の無力化は、1860年代の西北ムスリム大反乱およびヤークーブ・ベグの侵入の呼び水となっていくのである。

（小沼孝博）

キーワード

清朝／聖戦／カシュガル・ホージャ／ジャハーンギール／コーカンド

参考文献

佐口透［1963］『18～19世紀東トルキスタン社会史研究』吉川弘文館
――［1966］『ロシアとアジア草原』（ユーラシア文化史選書3）吉川弘文館
濱田正美［1994］「『塩の義務』と『聖戦』との間で」『東洋史研究』52（2）：122～148頁

37

新疆ムスリム反乱とヤークーブ・ベグ政権

★束の間のムスリム政権時代★

清朝統治下の新疆において1864年に始まったムスリムの反乱は、瞬く間に新疆全土に拡大するとともに、その後ヤークーブ・ベグ政権という、新疆のほぼ全域を統合するムスリムの政権の樹立につながった。したがってこの反乱は、18世紀における清朝征服後の当該地域の歴史上、重要な局面を構成する。

新疆におけるムスリム反乱の勃発には、東方地域における回民の反乱が関わっている。1862年に発生した陝西省における回民の反乱は、翌年には甘粛省に拡大し、回民の広域的な人的ネットワークを背景として、続いて新疆にも飛び火するのである。1864年6月にクチャで回民とテュルク系ムスリム（ウイグル族）の連合により蜂起が起こると、まもなくクチャのまちは反乱者の手に落ちた。反乱を起こした人々は、マウラーナー・アルシディーンの聖者墓廟（マザール）の管理者であったラーシディーン・ホージャという人物に指導者となるよう依頼し、受け入れられた。アルシディーンは、14世紀に東チャガタイ・ハーン国のトゥグルク・ティムール・ハーンを始めとするモンゴル・テュルク系遊牧民を多数イスラーム教に改宗させたという伝説を持つイスラーム聖者であり、その墓廟は当該地域において大きな宗教的な権威を持っていた。ラーシディーン・ホージャはそのアルシディーンの子孫と自称し、反乱において宗教的な権威に依拠しつつ政治的な影響力を行使したのである。

反乱勢力拡大のため東西に反乱軍が派遣される際にラーシディーンは、兵士たちを前に、異教徒の支配者によって圧迫されたムスリムにとっての「ガザート」(「聖戦(ジハード)」と同じ意味で用いられる)の義務を強調しつつ、戦いへの檄を飛ばしたといわれる。また、当時のクチャ地域の文学には、ラーシディーンが、「聖戦」としての軍事行動の成功を祈る宗教者として描かれている。このように、宗教指導者がその宗教的な権威に基づいて反乱勢力の求心性を担保し、反乱後に成立した政権を主導した状況は、クチャのみならず、ホータンやトゥルファンなどでも見られたことがわかっている。この時期におけるムスリム反乱の性格づけを考えるうえで興味深い現象といえよう。

また、この反乱において注目されるもう一つの点は、同じムスリムとして回民とテュルク系ムスリムとの連携がある程度成り立っていたこと、オアシスによっては回民が一定の勢力を確保していたことである。回民は元来この地域の人口が希少であったが、清朝による征服後に甘粛などの地域から商人として到来したり、農民として移住したりして、居住者が増えていた。彼らは新疆外の地域の回民住民と、とくに「門宦」と呼称されるイスラーム神秘主義教団の組織を介して連絡関係を維持していたと考えられる。このような状況を背景として、新疆におけるムスリム反乱において回民も大きな役割を果たすこととなった。

しかし、新疆の各オアシス地域を統合する政権を樹立したのは、当該オアシス地域のテュルク系ムスリムでもなければ、回民でもなかった。宗教指導者でもなかった。清朝領と隣接するフェルガ

ヤークーブ・ベグ肖像

ナ盆地に本拠を置くコーカンド・ハーン国からやってきた、ヤークーブ・ベグという同国の有力者であった。ヤークーブ・ベグは、コーカンド・ハーン国政権の内紛によって清朝領側に移動してきたハーン国の有力者たちを自らの傘下に収めるとともに、彼らを中核とした軍隊を編成・駆使することにより、自らの征服活動を飛躍的に進捗させた。ヤルカンド、ホータンを占領し、続けてクチャの反乱勢力軍を撃破してアクスとクチャを制圧して、タリム盆地西部オアシス地域を統合する政権を樹立するに至った。1867年のことである。その後、トゥルファンの回民反乱勢力との対抗関係から、トゥルファンとウルムチにまで軍事的に進出し、1871年にロシアによって占領されたイリ地域を除き、新疆のほぼ全域を統治下に置くことに成功した。

前述のように征服活動の軸となったのがヤークーブ・ベグと同郷のコーカンド・ハーン国の元有力者であったことと対応する形で、政権成立後の政治体制は、高位の行政官僚や軍事司令官に任用されたコーカンド・ハーン国出身者たちによって支えられた。そういう意味で、清朝領居住者のテュルク系ムスリムや回民にとっては、「外来者」を中心とする政権であったといっても過言ではない。他方、ヤークーブ・ベグ政権の諸政策においては、イスラーム的な側面が強調された。たとえば、国内におけるイスラーム法の遵守、イスラーム知識人の重用、主要なモスクやイスラーム聖者墓廟の整備・改築、オスマン帝国との関係樹立、などである。このような施策は、政権上層部を占めていたコーカンド・ハーン国出身者だけでなく、もともとのテュルク系オアシス住民や反乱において力を発揮した回民にとっても一定の意味を持っていた可能性がある。この点に、清朝による統治との違いを指摘できよう。

そうこうするうちに、新疆東方の陝西省・甘粛省における回民反乱が、清朝により鎮圧された。ヨーロッパ諸列強の進出や各地の反乱などで弱体化していた清朝の政権中央では、事実上版図として失われていた辺境部の新疆を、軍事力の行使により奪還するか、それとも放棄するかで議論が行われた。結局、回民反乱の鎮圧を主導した洋務派官僚左《さ》宗棠《そうとう》の主張が、沿岸部の防衛を重視する李《り》鴻章《こうしょう》らの反対を押し切って採用され、新疆を回復するために大規模な軍隊が新疆に派遣された。ヤークーブ・ベグは迎撃態勢を整えたものの、１８７７年の春、天山《てんざん》を越えて殺到する清軍に対抗する術もなく、トゥルファンを占領されるに任せた。まもなくヤークーブ・ベグは卒中で死亡し、１８７８年初頭までにカシュガルやホータンなど南部新疆も完全に清軍によって制圧されるに至った。

左宗棠像

その後清朝は、1884年に新疆省を設置して新疆を中国内地と同じ行政区分に移行するとともに、内地からの漢族の植民やテュルク系ムスリムへの漢語教育の実施など、新疆に対する「中国化」政策を加速化させていくこととなる。すなわち、この反乱とその鎮圧は、そういう意味での画期となったともいえるであろう。

（新免　康）

キーワード

新疆／ムスリム反乱／ヤークーブ・ベグ

参考文献

新免康［1995］「ヤークーブ・ベグ」歴史学研究会（編）『講座世界史3　民族と国家——自覚と抵抗』東京大学出版会

Hodong Kim. 2004. *Holy War in China: The Muslim Rebellion and State in Chinese Central Asia 1864-1877*. California University Press.

38

清朝とロシア帝国の狭間で

★18・19世紀のカザフ★

中国の少数民族のなかに漢字で「哈薩克 Hasake」と写す集団がある。このような表記は18世紀の清朝時代の史料にまで遡ることができ、中国西隣のカザフスタンに住むカザフと同族のムスリムを指している。

カザフは15世紀以来「カザフ＝ハン国」と呼ばれる遊牧政権を構成していたが（『中央アジアを知るための60章【第2版】』参照）、中国との関係を持つようになるのは、清代乾隆年間のことになる。そのきっかけはカザフ草原にも支配を及ぼしていたジューンガル政権の崩壊であり、ジューンガルを討つために西北へ遠征してきた清朝軍とカザフ遊牧民は接触し、結果として、中ジュズ（カザフの「ジュズ」と呼ばれる三つの部族連合の一つ）のアブライらは、1757年、清朝皇帝に降伏する文書を差し出し、その臣となった。

以後19世紀前半まで、カザフは北京あるいは夏の離宮がある熱河へ向けて清朝皇帝に対する朝貢使節を派遣し、その代わりに爵位を受け、また新疆における貿易を認められていた。チンギス＝カンの末裔たるカザフのハン一族（スルタン）が封じられた爵位としては、汗（ハン）、王、公、台吉（タイジ）がある。

清朝によるカザフ人のイメージ（『皇清職貢図』早稲田大学中央図書館蔵）

このように清朝との関係を築いていたカザフであったが、より早い時期に、ロシアに対してもその臣民となることを誓っていたことにも注目できる。ロシア側は、それを受けて、カザフのことを自らに属するものと見なしていたからである。そのため、ジューンガル政権崩壊後の中央アジアについて、ロシアと清朝はともに自らの優先権を主張し、カザフについての対応でもそれは変わらなかった。カザフをめぐるこの状況は、日本と中国の狭間にあった琉球王国を想起させるだろう。カザフの場合は露清両帝国の双方に帰属するという曖昧な立場に置かれることになったが、逆にそれを利用して、両国の狭間でバランスを保ち、うまく立ち振る舞っていたことが史料上から明らかになっている。

一つ注意しておきたいのは、カザフの場合、彼ら自身が残した文字史料はそれほど多くない点である。貴重な文献として、カザフが清朝との交渉のために送った文書が保存されている。それらによれば、カザフのスルタンたちは初期にはジューンガルが用いていたトド文字のオイラート語で、のちにはアラビア文字によるテュルク語で、清朝皇帝ないしは新疆の現地官僚に宛てて文書を作成していたことがうかがえる。

それでは、清朝側はカザフ遊牧民のことをどのように見ていたのだろうか。最近の研究では、清朝皇帝は、カザフについて自分の属民（アルバトゥ）と見なし、彼らを保護する立場を取っていたと考えられている。タルバガタイ付近で清朝領内に移動した一部のカザフについては、八旗《はっき》に編入することすらあった。新疆において実際にカザフの事務を取り扱っていたのは、タルバガタイ参賛《さんさん》大臣やイリ将軍である。というのもカザフの遊牧地はこれらの要衝に近接し、また貿易をする際にもこれらの都市が取引場となっていたからである。清朝の西北における領土は――少なくとも清の認識では――現在のカザフスタンに位置するバルハシ湖まで広がるものであったが、実際にはそこまで広い範囲を掌握していたわけではない。清朝は、現在の国境線に近いところに部隊を駐屯させて辺境を警護するとともに、春になると草原の深部まで巡察部隊を派遣し、カザフ遊牧民を監督していた。

１８２０年代になると、ロシアはカザフ草原に新しい行政機構と法体系を導入し始め、清朝のカザフに対する権限は相対的に失われていった。その過程で、カザフが受けていた爵位――とりわけ汗爵に顕著であった――は形骸化し、またシベリア＝新疆間貿易にロシア国籍商人が参入することによって、カザフがかつて行っていた中継の役割も果たせなくなった。

結局、カザフ＝ハン国は解体し、カザフの遊牧地の大部分はロシア帝国に併合される。１８６０年代までに、中ジュズに続いて南方の大ジュズの遊牧地もロシアの統治下に入り、清朝の支配がおよぶカザフの遊牧地はイリ（伊犂、現在の伊寧《イーニン》市）、タルバガタイ、ホブド（西モンゴル）周辺に限られるようになった。それでも、時を同じくして清朝の西北地方を揺るがしていたムスリム反乱の影響を受け

カザフ＝ハン家出身（アジの子孫）で20世紀前半に活躍したシャリプハン（夏力甫汗または沙里福汗）の伝記

て、ロシア＝清朝間の国境は不安定となり、カザフを含む諸集団の移動が見られた。例として興味深いのはテゼク＝スルタンの態度である。彼は清朝から台吉《タイジ》の爵位を受け、新疆の大臣たちと連絡を取っていたが、その一方で、ロシア軍とも通じていた。またケレイの集団を統率していたアジ＝スルタンは、1864年に清朝領内に移動してきたことが知られている。

イリ周辺をロシアが短期間（1871～1881年）占領した「イリ事件」の前後には、移動や帰属の変更が頻発した。イリ地方が清朝に返還された後は、清朝領内に遊牧するカザフの集団も定まった。現在の新疆に「カザフ」を冠するイリ・カザフ自治州が設けられているのは、これに由来するといえよう。イリ周辺のクゼイ、アルバンという集団に加え、タルバガタイ周辺のケレイ、マンベト、サインベト、トルトウル、北端のアルタイではケレイ、ナイマンなどが清朝に帰属するカザフの主要な集団を構成していた。人口について、タルバガタイでは、清末に編纂された地方誌によると3800戸（2万6000人）が居住していたという。またイリ地方では、ロシアによる1877年の統計が3万6000人を数えている。

清朝と関係を持っていたカザフについて、その社会状況などを詳しく知ることは難しく、彼らのイスラーム信仰についても詳細は明らかではない。19世紀末になってはじめて、カザフのために設けられた教育機関についての記録を見出すことができる。そこでは、クルアーン学習などの宗教教育のほかに、歴史や算数など新しい科目を学ぶこともできたというから、当時中央アジア各地で見られた「新方式」教育との関連にも注目できる。ただし、20世紀初頭に新疆を調査した日野強《ひのつとむ》が述べたように、カザフのあいだにはイスラームの指導者であるアホンが少ないので、「彼らは纏頭回［今のウイグル族］よりアホンを聘して、コーラン経を聴聞し、かつこれについて回字［アラビア文字］を習いつつあり」との指摘もある。新疆のカザフがどれほどイスラームに通じていたのかについては、さらに検討が必要になろう。

１８８４年の新疆省成立後も、清朝はスルタンたちを軸にカザフ遊牧民を管理しようと努めたため、彼らは改めて公や台吉の爵位を受けて、自らに従う部族を統率していた。たとえば、先に挙げたアジの家系は代々「公」爵を継承していた。今日新疆全体で１４３万（２００７年統計による）の人口を持つカザフは、中華民国期の混乱した時代を経て、現在でも、イリ・カザフ自治州を中心に独自の文化を保っているといえよう。

（野田　仁）

キーワード
ジューンガル／遊牧民／中央アジア／清朝（あるいは清代）／新疆

参考文献
野田仁［２０１１］『露清帝国とカザフ＝ハン国』東京大学出版会

39

回民軍閥

――★民国期の寧夏・甘粛・青海を支配したムスリム★――

回民軍閥《かいみんぐんばつ》とは20世紀前半から１９４９年の中華人民共和国の成立まで中国の西北《せいほく》に存在した馬《ば》姓の地方実力者の総称である。甘粛《かんしゅく》を支配した甘馬、青海を支配した青馬、寧夏を支配した寧馬と大きく三つの系統に分けられる。また、清《しん》末から民初にかけて活躍した馬安良《ばあんりょう》（甘粛提督）、馬福祥《ばふくしょう》（寧夏護軍使）、馬《ば》麒《き》（西寧《せいねい》鎮守使）、馬廷勷《ばていじょう》（涼州《りょうしゅう》鎮守使）、馬麟《ばりん》を老五馬と呼び、１９２０年代から１９４０年代にかけて西北各地に割拠した馬《ば》鴻賓《こうひん》、馬鴻逵《ばこうき》（以上、寧馬）、馬歩芳《ばほほう》、馬歩青《ばほせい》、馬仲英《ばちゅうえい》（以上、青馬）を小五馬と呼ぶこともある。また、小五馬のうち、馬仲英をのぞいた四人は四馬とも呼ばれる。

回民軍閥の共通点は、清末から中華民国の成立という中華帝国の崩壊期から国民国家の黎明期にかけて、中央の権威を用いながらも西北を実効支配した軍事的・政治的勢力であったこと、必ずしも血縁関係ではないが馬姓のムスリムであること、権力が父子間もしくは兄弟間の男系で継承されたこと、多く姻戚関係にあったこと、先祖が甘粛の河州（現在の臨夏《りんか》回族自治州）出身であることが挙げられる。

１８６０年代から１８７０年代初、西北の漢人とムスリムの

青海省政府主席・馬麟

馬福祥

相互殺戮事件から端を発した騒乱に対して、清朝は漢人側に肩入れし、ムスリムのみを殺す「洗回」政策をとった。不満を持ったムスリムは門宦を中心として自衛のために立ち上がった（西北ムスリム反乱（蜂起））（第35章）が、これに対し清朝は徹底した武力制裁を行った。正確な数は不明だが、10数万人とも数10万ともいわれる夥しい数のムスリムが殺された。かろうじて生き残った者は、寧夏南部山間地域や甘粛東部地域のような雨のほとんど降らない不毛の地に強制移住させられた。ムスリムに対するジェノサイドと棄民政策である。そのような環境のなかで、1871年に清朝の左宗棠《さそうとう》軍に帰順し軍事協力したのが馬占鼇《ばせんごう》であった。彼は河州在住の宗教指導者で人望も篤かったというが、反乱当初は自ら兵力を率い、清朝軍に打撃を与えたほどだった。帰順した彼は清朝の「以回制回」政策の一翼を担って反乱軍を鎮圧した。その結果、馬占鰲は清朝の権威を背に、河州周辺地域の軍事的・政治的権力の代行者となった。弾圧されたムスリム側からは民族分断政策に与した「裏切り者」と非難されることとなるが、逆にいえば、彼が清朝側に寝返ったことで、反乱を意図しない「良き」ムスリムは「合法」化され、生存を許されることになった。同時に、地域のムスリムの絶対的信仰を集め反乱の求心力となった門宦の教主（ムルシド）のカリスマ的権力を相対的に弱体化させた。

馬占鰲の子馬安良の時代、河州のムスリムの教派・門宦間で相互殺戮事件（１８９５〜１８９６年）が起きたが、その鎮圧に加味し治安回復に功績があったのは地元出身のムスリム、馬福禄《ばふくろく》と馬福祥であった。その後、この二人は１９００年の義和団事件制圧のため北京に派遣され、馬福禄は戦死する。しかし、清朝に忠誠を示し官職を授けられることで、馬姓ムスリムの軍事勢力の西北支配は確固たるものとなった。逆にいえば、弱体化した清朝が西北支配を彼らに丸投げすることで軍閥としての権威を確立させ、政治的地位を獲得できた。また、清朝側としても、西北の安定を図ることができた。

馬安良は１９１８年に亡くなったが、彼の部下が主従関係、地縁、血縁、イスラームの教縁を利用して民国期（１９１２〜１９４９年）には西北一帯にさらに回民軍閥が実権を振るうこととなった。民国初期、北洋政府が派遣した甘粛都督張広建《ちょうこうけん》と回民軍閥との対立が続いた。これは、中央集権体制を持ちこもうとする張広建と、西北で確立しつつあった既得権益を守ろうとした回民軍閥の争いともいえた。１９２０年の安直《あんちょく》戦争の折、回民軍閥は「甘人治甘」のスローガンを用い安徽《あんき》派の張広建を追い落とし、さらに西北一帯を実効支配する保塁を固めた。１９２８年の国民政府成立以降は、一方で中央の蔣介石《しょうかいせき》と関係を保ちつつ、他方、西北で近代化路線を堅持し、一種の地域限定開発独裁体制を強めていった。

彼らは支配地域の財政基盤強化のためアヘンの栽培・販売に手を染めたり、塩税や遊牧民に毛皮取引税をかけたり、労働力を恣意的に使い萌芽的近代工業育成に着手した。とくに軍需産業の拡充と資本蓄積、軍備の近代化を図った。一部では徴兵制も施行され、同時に限定的ながらも近代的国民教育の普及に努めた。この開発独裁体制に関して、中国の研究者許憲隆《きょけんりゅう》は、「旧型の軍閥から行政機構改革を経て民国の新軍閥に脱皮させ、軍閥官僚資本を主体として一体型の近代経済体系をつくり上げ、その結果、西北の近代工業の基礎をつくった」と評価する。

寧夏省政府主席・馬鴻逵

国民政府のもとで回民軍閥が存続した背景には、清末以来の中央と地方という権力の二重構造が軍事力至上の環境のなかでさらに温存・発展したことにある。回民軍閥は西北を中華民国という近代国家の不可分の一部として中央に徐々に統合する役割を担い、中央から見れば西北の人材や資源を国民形成と国民経済発展のために差し出す仲介者の役割を期待された。その一方で、回民軍閥は中央が本来なすべき軍事部門の整備を代行することで西北統治を委任された形となった。彼らは地域における特権や利権を享受し、軍事力を増大させた。平時には中央と政治的距離を置きつつも「有事」には協力するという建前をとった。

回民軍閥はイスラームに関してはクルアーン回帰と国家主義の方向性を持つイフワーン派を保護し、門宦が持つ権力の相対的低下を図った。また、イスラームの近代化をはかり、イスラーム各種雑誌の発刊や文化活動に積極的に援助をした者もいた。同時に、ムスリムは民族集団でなく「中華民族」の一員の宗教集団であることを強調し、ムスリムとしての政治的権利を留保した。1945年以前は日本の軍部も対回教政策の一環として武器売却を図るなど回民軍閥にさかんにアプローチをかけた（第45章）。しかし、回民軍閥の積極的な対日協力はなかった。

（松本ますみ）

キーワード

回民軍閥／西北ムスリム反乱（蜂起）／河州／近代化／イフワーン派

参考文献

許憲隆［2001］『諸回民軍閥集団与西北穆斯林社会』寧夏人民出版社
呉忠礼・劉欽斌（編）［1993］『西北五馬』河南人民出版社
張承志［1993］『回教からみた中国――民族・宗教・国家』（中公新書）中央公論社
中田吉信［1971］『回回民族の諸問題』（アジアを見る眼40）アジア経済研究所
Lipman, Jonathan. 1997. *Familiar Strangers*. University of Washington Press.

40

「愛国は信仰の一部」

★回民のイスラーム近代主義★

　中国の回族「集住区」にある清真寺（モスク）にはよく「愛国愛教」「愛国敬教」といった「扁額《へんがく》」、プレートや赤色の旗が掛かっている。それらがつくられた年代を見ると民国時代から現代まで幅広い。これは、「国を愛することは信仰の一部」というｌ９２０年代末に中東から中国にもたらされたハディース（預言者ムハンマドの言行録）に基づいた言葉である。ところが、国（ワタン）という単語はクルアーンには存在しない。したがって、預言者ムハンマドが使っていたとは考えられず、現在の考証では「国を愛することは信仰の一部」は真正のハディースとは認められていない。おそらくはイスラーム神秘主義がタリーカを通じて世界中に広まった時代に「神の国《ワタン》を愛する」ということは重要という神秘主義者（スーフィー）の解釈から生まれた伝承であろう。これが後代にまことしやかにハディースであるとされたと考える。もちろん、当時の解釈では「ワタン」とは地上の国や国土を指していなかった。ところが、よく知られているように、このハディースは19世紀末以降の中東における反植民地闘争と国家建設をめざすナショナリズム運動、さらにはイスラーム復興運動のキーワードとなっていく。形而上学的

山東省済南市清真南寺の扁額

な言い伝えが、形而下学的政治闘争の根拠となったわけである。

このハディースを最初に中国に紹介した者の一人が民国期の大アホン（宗教指導者）で北京や天津を中心に活躍した王静斎《おうせいさい》である。マッカ巡礼を兼ねた中東旅行から戻った彼は、本当の預言者のハディースなのか、と半ばいぶかりながらも、1930年にイスラーム雑誌『月華《げっか》』にこの「ハディース」の存在を紹介している。ほぼ、同時期に雲南《うんなん》にもこの「ハディース」が入り、次第に「預言者の言葉」として中国のイスラーム界に知られるようになった。

この時期は蒋介石《しょうかいせき》による北伐が終わり国民革命が完成し、中華民国の統一国家としての体裁が整った頃に当たる。各界で統一国家中国はどうあるべきなのか、という議論が沸き起こり、そのためには愛国心の養成と教育の普及が重要であるという結論が見出されていた。

中国の漢語を母語とするムスリム知識人も同じよう

に行動をした。中国のムスリムは中東のように地域の人口のマジョリティではないから政教一致を理想とするムスリム国家をつくりえない。また、当時は、原理主義的キリスト教宣教師が対中国ムスリム宣教をさかんに行い、イスラームの「非」を説き、キリスト教の優越を説いていた。マイノリティである中国のムスリムは圧倒的な漢人社会のなかで弾圧も差別もされずに生き抜き、キリスト教勢力の挑戦にも対抗していく必要があった。そのためには、自らの存在意義であるイスラーム教義を精査するとともに、時代の大義に寄り添っていくような教義の再解釈が必要であった。

信仰の堅持と皇帝への忠誠を一致させるような教義解釈は清朝の時代にも存在した（二元忠誠論《にげんちゅうせいろん》）が、時代は移り、中華民国という国民国家の時代となった。かつての皇帝に替わって国家を至上のものとし、愛国心を持つ国民を育成するためにナショナリズムを鼓舞することはイスラーム信仰のうえからいっても正当である、ということを確認する必要があった。中国のイスラーム知識人は、この頃さまざまな専門雑誌を創刊したり、イスラーム知識涵養と国民意識を育てる学校建設に着手したり、各種イスラーム団体を組織し始めていた。彼らはこの愛国愛教を唱える「ハディース」に飛びつき、各種雑誌を通じておおいに宣伝を始める。それは、次のような考えに基づく。「中国国家建設とイスラーム信仰は両立する」、「ムスリムは国民の一員として欠くべからざる存在である」、さらには「われわれが愛国心を持ちさえすれば、信仰の差異によって差別される筋合いはない」と。そこには、清《しん》代の度重なる回民の「叛乱」によって、イメージダウンしたムスリムの汚名をそそぐとともに、新生国家の国民の一員として貢献することによって、マジョリティに認められて生き抜こうというマイノリティの戦略が見え隠れしていた。

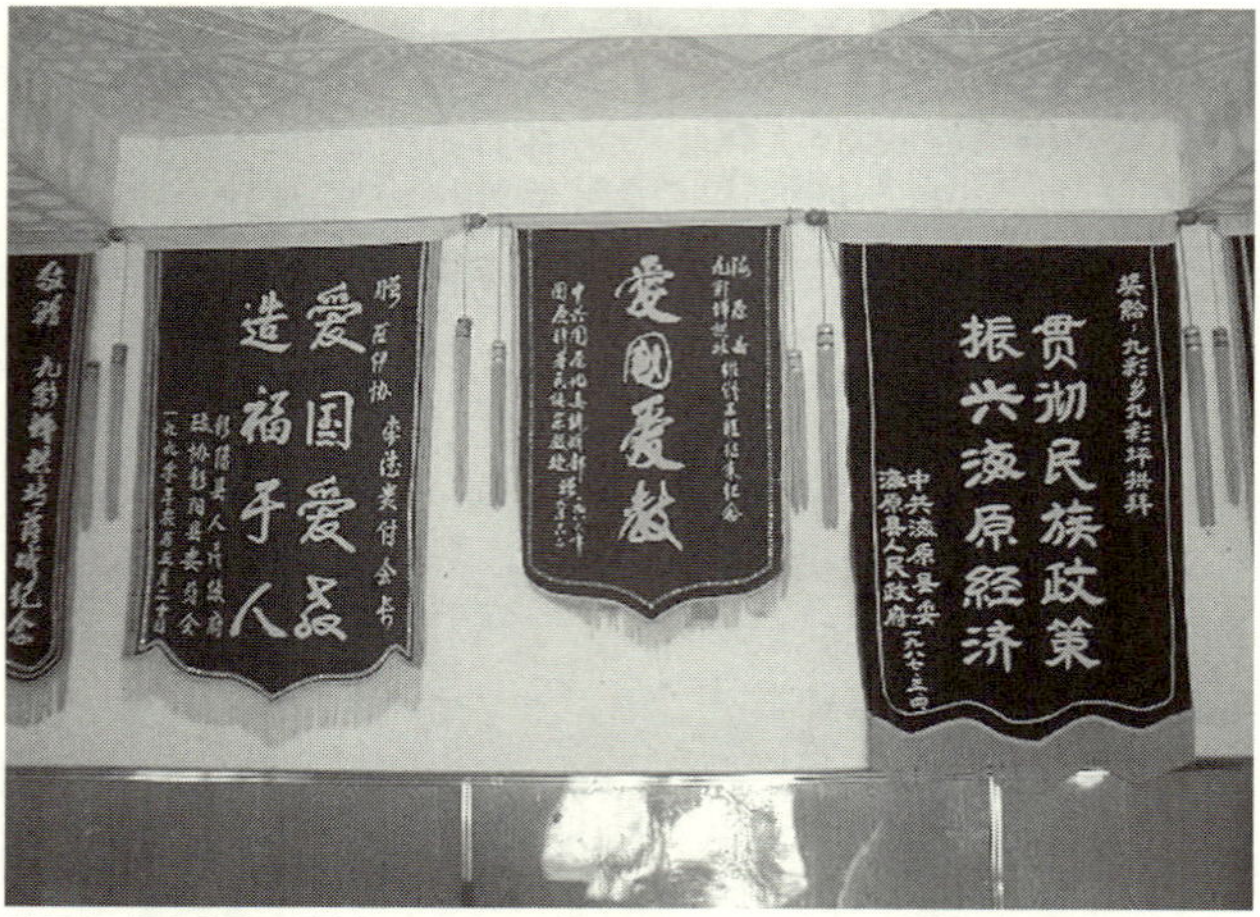

寧夏の海原県　門宦のひとつカーディリーヤの道堂（一種の道場）

さらには、1931年の日本による中国東北の占領と「満洲国」の建国に対抗するための「抗日救亡」運動、1937年の盧溝橋事件に端を発する抗日戦争、日本軍部の対ムスリム分断工作と「回回国」建国構想の発覚という風雲急を告げる政治情勢のもと、この「愛国愛教」のスローガンは重慶政府側に立った中国ムスリムのあいだに浸透・定着していく。防衛のための戦いは正義であるというクルアーンの章句（第2章190節、第2章194節）に基づき、地上のワタン＝国を護る戦いはアッラーの意思に適うものと再解釈された。「教を争いて国を争わず」（争教不争国）という立場で政治に無関心や中立の立場であったムスリムやアホンたちを抗戦に向けて「指導」していったのがいわゆる成達《せいたつ》派とよばれる知識人たちであった。彼らは多くが北平《ペイピン》（北京の旧称）や山東を中心に活躍したムスリムで、華北が日本軍に占領されると華北を脱出し、蔣介石政府について武漢《ぶかん》、桂林《けいりん》と「大後方」に移動した。彼らは重慶政府のイスラーム政策を理論的に支えた。

日本敗戦後の国共内戦で、成達派の多くは国民党側につき、多くが台湾に居を移したが大陸に残ったままの者もいた。大陸に残った成達派は中国共産党の宗教政策と民族政策のもとで「愛国主義」を旗印に活動をしていった。

「愛国は信仰の一部分」という「ハディース」に基づく「愛国愛教」のスローガンは文化大革命終息後、改革開放以降の宗教自由の風潮のもとで、再度急速に広がった。愛国心を持つことは「順守すべきよきイスラームの優良伝統」で「ムスリムの義務」であると再解釈され、各宗教指導者の資格試験やワアズ（金曜礼拝での説教）などにも必ず盛り込まれている。それは、分離主義勢力や国家の枠組みを超えたイスラーム復興の在り方、あるいはテロリズムに対する牽制となっている。（松本ますみ）

キーワード
「愛国愛教」／ハディース／国民統合／反分離主義

参考文献

丁宏・張国傑（編）［2002］『百年中国穆斯林』寧夏人民出版社
松本ますみ［2003］「中国のイスラーム新文化運動」小杉泰・小松久男（編）『現代イスラーム思想と政治運動』（イスラーム地域研究叢書2）東京大学出版会、141〜165頁
――［2007］「キリスト教宣教運動と中国イスラームの近代への模索」『中国21』28：127〜144頁

41

侮教事件

★中国近代史上の回漢対立★

1930年代になると中国語で「侮教案《ぶきょうあん》」と呼ばれる侮教事件が頻繁に発生した。これはイスラームを侮辱する雑誌記事に対して、中国のムスリムが公式謝罪と責任者の処罰を求めた事件で、大規模な抗議行動にまで発展したものもあった。

ムスリムと漢人とのあいだには、元代以来数百年間、政治・経済・文化の各領域にわたる緊張関係が存在した。その代表的なものとして、清《しん》末に発生した一連の「回民蜂起《かいみんほうき》」（第35章）を挙げることができるが、中華民国期に入っても回漢対立《かいかんたいりつ》はしばしば見られた。その対立が表面化したものが侮教事件である。

清末の「回民蜂起」以降、ムスリムには「叛」や「匪」といった負のラベルが付けられた。近代になると大衆向けの活字出版業が盛んになり、白話《はくわ》とともに公教育が普及したが、それによって雲南、甘粛、陝西などの「蜂起」の発生した地域以外に住み「蜂起」の当事者ではなかったムスリムにまで負のイメージが広まることとなった。同時に、干ばつや飢饉などといった災害の発生に端を発する人口流動や、経済発展に伴う回漢間の経済摩擦が差別を深刻なものにした。漢人にとって、ムスリムは最も近くに住む「他者」であり、彼らへの無理解と偏見は

第41章
侮教事件

清末以来変わらなかった。その結果、１９３０年代に出版された大衆向け雑誌のなかに、イスラームを揶揄《やゆ》し侮辱するような内容の文章が相次いで掲載され、侮教事件が起きた。その最も早いものは、１９３１年７月の『新亜細亜《しんあじあ》』にムハンマドとイスラームを揶揄する記事が掲載され、訂正と謝罪が要求された事件である。以下では、この時期に起こった一連の侮教事件のなかでも、規模が大きく代表的な「南華文芸事件《なんかぶんげいじけん》」とそれに続いて発生した「北新書局事件《ほくしんしょきょくじけん》」の経緯と顚末を紹介したい。

「南華文芸事件」の発端は、上海の総合文芸雑誌『南華文芸《なんかぶんげい》』11巻14期（１９３２年７月刊行）に杭州《こうしゅう》の婁子匡《ろうしきょう》による「回教徒はなぜ豚肉を食べないか」というエッセーが掲載されたことである。文章全体は決してムスリムをおとしめたものではなく、漢人のあいだに流布するムスリム蔑視の説話を紹介し、それらに表れた回漢対立を憂慮する内容であった。ところが、「ムスリムの祖先が豚の精であるため今に至っても豚を食べないのだ」という内容の説話を掲載したことがムスリムの怒りと抗議を招いた。１９３２年９月に、まず上海のムスリムがこれに反応し、「全体回教徒大会」を開催し、協議の結果、陳謝・訂正・再発防止の保証・問題巻号の在庫の公開焼却を求めることを決めた。著者の婁は９月26日に正式に陳謝して、残部を公開焼却し、次号に陳謝文とムスリムによる論文を掲載することを約束した。ムスリム側も満足の意を示し、上海では事態は鎮静化するかに見えた。しかし、北平《ほくへい》（現北京）中のムスリムに抗議の声が拡大した。10月６日、北平の牛街清真寺でこれに対する対処方法をめぐり大規模な討論会が開催され、上海で採用された解決策が全会一致で否認された。そして、北平のムスリムを中心に華北回民護教団（以下、護教団）を結成し、組織的な抗議運動を行うことを決定したのである。事件の概略と護教団結成の経緯および対処方針は全国のムスリムに通知された。これに引き続き、10月7日に第2回、17日に第3回の代表大会を開催し、護教団の組織大綱や団体の宗旨を定め、臨時請願団（以下、請願団）を首都南京へ派遣することを決めた。10月18日には、北平の新聞約20紙の記者を招き、団体設立の経緯と目的・主旨を公式発表した。また護教団の会員が北平中の書店を手分けして探し回り、販売されていた『南華文芸』を差し押さえることにも着手した。実際に、北平から南京に請願団を派遣したのは10月24日のことである。これ以後、請願団は護教団と連絡をとりつつ、南京・上海・杭州で活発な請願活動を行うことになる。しかし、請願団が南京に到着した10月27日に、上海で「北新書局事件」が発生した。

「北新書局事件」は、北新書局社発行の民間故事小叢書というシリーズ中の林蘭《りんらん》主編、朱善揚《しゅぜんよう》著の『小猪八戒《しょうちょはっかい》』という文章の内容が『南華文芸』で問題になった話と同じであったため、上海のムスリムによる再三の抗議が起こり、30数名のムスリムが同社営業部を襲撃するという事態にまで発展した。この事態に対して、上海の宗教指導者が主導して、過激な行動を抑制し、『南華文芸』と連動した法律闘争と請願運動を開始した。市内各清真寺による代表大会を招集し、政府に対して北新書局社の処罰と全国の出版社への通令の発布を要求することを決め、加えて南京への請願代表団を派遣することとした。これ以降、北平と上海のムスリムが共同で政府に請願行動を行うようになる。

北平から派遣された請願団は南京で現地ムスリムや新聞界との連絡を取りながら準備を進め、10月31日に行政院への請願を開始した。翌11月1日からは上海の請願代表団も交渉に同席した。請願団側は護教団の決議した①編集長の罷免と起訴、②『南華文芸』の停刊、③婁子匡の逮捕・起訴を要求した。交渉を経て、11月17日に国民政府は方針を決定した。その内容は、①ムスリムを重んじ宗教を擁護する旨の『通令』を出すこと、②『南華文芸』の停刊と撰稿者の処罰、③北新書局社の閉鎖と責任者の処罰、④『南華文芸』編集長の処罰に関してはムスリム側に譲歩を求めるが、行政院が訓令を出し、主要都市の大新聞各紙に丁重な謝罪文を掲載させ、教科書におけるイスラームへの誤解（これは西欧の記述をそのまま中国語に翻訳して「クルアーンか剣か」といった「イスラームは武力で広まった暴力的な宗教」であるという偏見が教科書に記述されたことを指す）を適切に取り締まること、であった。この対応は国民党と国民政府としては最大限の譲歩と配慮であり、ムスリム側も政府案を受諾した。11月22日には公文書が正式に送付されて、事件が最終的な決着を迎えたため、請願団も北平に帰り、24日に北平の牛街清真寺で報告し、事件は名実ともに終結した。

影響力のある刊行物にイスラームを侮蔑する内容と見なされる文章が発表されると広範囲に影響を及ぼす。事件発生後の当局による対応次第で事態は急速に拡大していった。ムスリムは当局の宗教政策に不満を抱いており、侮教事件が発生すると各地のムスリムが集会を開催したり、共同で護教団を組織したりするなどの対応が取られた。抗議活動を行うムスリム民衆は、当局の公布する法律の条文を利用して、自己の権益の保護と地位向上を目指して、中央および地方の当局と交渉した。その結果、ムスリムに対する謝罪や信教の自由を宣言する布告を獲得する場合もあった。また外部とのあいだの危機的状況が逆にムスリム内部の団結力を強め、エスニシティとしての意識を高めることにもつながった。

ところで、前述の両事件後も侮教事件は頻発した。白崇禧《はくすうき》や馬鴻逵《ばこうき》らのムスリムの有力政治家や回民軍閥が、回漢間の融和こそが重要な課題であるとしきりに説いたことからも、根深い対立がうかがえる。近代においても回漢対立は「克服されるべき」課題の一つであった。そればかりか、1989年5月の『性風俗《せいふうぞく》』事件をはじめ、『杭州日報《こうしゅうにっぽう》』などの新聞紙上にイスラームを侮辱していると受取られるような内容が掲載されたことに端を発した抗議事件が、改革開放期以降にも度々発生している。また回族研究者が行ったある幹部育成学校の学生に対するアンケート調査によると、ムスリムが豚を食べないのは「先祖が豚であることに由来する」と「豚を崇拝の対象としているからである」と答えたものを合わせると過半数を超えたという結果がでている。漢族住民に対する別のアンケートでも、同じ問いに対して「豚を崇拝の対象としている」という回答が最多であった。現在においても侮教事件の火種となりうる誤解が残っていることからも、侮教事件は歴史上だけでなく現在進行形の課題であるといえよう。

（矢久保典良）

キーワード

「侮教事件」／回漢対立／『南華文芸』事件／北新書局事件／華北回民護教団／臨時請願団

参考文献

安藤潤一郎［1996］「『回族』アイデンティティと中国国家――1932年における『教案』の事例から」『史学雑誌』105―12：67〜96頁

――［2002］「清代嘉慶・道光年間の雲南省西部における漢回対立――《雲南回民起義》の背景に関する一考察」『史学雑誌』111―8：46〜71頁

黒岩高［2002］「械闘と謡言」『史学雑誌』111―9：61〜83頁

矢久保典良［2010］「日中戦争期の重慶における中国ムスリム団体の宗教活動とその特徴――中国回教救国協会とその重慶市分会を中心にして」『史学』79―1・2：55〜86頁

42

新疆のジャディード

★「ウイグル」たちの近代的教育運動★

テュルク系ムスリム（現在のウイグル族に当たる）による近代的な学校教育の始まりは20世紀初頭に遡る。彼らは国家主導による少数民族教育に先がけて、早くも1900年代には民族独自の教育を開始していた。それは、彼ら自身による近代的な改革運動の一環として始められたものであった。

19世紀末から活性化したロシア・新疆間の貿易の伸展により、新疆のなかからも対露貿易によって富を蓄えた「バイ」と呼ばれる商業資本家層が生じた。彼らは、貿易を通じて近代的科学知識に触れるとともに、オスマン帝国やロシア帝国領内のムスリムたちの発展を目のあたりにして、彼ら自身の遅れた状況に対する深刻な危機感を抱くようになった。新疆における社会改革は、こうしたバイを中心とする新しい知識人たちによって始められる。その際彼らが参考にしたのは、やはり先進的なムスリムたちの改革運動であった。

ロシア帝国領内では、19世紀末からムスリム知識人を中心として、「ジャディード運動」と呼ばれる改革運動が進展した。運動の名称は、改革派知識人が普及につとめた「ウスーリ・ジャディード」、つまり「新方式」と呼ばれる近代的な教育方式に由来する。この教育方式は、イスラームの教養に加え、母語とロシア語の読み書き、算数・歴史・地理などの基本的な教養諸科目の導入、そして教科書を用いた学年別の教授を特徴としており、クルアーンの朗読やアラビア語・ペルシア語の書物の暗記を主とする伝統的なイスラーム教育に比べて優れた教育効果をあげた。そのため、ロシア領内のムスリム地域に急速に広まり、オスマン帝国や新疆にまで波及した。

新疆での改革運動は、国外で新方式教育を学んだ帰還留学生、あるいはオスマン帝国やロシア領から招聘された改革派知識人、すなわちジャディードたちを教師として、初等学校を開設することによって始められた。その先鞭をつけたのがウストゥン・アルトゥシュ出身のバイ、ムーサー・バヨフ兄弟である。彼らは、早くも1907年頃にはイリやウストゥン・アルトゥシュに学校を設立していた。また、1912年には、改革派ウラマーのアブドゥカーディル・ダームッラーがカシュガルで初めての新方式学校を開いたほか、1914年にはオスマン帝国の「統一と進歩委員会」からトルコ人教師アフメト・ケマルが派遣され、ウストゥン・アルトゥシュで師範学校を開設した。トゥルファンでも、バイであるマクスード・ムヒーティやマウスール・ムヒーティらの兄弟が、タタール人を教師として新方式学校を開設したことが知られる。

新方式教育は1910年代後半に高揚期を迎え、新疆の各地で学校が設立された。しかし彼らの活動は、ムスリム社会内部の保守派層の反対と、当時の省政府主席楊増新《ようぞうしん》による弾圧に直面した。教師は逮捕・監禁され、新方式学校は次々と閉鎖された。閉鎖を逃れて運営し続けることができた学校はわずかしかなかった。このようにして、新疆におけるジャディードたちの活動は、1920年代には早くも挫折を迎えた。しかしこの一連の活動は、テュルク系ムスリムたちを近代的な改革志向と民族意識に覚醒させたという点において、また結果的にその挫折が彼らを、穏健な社会改革からより急進的な民族運動に向かわせる契機となったという点において看過できない意義を持つ。

マフムード・ムヒーティ（スウェーデン国立文書館所蔵 Fränne Collection: 148-13）

１９３１年に始まり、全新疆を席巻した民族運動が１９３４年に収束した後、彼らは新たな統治者のもとで再び教育活動に乗りだした。１９３３年以降、新疆省の権力を掌握した盛世才《せいせいさい》は、ソ連の支援を受けて新疆における支配を確立させた。盛世才は権力基盤が脆弱であった統治の初期には親ソ路線を採り、民族平等や民族文化の尊重を標榜する新たな政治綱領を打ち出す。そして、その一環として新疆の各民族に、自民族語による教育を促進させた。このような政策の後押しを受けて、それ以前から民族独自の教育の実績を持つテュルク系ムスリムたちのあいだではいちはやく自律的な教育活動が開始された。なかでも、歴史的に彼らの政治・経済・文化の中心であったカシュガルでは、その発展の度合いが顕著であった。

カシュガル市とその周辺地域では、１９３４年８月から教育活動が開始された。教育活動は、前述のマクスード・ム

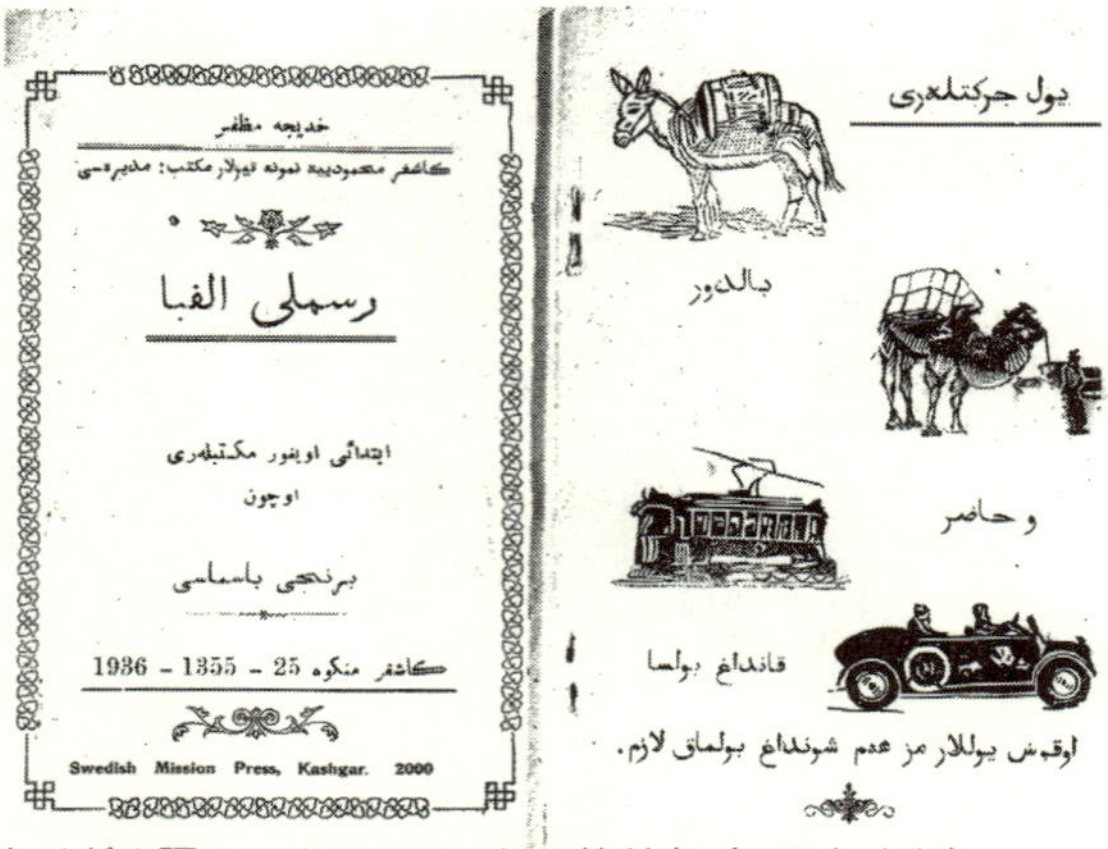

ウイグル語のアルファベットの教科書（1936年出版）

ヒーティの弟であり、教育者としての側面もあわせ持つ軍事指導者マフムード・ムヒーティ（前頁写真）の庇護のもと、カシュガル市の教育局とウイグル文化促進会を中心とする統一的な組織体制に基づいて展開された。そしてわずか数年のうちに、「教育運動」ともいうべきプロセスをとおしてカシュガル地区全体、さらには新疆全体に拡大し、著しい発展を遂げた。当該時期の教育活動は、人的にも内容的にも1910年代の新方式教育と密接な連続性を持っており、その意味ではこの時期の教育活動を、20世紀前半期を貫く、ジャディードたちの改革運動の流れのなかに位置づけることができる。その一方で、郷村レベルにまでおよぶ大規模で組織的な教育活動は、彼らの個人的な活動によるところが大きかった前時代の教育活動には見られなかったものであり、それは、教育を推奨する盛世才の民族政策下においてはじめて実現しえたものであるといえる。

さらに、1934年以降のテュルク系ムスリムたちの教育活動に見られるそれまでにない特徴は、教育を率いた知識人のあいだに、「ウイグル」という民族名称を導入し、学校教育と啓蒙活動を通じてその普及を図ろうとする動向が存在していたことにある。彼らはウイグル語の教科書（写真）を出版し、彼らのあいだに受け継がれてきた伝統的な音楽を、新たにウイグル民族音楽として「再発見」することを試み、ウイグル民族とその歴史のあるべき姿について新聞紙上で議論した。このような活動を通して、ウイグルという名称とそのアイデンティティを一般レベルまで普及させる努力がなされたことは、この時期の教育活動が持つきわめて重要な意義であるといえる。

１９３４年に始まった「ウイグル」たちの教育活動は、１９３７年に一つの区切りを迎えた。ソ連の援助を受けて政権を強固なものとした盛世才は独裁体制を強化し、各民族の指導者を排除するとともに、漢族官吏も含めた大粛清を実行した。マフムード・ムヒーティは国外に逃亡し、教育活動に携わった知識人たちも数多く投獄・処刑された。しかし、一時の停滞を挟みながらも彼らの民族教育は発展・拡大を続け、その後の中華人民共和国へと引き継がれることとなる。

（清水由里子）

キーワード

バイ／ジャディード／新方式教育／マフムード・ムヒーティ／盛世才

参考文献

王柯［１９９５］『東トルキスタン共和国研究――中国のイスラムと民族問題』東京大学出版会
大石真一郎［１９９６］「カシュガルにおけるジャディード運動――ムーサー・バヨフ家と新方式教育」『東洋学報』78：1〜26頁
清水由里子［２００７］「カシュガルにおけるウイグル人の教育運動（１９３４〜３７年）」『内陸アジア史研究』22：61〜82頁

43

テュルクかウイグルか

★近代ウイグル人のアイデンティティ★

ウイグル人は中華人民共和国の新疆ウイグル自治区を主として、旧ソヴィエト領中央アジア諸国にも相当の人口が存在しており、国境を越える形で一つの民族集団を形成している。現在彼らのあいだでは、彼ら自身を「ウイグル」(Uyghur)と呼ぶことが一般的であり（中国における公称は「維吾爾《ウイグル》族」）、また、自分たちがウイグルという一つの民族であるという意識も普遍的なものとなっている。しかしこのウイグルという名称が、新疆に居住するテュルク系ムスリム定住民を指す民族名称として使われ始めたのは、歴史的に見れば比較的最近のことである。その時期、つまり20世紀前半期はまた、ウイグル人が近代的な意味での民族のあり方を模索し始めた時期でもあった。

10世紀にカラハン朝がイスラームを受容した後、タリム盆地のオアシス地域では徐々にイスラーム化が進展した。その影響のもとムスリムとなった当地のテュルク系の人々は、現在のウイグル人につながる独特の文化・風俗習慣を形成してきた。しかしその一方で、彼らは近代に至るまで統一的な民族名称を持つことはなかった。彼らが歴史的な居住地としてきたタリム盆地には、中央にあるタクラマカン砂漠の周縁をとりまく形でオアシスが点在しており、オアシスごとにある程度分立した社会が形成されていた。そのため彼らは、その住地にしたがって「カシュガル人」、あるいは「トゥルファン人」などと称することはあっても、西部のカシュガルから東部のクムルに至る地域全体に共通する統一的な民族名を持つには至らなかった。18世紀以降の清朝支配下では、彼らは「回子」(ムスリム)あるいは「纏頭」(「頭に(ターバンを)巻き付けた」の意)と呼ばれた。ただし、これらは彼らのムスリムとしての特徴を強調した他称にすぎず、民族の自称として用いられることはなかったという。

すでにある程度民族としてのまとまりを持ちながらも、民族固有の名称や一つの民族としての確固たるアイデンティティを持たなかった彼らが、ウイグルと呼ばれ始めたのは20世紀初頭のことである。1921年、当時ソヴィエト領に居住していた新疆出身者、なかでも19世紀末にイリ地方から移住してきたセミレチエ(現カザフスタン)のタランチ(中華人民共和国成立以前のイリ地方のウイグル人に対する呼称)たちを中心とする代表者会議がタシュケントで開催された。この会議を契機として、それまで異なる名称で呼ばれていた新疆からの移住者たち――前述のタランチとフェルガナ盆地(現ウズベキスタン)のカシュガルリク、そしてドゥンガンたち(後に除外)――に対して、ソヴィエト当局の主導によって「ウイグル」という民族名称が付与され、一つの民族として認定された、というのが従来の研究上の通説であった。これに対し、近年の研究は、セミレチエのタランチ知識人たちのあいだには、ソヴィエト領に散在する新疆からの移住者たちを一つの民族とみなし、その統一的な名称を求める動向がそれ以前から存在していたこと、また、すでに1910年代には、自民族の名称として「ウイグル」という呼称が使われ始めていたことを明らかにしている。ただし、ソヴィエト領におけるこのような動向が、

20世紀初頭カシュガルのバザールとウイグル人（出典：スウェーデン国立文書館 Fränne Collection: 147-6）

すぐさま新疆に波及したわけではない。むしろ、１９１０年代から１９３０年代にかけて展開されたウイグル人の民族運動を率いた知識人たちのあいだで主流を占めていたのは、「テュルク」としてのアイデンティティであった。

新疆では、19世紀末から活性化したロシア・新疆間の貿易の伸展によって、ウイグル人のなかからも商業資本家層が生じた。オスマン帝国やロシア領中央アジアなどの近代的な改革で先んじた先進的なムスリム地域との接触を通じて、彼らのなかに芽生えた近代的な民族意識と改革志向は、１９１０、１９２０年代にはウイグル人社会内部の改革運動として、また１９３０年代には彼ら自身の政権樹立をめざす独立運動として顕在化した。このなかで、彼らによって発行された新聞記事などから窺われる限りでは、当時の指導者たちのあいだでは、自らを「テュルク」と位置づけるテュルク民族主義的傾向が顕著であった。またそのような傾向が、彼らの残した歴史叙述にも反映されていることも注視に値する。

１９３４年に一連の民族運動が収束した後、新疆でもウイグルという名称が公式に採用された。１９３３年に新疆省政府の実権を握った盛世才《せいせいさい》は、統治初期には親ソ路線を採り、「六大宣言」（反帝国主義、親ソ、民族平等、綱紀粛正、国内和平、経済建設）に代表される革新的な政治綱領を打ちだす。この六大宣言で掲げられた民族平等の具体的政策として、盛世才は各民族の文化・教育の発展を提唱し、そのよりどころとなる民族を画定した。盛世才はソ連の対中央アジア民族分類法を模倣して新疆の諸民族を区分し、ウイグル、漢、回、カザフ、モンゴル、クルグズなどからなる14の民族に分けた。さらに、１９３５年の第二次全省民衆大会において、各民族の通称表記も改められ、以後当地のテュルク系ムスリム定住民を正式にウイグルと呼び、漢語では「維吾爾」と表記することが定められた。

この盛世才による決定が、新疆においてウイグルという民族名称が普及していく一つの大きな転機となったことは間違いない。とくに盛世才の民族文化促進政策を背景として、１９３４年から、カシュガルを中心として大規模に展開されたウイグル人の教育運動（第42章）のなかで、活動を牽引した知識人たちが自らをウイグルと称し、実際的な教育・社会啓蒙活動を通じて、ウイグルとしての民族意識の普及を図ったことは、ウイグルという名称とそのアイデンティティの浸透に大きなはずみをつけた。ところが、ウイグルという名称の普及が進展する一方で、それに反発する動向も存在していた。そのことは、１９４７年にウイグル人で初めて省政府主席となったマスウード・サブリたちが、「われわれはウイグルではない、テュルクである」というスローガンを公然と掲げ、ウルムチにおいてテュルク民族としての意識を喚起する文化活動に邁進したことからも窺える。このように、それ以前から新疆の知識人たちの一部に根づいていたように見えるテュルクとしてのアイデンティティは、ウイグルという名称が正式に導入された後、中華人民共和国成立直前にいたっても、なお存在しつづけていたのである。

20世紀前半期は、すでに民族としてのまとまりを持ちながらも、統一の民族名称を持たなかったウイグル人の社会と意識の様態が転換していく過渡期にあたり、知識人たちのアイデンティティもテュルクとウイグルのあいだを揺れうごいた。タシュケントでの会議から100年近くが過ぎた現在、ウイグルという民族名称とウイグル民族としてのアイデンティティは、新疆のウイグル人のあいだで揺るぎないものとなっている。しかし、そのような意識は中華人民共和国期に至ってようやく完成したものであった。

（清水由里子）

キーワード

纏頭／タランチ／テュルク民族主義／盛世才／民族名称ウイグル

参考文献

王柯［1995］『東トルキスタン共和国研究——中国のイスラムと民族問題』東京大学出版会
大石真一郎［2003］「テュルク語定期刊行物における民族名称『ウイグル』の出現と定着」『東欧・中央ユーラシアの近代とネイションⅡ』（スラブ研究センター研究報告シリーズ89）、49～61頁
清水由里子［2010］「ムハンマド・エミン・ボグラに関する一考察——その思想形成の背景と著作『東トルキスタン史』を中心に」『日本中央アジア学会報』5：21～36頁
——［2011］「『新生活』紙にみる「ウイグル」民族意識再考」『中央大学アジア史研究』35：45～69頁
Sean R. Roberts. 2009. "Imaging Uyghurstan: Re-evaluating the Birth of the Modern Uyghur Nation." *Central Asian Survey* 28-4: 361-381.

44

新疆「イスラーム法廷文書」の「出現」

★埋没した歴史へのアプローチ★

今世紀に入って間もなく、新疆ウイグル自治区の都市部で、筆者をはじめ、一部の歴史研究者と好事家を驚かせたある「事件」があった。「革命」のなか相当数が失われたとされる「イスラーム法廷文書（カーディ文書）」を中心とする一群の古文書類が、突如として骨董市場に姿を現したのである。

新疆史研究者にとってきわめて頭の痛い問題として、この地域の歴史を考察する材料である史料の致命的な不足がある。近世において安定したイスラーム政権を持ち得なかった同地において、「生産」された現地語（テュルク語）による史料、すなわち歴史著作をはじめとする古文献、そして行政文書や裁判文書、私的な契約文書などからなる古文書の総数は、中央アジアのそれに比べて、そもそも乏しく、そのうえ、20世紀以降に生起した動乱や革命、そしてプロレタリア文化大革命（1966～1976）による政治的混乱は、それまで当地社会において保存されてきた史料の多くを喪失させた。とりわけ、「地主」との小作請負契約や農地賃借契約、「富裕階級」との債務契約などを当然含んでいたイスラーム法廷文書は、旧社会の因習を象徴するものとして狙い撃ちにされ、「革命」の名のもとに公然と焼却されたといわれている。そのため、筆者が新疆史研究に取り組み始めた1990年代は、利用できる現地語史料は革命以前に海外（欧州、ロシアなど）に持ち出された文献史料が主流であり、文書史料に依拠した歴史研究は夢想すらできぬ状態であった。したがって、一群の文書が骨董市場に突如出現したことは、筆者たちにとり「驚愕」以外の何物でもなかったのである。

なぜ2001年になって突如こうした文書が骨董市場に出現したのか、その正確な理由を見いだすことは難しい。ただ当時カシュガル市などで都市の再開発が開始され、伝統的な家屋から立ち退く市民が出始めたこと、そして旧社会を生き、実際にイスラーム法廷文書を使用していた最後の世代がその寿命により失われ始めたこと、などが一応考えられるものの確かなことはわからない。しかし革命によって永遠に失われたかに見えた文書史料が、なお相当数民間に所持されている可能性をこの「事件」は示したともいえそうである。骨董市場に吐き出され、そのうち研究者のもとに落手された文書群（筆者の把握しているものだけでも千余点）は、今や革命前の新疆地域社会の詳細な状況を解明するための重要史料として整理・研究が進められつつある。

これら骨董市場に登場した文書は比較的新しい時代のものであり、その多くは19世紀末から20世紀中葉までの、行政上の枠組みでいうならば新疆省の時代（1884〜1955年）に作成されたものである。これら文書は通常、桑の樹皮を原料として伝統的な製紙法で漉かれた桑皮紙《そうひし》（生産地の名を取って、新疆ではホータン紙と呼ばれる）を用い、葦のペンとすすのインクを用いて書かれ、その多くは当時のイスラーム法廷、より厳密にはカーディ（法官）の認証を経たことを示す牛乳瓶の蓋ほどの大きさの印章（モフル）が押された「イスラーム法廷文書」である。

「イスラーム法廷文書」の種類としては、不動産（土地や家屋）の売却に係る文書が最も多く見られ、これ以外には不動産契約（贈与、交換、賃貸借）に始まり、遺産相続、係争、宗教施設等への寄進（ワクフ）、債務、物品借用書、離婚そして一般的な約束ごとや証明に至るまで、ありとあらゆる契約案件に係る文書が存在している。その契約案件の多様性と、それらがいちいちイスラーム法に基づきカーディの認証を経ているという事実は、まさにイスラームが単なる個人の信仰形態ではなく、ひろく社会制度までを包含する、ひとつの文明のありかたそのものなのだ、ということを十二分に顕示するものともいえる。

これら新疆のイスラーム法廷文書をその書式から見た場合、おおむね中央アジアのそれと共通する要素を持っている。とくに注目されるのは大多数の種類の文書が一人称の陳述、すなわち「私は……以下のごとく陳述（iqrar）いたします」という形を取っている点であり、これは三人称陳述をとるアラビア語文書などとは決定的に異なっている。この点において、新疆と中央アジアのイスラーム法廷文書は、むしろ同様に一人称の形を取る古代ウイグル文書や中国文書に通じる特徴を有しているといえよう。またそのなかで不動産売却文書は中国（清朝および中華民国）の地方行政府が発給した漢語文書や納税を証明した印紙（印花）

私文書に押された私印（「ナクシュバンディ教団の僕」アブドゥラヒムという名が見える）

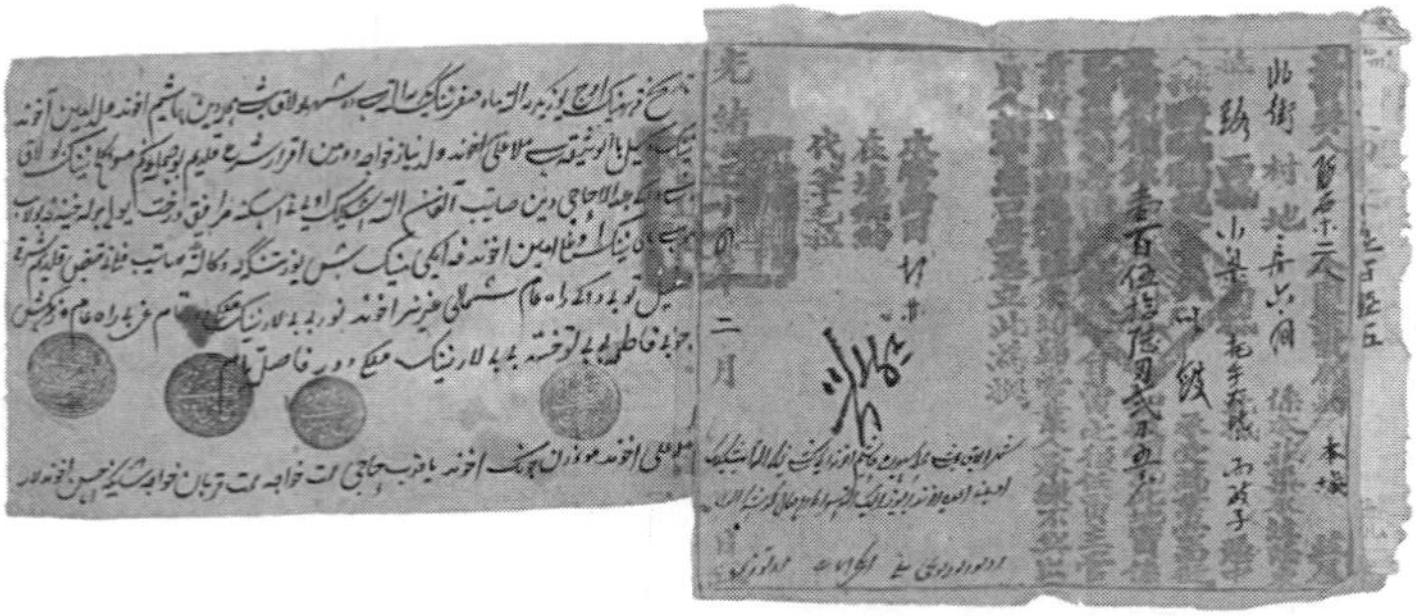

不動産売却文書。貼り合わされた二枚の文書はそれぞれイスラーム法に依拠したイスラーム法廷（左）と清国行政法に基づく清朝の地方政府（右）がともにこの売却契約に関与していたことを示している。この２つの法体系、さらに慣習法の併立が「新疆省」期の社会状況の一つの特徴であった

が合璧《がっぺき》されたり貼付《ちょうふ》されていることが多く、これは不動産契約においては（すべての案件においてではないものの）イスラーム法廷と中国地方政府両方の手続きを経ていたこと、すなわち当時の新疆における多元的な法秩序の一端を示すものであろう。

そのほか、印章が押されていない文書は、その多くが個人的な書簡や書き付け（メモ）の類であるが、これは文書の元所有者である家族の歴史を再構築するためのまたとない史料である。骨董商の店頭に並んでいた文書は、もともと出所、すなわちそれら文書の元所有者をひとしくする文書がまとまっていることが多く、注意深く文書をより分けていくと、ひとまとまりの「家族文書」単位に分類することが可能である。こうした「家族文書」を見ていけば、一定のスパンのなかで、その家族がいかなる社会・経済活動を行っていたか。すなわち家族構成はどうなっていて、どんな家に住み、いかなる生業を営み、地域社会といかなる関係を取り結んでいたのか、リアリティあふれる家族の生活を窺い知ることができる。

数ある史料のなかで、この種の文書史料、すなわちもともと個人の所有になる私文書類は、独特の際立った価値を持っているといえるだろう。まずもって、この史料は後世の「不特定の誰か」に読ませようと思って書かれたものではない。文書の多くは歴史のうねりのなかに埋没していった、歴史著作には登場しない普通の個人の手になるもので、彼らが自分たちの暮らしのなかで、折々の必要があって作成し、使用したものである。そうした文書たちは、個別的には、大きな歴史の動きについてはほとんど何も語らない。しかしながら、歴史のダイナミズムのもとで確かに生きていた人々の暮らしの「断片」を、じつにヴィヴィッドにわれわれの前に提示するのである。

（菅原　純）

キーワード
カーディ文書／文書史料／契約／新疆省／イスラーム法

参考文献

王守礼・李進新［1994］『新疆維吾爾族契約文書資料選編』新疆社会科学院
Sugawara Jun. 2009. "Tradition and Adoption: Elements and Composition of Land-related Contractual Documents in Provincial Xinjiang (1884-1955)." in Millward, J. A. et al. (eds.). *Xinjiang Historical Sources* (The Toyo Bunko Research Library 9). The Toyo Bunko, pp.120-139.

45

日本の回教工作

★日中戦争とムスリム★

20世紀前半に日本が世界各国・各地域のムスリムを対象として行った、一連の懐柔工作や諜報活動、および研究調査を「回《かい》教工作《きょうこうさく》」という（「回教」はイスラームの意味）。とりわけ、日中戦争期の中国における回教工作は、日本の大陸政策を円滑に進めるための国家プロジェクトとして大々的に実施され、中国各地のムスリム社会に大きな衝撃を与えた。

回教工作の始まりは、日露戦争が勃発した１９０４年頃にまで遡ることができる。日本の勢力圏拡大に野心を燃やしていた政治家や軍人のなかから、当時世界で3億人以上の人口を有していたムスリムに利用価値を見出す者が現れたのである。そして、ムスリムを味方につけることによって、日本の植民地経営を有利に進めることが企図されていった。この構想は、日本の大陸進出が勢いづいた１９２０、１９３０年代には現実のものとなり、中国や東南アジアではムスリムへの宣撫工作が展開された。日本国内においても、軍部や外務省の指導下に設立された「大日本回教協会《だいにほんかいきょうきょうかい》」などのイスラーム団体が中心となって、イスラーム諸国との友好外交や組織的なイスラーム研究を国策として推進した。なお、１９３８年5月に東京代々木に完成したモスクは、イスラーム世界に対する宣伝工作の一環として、日本の寄付により建立されたものである。その落成記念式典は、各国のムスリムを招待して盛大に行われた。

さて、回教工作の中心人物のなかには、ヨーロッパ列強の支配に喘ぐイスラーム世界を救うために、日露戦争でロシアを打ち負かした日本の国力に期待をかける在日外国人の姿も見られた。そのうちの一人に、日本に逗留していたロシア出身の著名なタタール人の宗教指導者、アブデュルレシト・イブラヒムがいる。じつは、中国ムスリムに初めて日本の回教工作計画を伝えたのはイブラヒムであった。１９０９年、回教工作を構想していた日本の軍人やアジア主義者のすすめで、イスタンブルへの帰路中国に立ち寄った彼は、北京の清真寺（モスク）の開学アホン（教長《きょうちょう》）に日本との連帯を説いた。

1938年の東京モスク落成記念式典で天皇陛下万歳を叫ぶ愛新覚羅溥傑（左奥がイブラヒム）

１９２０年代になると、佐久間貞次郎《さくまていじろう》をはじめとするアジア主義者の日本人ムスリムが中国に長期滞在し、アホンや政治家といったムスリム社会の有力者に直接働きかけ、その後の回教工作の基盤をつくることになる。

１９３１年の満洲事変とそれに続く翌１９３２年の満洲国樹立は、日本の大陸政策の大きな転換点となり、以後、中国における回教工作もいっそう大がかりに行われるようになった。なかでも、工作のおもな対象地域とされたのは以下の二つの地域であった。第一に、北京である。１９３８年2月、北京最大のムスリム集住区である牛街の清真寺内に、日本の特務機関が監督するムスリム組織「中国回教総連合会《ちゅうごくかいきょうそうれんごうかい》」が設立された。中国での回教工作を統轄した同会は、ムスリムに日本への協力を呼びかける宣伝工作のほか、北京のムスリム青年に対するスパイ教育を行っていた。第二に、内モンゴルである。この地域は、日本が次に進出を画策していたとされる中国西北地方に隣接しており、その先の新疆やソ連領中央アジアには、テュルク系ムスリムをはじめとする多くのムスリムが住んでいた。したがって、内モンゴルの回民に対する懐柔工作は、日本がユーラシア全域にムスリム・ネットワークを張り巡らせ、それを以て敵国ソ連に対する包囲網を形成するための焦眉の課題とされた。工作の具体的な内容としては、回民に対する教育・医療事業やモスクへの資金援助、日本人および現地の回民を対象とする諜報員の養成事業などが挙げられる。さらに、トルコのメルトハン・デュンダル氏の研究によれば、１９３０年代前半に樹立された東トルキスタン共和国の支配者に、当時すでに解体していたオスマン帝国の皇帝の末裔を日本の援助で擁立することによって、新疆に親日的な傀儡政権をつくろうとする計画があったという。

それでは、回教工作の対象とされた中国ムスリムは、それに対していかなる反応を示したのだろうか。多くのムスリム（おもに回民）は、日本の中国侵略に強い義憤を覚えるとともに、ムスリムが「対日協力者」と見なされることを危惧して、中国におけるムスリムの地位を貶めかねない回教工作を厳しく批判した。抗日活動に身を投じた回民の有力者は、戦火の拡大に伴い、彼らが支持していた中国国民党の拠点であった桂林《けいりん》、武漢《ぶかん》、重慶《じゅうけい》などを転々としながらも、「愛国は信仰の一部」というハデイース（預言者ムハンマドの言行録）を精神的支柱として（第40章）、祖国を侵略者から守るための「防衛ジハード論」を展開した。彼らを中心として、１９３８年に武漢で結成され、その後重慶政府の下部組織として成立したのが、全国的なムスリムの抗日団体「中国回教救国協会《ちゅうごくかいきょうきゅうこくきょうかい》」である。同会は、国内のムスリムに徹底抗戦と日本の回教工作への警戒を呼びかけるとともに、東南アジアや中東に赴き、国外のムスリムに対してアラビア語による抗日宣伝活動を行った。このように愛国主義を掲げ抗日活動に参加していたのは、中国共産党陣営のムスリムも同様であった。とりわけ、八路軍の回民支隊の指導者として抗日闘争を戦った河北省の馬本斎《ばほんさい》は、「抗日烈士」として今日も英雄視されている。なお、この頃中国共産党は、抗日戦争における回民の戦略的重要性に注目し、民族自決権をちらつかせることによって彼らを取り込むことに成功し、戦争を有利に進めた。

しかしながら、すべてのムスリムが抗日活動に参加していたわけではない。たとえば、内モンゴルの回民の多くは低所得者層であったがために、日本による民生事業に頼らざるを得なかった面がある。また、中国回教総連合会で働いていた回民の有力者たちは、日本のムスリムに対する経済的支援を引き出すために、回教工作に積極的に協力した。一方、「抗日派」ムスリムは、同じ回民でありながらも敵国に協力する「親日派」ムスリムを危険視していた。そのため、１９３８年末に「親日派」ムスリムがマッカ巡礼の旅に出発した際には、「抗日派」ムスリムはすぐさまマッカに駆けつけ、彼らを監視下に置くとともに日本との関係を断つように迫った。「親日派」ムスリムを戦中戦後に「対日協力者」として糾弾した（なかには死刑に処された者もいた）のは、ほかでもない「抗日派」ムスリムであった。

結局、中国における日本の回教工作はムスリムの支持を得ることができず、西北地域に覇を唱えていた回民軍閥の強硬な抵抗もあって、後退を余儀なくされる。太平洋戦争が勃発した1941年末以降は、回教工作の重点も東南アジアに移り、中国での工作は縮小の一途をたどった。そして、終戦後、回教工作は長らく公の場で語られてこなかった。しかし、日中戦争期の回教工作は、中国ムスリム社会に多大な被害と亀裂をもたらしたという意味で、日本人が中国ムスリムについて学ぶ際に避けては通ることのできないテーマであるに違いない。

（山﨑典子）

キーワード

日中戦争／回教工作／内モンゴル／中国共産党／アブデュルレシト・イブラヒム

参考文献

小松久男［2008］『イブラヒム、日本への旅――ロシア・オスマン帝国・日本』（世界の鏡　地域）刀水書房
小村不二男［1988］『日本イスラム史』日本イスラーム友好連盟
坂本勉（編）［2008］『日中戦争とイスラーム――満蒙・アジア地域における統治・懐柔政策』（慶應義塾大学東アジア研究所叢書）慶應義塾大学出版会
松長昭［2009］『在日タタール人――歴史に翻弄されたイスラーム教徒たち』（ユーラシアブックレット）東洋書店
山﨑典子［2011］「日中戦争期の中国ムスリム社会における「親日派」ムスリムに関する一考察――中国回教総連合会の唐易塵を中心に」『中国研究月報』65―9：1～19頁
Ando, Junichiro. 2003. "Japan's 'Hui-Muslim Campaigns' in China from the 1910's to 1945."『日本中東学会年報』18(2): 21-38.
Matsumoto, Masumi. 2003. "Sino-Muslims' Identity and Thoughts during the Anti-Japanese War."『日本中東学会年報』18(2): 39-54.

コラム5

中国ムスリムの武術

黒岩　高

民国期の研究者金吉堂《きんきつどう》はかつて、外来ムスリムの子孫は明《みん》末に至り、中国社会の欠くべからざる一部としての「回回民族《かいかいみんぞく》」を形成したと述べた。

「不可欠な一部」というからには、回民文化と「非ムスリム文化≒漢文化」とのあいだで相互交流が持たれてきたと考えるのが当然だろう。ところが、漢側から回民側に取り入れられた文化的要素には思い当たるものの、その逆となるとひどくおぼつかない。では、回民文化は、「漢文化≒中華文化」に圧倒される一方だったのだろうか。いやいや、「民間文化」のなかであれば、反駁する材料は意外に見つかるもので、武術はその好例である。

確かに、回民の武術は、元来、少数者である彼らの護身の秘術であった。アホンが「伝人《でんじん》」（正統な伝承者）となり、清真寺《せいしんじ》内でひっそりと伝えられてきたものもある。そうした遺風を継ぐ武術として、回民が沐浴に用いるケトルの一種にちなんだ河南《かなん》の「湯瓶七式拳《とうへいしちしきけん》」、河北《かほく》・山《さん》東《とう》の「回回十八肘《かいかいじゅうはちちゅう》」、西北《せいほく》地方に伝わる「穆林《ぼくりん》拳《けん》」などが挙げられようか。

しかし、一方では漢文化との融合・交流を通じて発展し、「民間文化」として宗教・民族を問わず広く普及したものもある。「長拳《ちょうけん》」と「査拳」の例を見てみよう。国際スポーツ競技である「長拳」は、太極拳とともに中国武術のイメージを担っている存在といっていいだろう。かつて「長拳」の総合優勝者として五連覇を果たした、ジェット・リー（李連傑《りれんけつ》）の名前を挙げれば想像に易いだろう。この競技は中国北派武術の技のなかから、体育・健身的な要素を抽出して制定されたものであるが、その源となった流派のなかには「少林拳」、「燕青拳《えんせいけん》」などと並んで、「査拳」がある。

「査拳」とその基本拳法である「弾腿《だんたい》」は、明末に西域ムスリムの「査密爾」（ジャミール）が編み出したとされ、回民独特の武術として華北一帯で伝習されてきた。現代のアホンのなかにも、一度はこの武術を「内面の修養のために学んだ」と語る者は少なくない。現代では漢族のあいだにも広く普及しているが、「回民起源」の武術という認識は揺らいではいない。

さて、「長拳」は少林拳が主たるベースであるといわれる。しかし、その「套路《とうろ》」（型）の運動線、あるいは姿勢や技の風格（特徴）をよく見てみると、「査拳」由来と思しき部分が意外なほど多い。これは、回民の優れた「民間文化」が国家制定のスポーツ文化に取り込まれた例といえる。

「民間文化」を語るのに国家を持ち出してくるのは、少々あこぎだったかもしれない。民間での相互交流ということであれば、上海で勇名をはせた「心意六合拳《しんいろくごうけん》」が挙げられよう。「実戦性」で知られるこの武術は漢族によって編み出された「心意拳」を源流とし、それが河南の回民のあいだで独自の発展を遂げ、再び漢族へと伝わったものである。もちろん現在も、河南省を中心に回民のあいだで盛んに行われている。また、中国の民間武術界の構図を見てみると、「心意六合拳」は、現在最も活気のある系統の一つである「形意拳《けいいけん》系」の一翼を担い、民間武術全体の活性化に一役買っている。なお、「形意拳系」は「心意拳」が漢族のあいだで発展した「形意拳」、「戴氏心意拳《たいいしんいけん》」、「意拳《いけん》」、そして上述の「心意六合拳」からなる。

河北《かほく》省孟村《もうそん》の呉《ご》姓の回民に源流を発し、皇帝や総統の護衛官を輩出した「八極拳《はっきょくけん》」にも触れるべきだろう。この武術は、日本でも高いステイタスを誇っている。また、海外普及に積極的な集団もあり、欧米にも練習者は多い。もはや、国際的に認知を受けた武術である。

これらは、中国ムスリム起源、あるいはムスリムのあいだで独自の発展を見たものが、中国各地で優れた伝統文化として享受されているケースであり、中国ムスリムの文化が中華文化の一部分としての認知を受けた顕著な例ということができよう。

北京牛街の護法武術、白猿通背拳の練習風景（『武術』福昌堂、1998年春号、30頁）

VI

国家・社会・イスラーム

46

イスラームを信仰する共産党員

★無神論と宗教のはざまで★

中華人民共和国は中国共産党が指導的な立場にある社会主義国家である。２００９年末の時点で、共産党の党員数はおよそ７８００万人で世界最大の党員数を誇る。１９４９年中華人民共和国の成立以来（正確にはそれ以前にも）、漢族だけでなく、少数民族のなかにも共産党に入党した人たちがいる。少数民族の党員数は約５１３万人で党員全体のおよそ７％を占める。あまり知られていないことだが、イスラームを信仰するとされる少数民族（「ムスリム少数民族」）のなかにもじつは共産党員がいる。

たとえば、寧夏回族自治区や新疆ウイグル自治区のようにムスリムの集住する地域では、共産党や政府機関のなかにムスリム少数民族の「民族戸口」（民族戸籍）を持つ共産党員が多い。たとえば寧夏の場合、ほかの自治区と同じように、自治区政府主席のポストはその自治区で人口の多い少数民族（回族）に配分されることになっている。２０１２年現在、寧夏の主席は寧夏同心《どうしん》県出身の王正偉であり、かつては自治区共産党委員会常務委員、銀川市共産党委員会書記などを担当した回族の共産党員である。寧夏の共産党委員会にも回族の共産党員は少なくない。ただし、これまでの傾向を見ると、党書記は漢族が担当することが慣例となっているようである（ごく稀に少数民族が省・自治区の党書記になった事例はある）。寧夏の党・政府機関の人事異動を仔細に観察すると、回族の共産党員が積極的に登用されていることはまぎれもない事実である。近年は、国務院（日本の内閣に相当）の回良玉副首相（共産党中央政治局委員を兼任）のように、中央政府にも回族の党員が進出している。このほか、新疆の主席を務めたウイグル族の党員たちは任期満了後、中央へ異動している。このように、中央・地方の区別なく、ムスリム少数民族の党員は、党が民族政策や宗教政策を効率よく実施するにあたって非常に重要な役割を担っている。

ところで、中国共産党員はマルクス・レーニン主義を信奉し、毛沢東《もうたくとう》思想や鄧小平《とうしょうへい》理論や科学的発展観などを学習し、党の綱領や党規約を遵守せねばならない。入党にあたっては党旗に向かって宣誓を行い、党に忠誠を誓う（２００７年の中国共産党規約）。この時、党員になる者は無神論の立場を表明することになる。つまり、党員は宗教信仰を放棄しなければならないのである。この原則は漢族だけでなく、少数民族にも適用されるべきものである。それでは、ムスリム少数民族の党員はイスラームを完全に棄教して入党しているのだろうか。

寧夏の実情としては、共産党員になった回族のなかにはイスラームを実質的には実践している人たちが多い。このようなムスリム少数民族の党員たちはイスラームを「宗教信仰」ではなく、「風俗習慣」として再定義している。こうした現状は政府当局によってある程度は「黙認」されている。たとえば、寧夏の清真寺で目撃した事例を紹介してみよう。毎週、金曜日になると、清真寺には礼拝者があふれるが、そのなかには党員も少なからずいる。筆者がたまたま出会った回族の党員は「普段は職場では礼拝できないが、金曜日の集団礼拝には参加したい」といっていた。ただし、党員の立場上、宗教活動に公然と参加していることがひろく知られるとよくないからか、「あくまでも回族の『風俗習慣』を守っているだけだ」と説明する党員が多い。

このように、ムスリム・コミュニストがイスラームの五行（五柱）や年中行事を公然と実施する場合、「退党《たいとう》」（党からの除籍）を希望する人たちもあらわれる。筆者が寧夏で行政機関に勤務する回族（党員）と雑談していたとき、「自分は共産党員なのだが、マッカ巡礼に参加してもよいか」と問い合わせにやってきた回族を見かけたことがある。党員のマッカ巡礼はその場でただちに拒絶されたが、実際のところ、「退党」せずにマッカへ巡礼した回族の党員はいる。1980年代、宗教政策が再開した際、おもに西北地方でイスラームに「回帰」した共産党員の存在が話題となったが（「宗教狂熱」と呼ばれた現象）、西北地方のようなムスリムの集住地域では共産党員の宗教信仰を取り締まることは非常に難しい。

それとは対照的な事例として、イスラームを信仰するはずの回族として生まれ育ったにもかかわらず、イスラームには一切関わらない人たちがいることも見過ごせない。無神論を禁欲的に実践する回族のなかにはイスラームを徹底的に否定する人たちもいる。たとえば、1999年頃、寧夏の党・政府に長年たずさわった回族の共産党員が火葬されたニュースが新聞やテレビで報道されたことがある。亡くなった共産党員は河北省出身の回族であり、1940年代に入党した老幹部である。遺族（おそらく漢族）は遺言にのっとって北京の「八宝山革命公墓」で遺体を火葬し、その後、寧夏で散骨した。

ところが、寧夏では、こうした回族の火葬がいったんメディアで報道されると、回族の人たちに物議を醸すことになった。イスラームを信仰するはずの回族が土葬ではなく、火葬されたからである。

中国にかぎらず、イスラームの法規定では、死者は土葬されることが義務と見なされている。寧夏の行政機関の回族（党員）の話によれば、回族の火葬のニュースがテレビで放送されると、ある回族の党幹部は強烈な嫌悪感をあらわにしていたという。じつは、この話を打ち明けてくれた回族の党員も「回族が火葬をあえて選ぶなどありえない」といいながら激昂しており、その様子が非常に印象深かった。この事例が示すように、個人（死者）の自由意志と集団（民族）の価値規範のどちらを優先するかという問題は簡単には解決できないのだが、少なくともジャマーア（第14章）のなかではイスラームを棄教した党員は軽蔑されることはあっても尊敬されることはない。

「宗教信仰」であろうと、「風俗習慣」であろうと、イスラームを公然と実施するムスリム・コミュニストの存在は、すべての省・自治区で容認されているわけではない。なぜならば、共産党の立場から見ると、ムスリム・コミュニストがイスラームを「風俗習慣」として遵守するやりかたはあくまでも「裏技」にすぎないからである。地域によっては、ムスリム・コミュニストが宗教活動に関わり、それが発見されると、政府当局によって厳罰に処罰される事例もある。そのような地域では党国家の原則と民族伝統の板挟みになる人たちもいる。

（澤井充生）

キーワード
ムスリム・コミュニスト／「宗教信仰」／「風俗習慣」／「宗教狂熱」

参考文献
澤井充生［２０１０］「礼拝する共産党員――中国で出会ったムスリム・コムニスト」『Field ＋』３：10頁

47

中国共産党とイスラーム

★宗教政策の歴史的変遷★

中華人民共和国はマルクス・レーニン主義を国是とする社会主義国家である。中国共産党は１９２１年の結党以来、原則、無神論を宣伝して「政教分離」の原則を徹底させてきた。それでは、ムスリムに対してどのような宗教政策を施行してきたのだろうか。本章では、共産党がこれまでとってきた宗教政策の変遷を通時的に確認しながら、それがムスリム（おもに回族）の信仰生活にどのような影響をおよぼしてきたのかを紹介してみたい。

１９４９年の建国以前、共産党は宗教勢力に対して非常に慎重な態度をとってきた。共産党には、１９３４年に開始した「長征」の途中、現在の甘粛や寧夏で「回民軍閥《かいみんぐんばつ》」（第39章）の騎兵隊に「遭遇」した際、「紅軍」を一網打尽にされた苦い経験がある。この出来事をきっかけとして、共産党は西北地方に暮らす回民を身近な存在として実感し、イスラーム政策を講ずるようになった。長征の後、共産党は陝西省、寧夏省、甘粛省の支配地域（「辺区」）において清真寺の「開学《かいがく》アホン」（「教長《きょうちょう》」）やスーフィー教団の「教主《きょうしゅ》」（指導者）に積極的に接触していた。たとえば、１９３６年５月の「回族人民に対する宣言」では回民の民族自決権を承認し、同年10月に回民の自治政府を成立させている。このように、当時、共産党は友好的な態度を回民に示し、その見かえりとして社会主義革命に対する回民の支持を獲得しようとした。なお、1936年11月、党大会における毛沢東《もうたくとう》の「新段階論」で民族自治が提案され、1941年5月に「民族区域自治」(第2章)が制定されている。つまり、中国領内における少数民族の民族自決権は完全に否定されたわけである。

1949年の建国後、宗教政策は全体的に引き締められた。1950年代初頭の「土地改革法」や「懲治反革命条例」は共産党の社会主義政策に反対する「反動勢力」、「反革命分子」、「封建的搾取階級」を打倒するためのもので、宗教指導者も攻撃対象と想定されていた。寧夏の場合、1957年に「反右派闘争」が始まると、清真寺のアホンのなかには「右派分子」として糾弾された者が続出した。その後、1958年「宗教制度民主改革」が強行されると、モスクや聖者廟のワクフ(寄進財)の管理、宗教指導者の特権待遇、シャリーア(イスラーム法)に基づく裁判制度などが廃止された。その結果、清真寺からアホンや寄宿学生たちが追放されている。

当時の「改革」は一時的には停止されたが、1966年に「文化大革命」が発動されると、「受難」が再開した。モスクや聖者廟の多くはすでに閉鎖されていたが、「紅衛兵」を急先鋒とする「造反派」に徹底的に破壊された。当時のモスクや聖者廟の宗教指導者や管理責任者(有力者)のなかには労働作業を強制された者や刑務所に投獄された者が少なくない。ムスリムの伝統的な衣装(男性の礼拝帽、女性のベールなど)の着用や人生儀礼(結婚式でのクルアーン朗誦、土葬)が「封建迷信」と見なされ、宗教指導者や管理責任者だけでなく、一般信徒までもが攻撃対象となった。なお、当時の「造反派」のなかには漢族だけでなく少数民族もおり、少数民族内部で政治闘争が発生した点にも注意する必要がある。

１９５０年代半ば頃に始まった全国規模の宗教弾圧は、１９７８年の「改革開放政策」の導入によってようやく収束することになった。１９８０年代前半、文革期に実質的に停止されていた宗教政策が再開され、宗教信仰の自由が法的に保障されることになった。その際、道教、仏教、キリスト教（カトリックとプロテスタント）、イスラームが「宗教」（公認宗教）として改めて容認された。全国各地に公認宗教の宗教施設（たとえばモスクや聖者廟）が修復され、そのなかには「文物保護単位」として政府機関から経済支援を受けたものもある。宗教指導者の養成を目的とした教育機関（たとえば中国イスラーム教経学院）が政府機関によって設立され、卒業生は行政機関、宗教団体（中国イスラーム教協会）などに勤務している。

ただし、１９８９年天安門事件の発生後、１９９０年代に宗教政策の法制化が強化された。中央では共産党の「統一戦線工作部」が「国務院」（日本の内閣に相当）直属の「国家宗教事務局」を指導する立場にあり、「国家宗教事務局」には公認宗教の宗教団体（たとえば中国イスラーム教協会）に対して行政指導を行う権限が付与されている。宗教団体の管轄下には公認宗教の宗教施設が配置されている。このように、共産党・行政機関・宗教団体がひとつの階層組織を形成し、その指導下にモスクや聖者廟が統制されている。この背景には１９８０年代半ばに西北地方で発生した「宗教狂熱」がある。この宗教復興では、共産党員までもが宗教活動に公然と参加し始め、政府当局の警戒心を高めた。２００４年11月には国務院が「宗教事務条例」を公布し、宗教事務を直接管理するようになっている。

清真寺の宗教指導者、寄宿学生、清真寺民主管理委員会

現在、全国各地のモスクや聖者廟は中央・地方の宗教事務管理部門（たとえば「宗教事務局」や「民族宗教事務局」）から認可を受けたものであり「宗教活動場所」として行政当局に登録されている。清真寺の「開学アホン」（「教長」）やメスチトのイマームはイスラーム教協会が宗教事務局の批准を経て発行した「アホン証明書」を取得しないかぎり、正規の宗教指導者として勤務することができない。「アホン証明書」はイスラーム教経学院で資格試験を受験して合格すると発行される。モスクでは伝統的なイスラーム教育（第24章）が建国前から実施されてきたが、イスラーム諸学を学ぶ寄宿学生の人数は制限されており、原則、18歳未満の未成年は入学を禁止されている。１９９０年代に組織された「清真寺民主管理委員会」（第14章）は清真寺の一般信徒が自分たちで選出することになっているが、そ

の人選・承認の手続きに宗教事務局やイスラーム教協会が干渉する事例もある。

ところで、宗教政策は宗教勢力の統制のみを目的とするわけではない。1993年12月の「清真寺民主管理試行弁法」（2006年8月「清真寺民主管理弁法」）では、清真寺の管理運営における相互不干渉の原則が定められ、ほかの清真寺の運営方針や人事異動などへの干渉が禁止された。この法規定は清真寺間の力関係を是正するための行政指導であり、これ自体は正当に評価されるべき取り決めであろう。ただし、「教派《きょうは》」（第24章）によっては派閥を形成する勢力もあり、相互不干渉の原則が貫徹されているわけではない。こうしたムスリム内部のローカル・ポリティクスを巧妙に調整する作業も共産党の重要な任務のひとつである。

（澤井充生）

キーワード

「政教分離」／宗教制度民主改革／「封建迷信」／清真寺民主管理試行弁法／宗教事務条例

参考文献

中田吉信［1985］「中華人民共和国の宗教政策――イスラム教界の対応を中心に」『レファレンス』409：4～31頁
松本ますみ［1999］『中国民族政策の研究――清末から1945年までの「民族論」を中心に』多賀出版

48

黄土高原で聞いたアラビア語

★民間のアラビア語学校★

「学ぶことはムスリム／ムスリマの使命」とはハディースに伝えられる言葉である。アッラーがなぜ人を地上に存在せしめ、人にどのような命令を授けているのかを知るために、アッラーが預言者ムハンマドにアラビア語で預けたクルアーンの内容をアラビア語で知ることは欠かせない。モスクに附属するアラビア語学校はイスラームの内容も教える。ここでは、アラビア語とともにイスラームの世界観・倫理観を教える人間教育・人格教育の場となっている。それのみならず、ムスリム意識を養い、連帯意識を養う場でもある。

　現在、中国西北地方（寧夏、甘粛、青海、内モンゴル）や西南地方（雲南《うんなん》）を中心に多くの民間のアラビア語学校が存在する。民間学校の修了年限は4年が多い。また、北京をはじめとして、寧夏（在銀川《ぎんせん》）、蘭州《らんしゅう》、新疆《しんきょう》（在ウルムチ）、瀋陽《しんよう》、鄭州《ていしゅう》、昆明《こんめい》、西寧《せいねい》にイスラーム教経学院という名称の中国イスラーム教協会が運営する公認アラビア語学校もある。イスラーム教経学院は高度の宗教指導者を養成するエリート校として敬虔なムスリム青少年の垂涎の的である。これらは4～5年の修了年限である。

中国でアラビア語教育は、16世紀頃から経堂というモスク附属の学院で系統的に行われていた（第24章）。中国ムスリムが多く学んだのはアラビア語、ペルシア語と高度なイスラーム神智学《しんちがく》であった。その一方で、経堂では漢語の読み書きはほとんど教えられなかった。

この経堂は20世紀初の近代化の波のなかで、批判の矢面に立たされることになる。批判を行った近代イスラーム知識人が危惧したのは、母語の漢語の読み書きもできず、精神修養のことや難解な哲学ばかり論じ、国家や科学について教えないのでは、これからの時代、ムスリムは中国で生き残っていけないのではないか、ということであった。１９２０年代にはこれら近代イスラーム知識人が近代的アラビア語学校をつくり始めた。これらの学校では、近代的イスラーム解釈とともに漢語の読み書き、科学、政治、法律などを教える、世俗教育と宗教教育を結合させたカリキュラムが備えられていた。１９３０年代から１９４０年代にはこの種の近代的学校がとくに沿海地方や西南地方のイスラーム教育のトレンドとなっていた。もちろん、同時並行的に、伝統的な経堂教育は各地のモスクで依然として行われていた。

１９４９年の中華人民共和国の成立後、しばらくは中国共産党は既存のアラビア語学校に手をつけることはなかった。しかし、１９５７～１９５８年の反右派闘争、１９５９年の「チベット動乱」を契機とする反宗教キャンペーンのあおりをうけ、１９７６年の文化大革命の終息まで中国のイスラーム界全体は大打撃をうけた。信仰に従うこと、ムスリムであることが全否定されたのである。

その反動もあって、１９７９年の改革開放後、宗教狂熱が高まるなか、各地でモスクが再建された。前述の公認のイスラーム教経学院のほとんどは１９８０年代に開学し、多くの優秀なムスリム学生を集めるようになった。しかし公認のイスラーム教経学院だけでは多数の入学希望者を捌《さば》きることはできなかった。学歴の条件が厳しかったからである。学歴・学力が足りないムスリムのイスラーム教育への渇望を満たしたのが民間のアラビア語学校である。

民間のアラビア語学校はアホンや退職民族幹部といった地域の実力者が中心となって設立に動き、1980年代にジャマーア（第14章）にでき始めた。経費は、喜捨でまかなわれた。年を追うごとに入学希望者を増やし、なかには立派な校舎と寄宿舎を持つまでに成長した学校もある。アラビア語学校設立は、経済的困窮のため教育を子どもに受けさせることができなかった貧困層の親たち、中国共産党の世俗教育を嫌った親たち、なんとしても学校に通いたいという子どもたち自身の欲求に応えるものであった。文革で辛酸を舐めつつも水面下で信仰を護ろうとした親たちは、ムスリムとして誇り高く生きることの意味を学んでもらいたいと願い、子どもたちを民間のアラビア語学校に送り出した。当初は授業料もほとんど無料だったことも幸いした。

甘粛省臨夏回族自治州の女学

また、アラビア語学校には男子部と女子部に分かれているものもあり、女子部はとくに女学《じょがく》や女校《じょこう》と呼ばれた。男子部では、宗教指導者の養成が謳われた。女学では、イスラーム

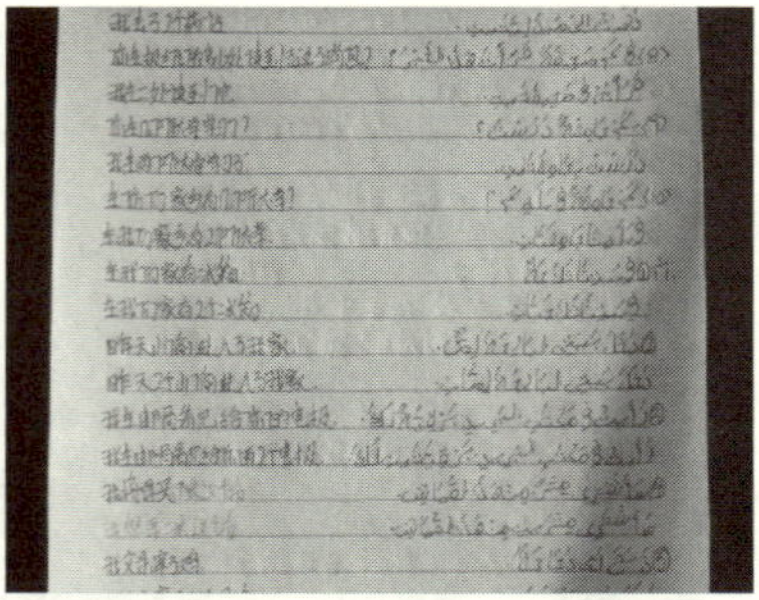
アラビア語手書き学習ノート。中国語の対訳つき

的教養の涵養が謳われた。西北《せいほく》地方では別々の場所に男子校、女学が分かれている。その一方で、雲南など西南地方では同じ敷地内あるいは同じ校舎内に男女のクラスが分かれてある場合が多い。

改革開放後の西北で女学ができたのはおおむね次のような理由による。西北のムスリム集居地域では、貧困と伝統的な女性蔑視、さらには男女共学の公立学校への嫌悪から、女性は学校に行かせてもらえなかった。女性の識字者は極端に少なかった。イスラーム的世界観、生活様式、倫理は家庭で女性が子どもたちに伝えるはずであるが、女性にイスラームを教える学校がなかった。また、非識字者であるため、漢族が主体の社会での処世術を教える手段もなかった。そこで女学を作って女性を集め、イスラームとともに漢語を教えた。ムスリムが生きているあいだに善事を積んで死後永遠の命をえることができるかどうかは、家庭で子どもに接する機会の多い女性のイスラーム知識の有無、多寡によるという考え方が主流となった。その結果、公立学校に行かせてもらえなかった女児も女学に通うことができるようになった。女学の卒業生の多くは、別の女学の教師やイスラーム説教師の仕事についた。

21世紀に入るとアラビア語学校の様子は大きく様変わりした。それは「世界の工場」となった中国の実情とも連動している。アラビア語学校はかつての宗教指導者養成、女性であれば家庭や女学での「人間の教師」養成の役割に加えて、対イスラーム圏のアラビア語通訳、貿易商社経営者養成の場となっている。寧夏の呉忠《ごちゅう》市は優秀なアラビア語学校卒業生を輩出している。呉忠市政府は沿海地方に出稼ぎに出た彼らの送金を地域振興の起爆剤にと考えている。たとえば、人口166万人を数える浙江《せっこう》省義烏《ぎう》市では外国籍・中国籍のものを合わせてムスリム人口4万人以上、そのうち約半数が中国各地から出稼ぎにきた中国ムスリムで、そのうち約8000人が寧夏出身者である（2010年調査）。そのほか、甘粛、青海、河南《かなん》、雲南、新疆出身者が多い。彼ら／彼女らのうち、通訳・通商業務従事者のほとんどが、民間アラビア語学校の出身者である。「知識は命運を変え、労働は富を生む」とのキャッチフレーズどおり、彼ら／彼女らの多くはいまや高給ビジネス・パーソンとなり、なかには出稼ぎ状態から脱して義烏にマンションを買って都市住民となるものも出始めた。

アラビア語学校に行っていなかったら、今頃は羊飼いをしていただろう、専業主婦をしていただろう、という感慨や、篤い信仰心があるから海外ムスリムのクライアントの信頼を得ることができる、という本音もよく通訳や起業家から聞く。アラビア語学校はただの語学学校と違うからこそ、彼ら／彼女らの現在の成功があるといえる。

（松本ますみ）

キーワード

経堂／近代的アラビア語学校／女学／改革開放／アラビア語通訳

参考文献

松本ますみ［2010］『イスラームへの回帰——中国のムスリマたち』（イスラームを知る7）山川出版社
Keiko Sakurai and Fariba Adelkhah (eds.). 2011. *The Moral Economy of the Madrasa*, Routledge.

49

ウイグル伝統医学

―――★改革開放とともに興隆するウイグルの文化★―――

新疆ウイグル自治区では、世界のあらゆる地域と同じように、西洋医学が優勢である。だが、近年、伝統医学であるウイグル医学が、ウイグル民族の文化として再発見され、社会的にも、経済的にも成長している。それは、プライマリーヘルスケアとして、さらに心臓病などの慢性病に治療効果を発揮する医療として注目されているからでもある。漢民族がさまざまなレベルで優越している新疆ウイグル自治区で、ウイグル医学はウイグル族が専門家として活躍できる医療分野である。

ウイグル医学とは何か。それは日本の漢方と同じように、西洋近代医学が導入される以前から新疆に存在してきた伝統医学である。基本的な理論は次のような古代ギリシャ医学（ヒポクラテス）と同じ四体液説である。実践が先行し、独自の理論はこれからの課題である。

人体には血液、粘液、黄胆汁、黒胆汁がある。これら四者が人体の本性をなし、そこから病気も健康も生じてくる。人体が最も健康になるのは、これらの力や分量がバランスを保った場合であり、とくにお互い同士が混和した場合である。病気はそのうちの一つがほかのものよりも少なかったり多かったりする場合、または一つだけが切り離されてほかと混和しない場合に生じてくる。

四体液は実体と考えると理解が難しい。その内容的な性質よりも、弁別性に注目すべきであろう。それらは名前からわかるように黄、赤、白、黒という明確に区別できる色彩でもある。また、それらは万物や身体機能を四分類で分けた要素である。黄胆汁、血液、粘液、黒胆汁はそれぞれ火、気、水、土の四大物質に対応している。また干熱《かんねつ》、湿熱《しつねつ》、湿寒《しつかん》、干寒《かんかん》に対応し、直接的にはそれらのバランスで健康が保たれる。

人体の60～70％は体液だといわれている。西洋医学は解剖学が基礎にある。解剖したら、ほとんどの体液はなくなり、固体の臓器など器官が存在するだけであり、それを病理の対象としている。それに対し、伝統医学は生体を脈、舌質などから観察し、上記の熱寒干湿などのバランスの崩れから病理を診断する。ウイグル医学もその理論は理解しにくいため、科学的ではないといわれてきた。しかし臨床的には効果があるため、西洋医学が不得手とする慢性的な病気の治療、病気予防の健康維持に良く使われている。ほかの伝統医学と同じく、ウイグル医学も環境と身体のバランス、さらに全身のバランスが重要である。

ウイグル医学は、紀元前5世紀のギリシャ医学から始まり、12世紀にかけてアラブ地域で発展したユナニ医学（イスラーム医学）が、ウイグル地域に伝わったものといわれていた。しかし、最近ではイスラームとのつながりはあまり強調されない。そのかわり、２５００年前から、ウイグル医学はタクラマカンの地域に存在することがしきりにいわれている。ウイグル独自の文化の強調からきているが、これらが歴史的事実かどうかはわからない。現在でも、ウイグル医学史はほとんど不明であり、西洋医学によるウイグル医学の効果の検証の研究ばかりである。2500年前というと、ギリシャ医学のヒポクラテスの時代である。ユナニ医学はギリシャ医学やインドの医学が、アラブ地域の民俗医学と混合したものであり、ヨーロッパでは西洋近代医学の出現まで使われた。当のアラブ地域では植民地になるとともに流れ込んだ西洋医学に押され、今では制度としては残っていない。ユナニ医学はインド、パキスタンなどで現在でも実践されている。それらの地域とウイグル地域との交流は生薬の原材料の輸入も含めて、医学臨床面でも強い。

西洋医学が新疆に本格的に導入されるのは、中華人民共和国になってからであり、それまでは民間のウイグル医が医療を担っていた。『ロプ県誌』(ホータンの東隣の県)によると、1880年代、ロプ県には新疆全土で有名なウイグル医学の医者、トフティ・アホン・ハジがいた。ほかに民間のウイグル医がいて、医療保健、防疫の仕事をしていた。1954年、人民政府の組織に入り、医療の総合管理を担い、1956年には、ロプ県ウイグル医連合診療部が設立され、8名の医師がいた。収入は各自に分配する管理方法をとっていた。1960年にはロプ鎮衛生院と合併した。文化大革命のとき、人員は下放《かほう》か、配置転換させられた。1978年には診療所部は閉鎖された。ウイグル医学も民族医学として認められ、1988年には県人民政府と自治区衛生庁の支持のもとで県のウイグル医院が建設された。

ホータンに関しては『ホータン風物』のなかに次のような簡単な歴史的説明がある。ウイグル医薬学は2000余年の歴史がある。『回回医学文献』や『回回薬方三十六巻』など有名な文献もある。インド、パキスタン、イラン、古代ギリシャの医学を吸収して発展してきた。1956年に新疆のウ

ユルンカシュのバザールの昔ながらの医薬販売、セクセンハルタ＝八十袋屋と呼ばれる

イグル衛生工作者協会とウイグル民族診療所がホータンにできた。これがホータン地区ウイグル医院になった。

ウイグル医学の中心地であるホータンには、１９９２年に新疆ウイグル医学高等専科学校が設立され、教師は70名、ウイグル医学、薬学、看護師養成などのコースがある。全学で１７６０人の学生、学生の90％はウイグル族、あとはカザフ族などである。漢族は一人もいない。ホータン地区ウイグル医院は１９７５年に設立され、学校の付属医院となっている。そこには医者と専門職員が２５７人、看護師が１８１人いる。外来、入院のほか教育、研究、製剤を行っている。ベッド数１５０、年間３万５０００人の患者が訪れる。このほか民間の診療所、医薬店が３００ある。新疆にはウイグル医院39、それに対し西洋医学医院は

600余（『2003年新疆年鑑』）設立されている。
ウイグル医学も、少数民族医学として中国政府の援助を受け、発展している。それがウイグル社会で広く受け入れられているという状況は、市場経済の影響と、それに伴う医療改革（とくに医療保険）の問題と関わりがある。また、世界的に広がる伝統的医療の再興を受けて、それらは統合医療、代替医療として注目されている。中国の医療制度は改革開放、市場経済化の影響を強く受け、ホータンでも民間病院が増え、医療費が高くなるなど混乱している。そのなかで安価で、副作用もないウイグル医薬の人気が高まっている。西洋医学の限界と問題の影響もある。そのようななかで、政府が進める西洋医学に比して、伝統医療としてのウイグル医学が制度的医療として確立していけるかどうかは、ウイグル民族のアイデンティティの大きな問題でもあろう。

（藤山正二郎）

キーワード
ウイグル医学／ユナニ医学／西洋医学／ホータン

参考文献
維吾爾医学編集委員会［2005］『中国医学百科全書　維吾爾医学』上海科学技術出版社
難波恒雄ほか［2001］『天山山脈薬草紀行』平凡社
マリア・サキムほか［2006］『癒す力をさぐる・東の医学と西の医学』（図説中国文化百華）農山漁村文化協会

50

人口政策とムスリム

★人口大国の苦悩★

中国の人口政策といえば、1979年から始められた人口抑制政策、所謂「一人っ子政策」がまず頭に浮かぶ。しかし、中国における人口政策の中心にあるのは、すでに1950年代から提唱されていた「計画出産」という概念である。計画出産においては、人口数という点で晩婚、晩産、少生（少なく産む）、稀（出産間隔をあけること）が、そして人口の質という点で優生（遺伝的障害がなく、現代化に役立つ人材を産み、中華民族の質を高めること）が提唱されている。

計画出産は特定の宗教に対する個別の規定を持たないため、現在中国におよそ2500万人いるとされるムスリムも、イスラームを信仰しているという理由で特別な規定が適用されるわけではない。しかし、中国の全人口の約94％を占める圧倒的多数派である漢族と少数民族とでは規定が異なっており、計画出産の具体的規定を定めた「計画出産条例」を見てみると、少数民族には「一人っ子」という制限が適用されておらず、そのほかにもさまざまな優遇が認められてきたことがわかる。中国ムスリムの大部分は回族、ウイグル族をはじめとする少数民族である。そのため、多くの中国ムスリムは少数民族として計画出産の適用を受けていることになる。

しかし、近年では少数民族に対する計画出産の規定も厳格化される傾向にあり、たとえば新疆《しんきょう》ウイグル自治区における計画出産規定の変遷を見てもそれが窺える。

１９８０年に新疆地域を対象として制定された婚姻法の補足規定では、計画出産の実行は少数民族個人の自発的意思に従うことが述べられており、この時点では政府の柔軟な姿勢が見える。だが一方で、宗教による婚姻・家庭への干渉の禁止、宗教的儀式を法定の結婚登記に替えることの禁止といった規定もなされている。

その後、１９８８年に制定された「新疆少数民族計画出産暫行規定」では、少数民族は基本的に都市で二子、農村で三子の出産が認められるなど、漢族に比して優遇されたが、各民族はすべて計画出産を実行する義務があると明言されるようになり、少数民族であることを理由に計画出産を拒否することができなくなった。

現行の規定を見てみると、法定婚姻年齢に加え晩婚も奨励されており、少数民族は男23歳、女21歳（漢族は男25歳、女23歳）で初婚の場合、晩婚と見なされる。晩婚は義務ではないが、奨励金の給付や産休の延長など各種の優遇が受けられる。また、産児数の規定を守る意志がある場合には、産後にその証明書を交付申請できる。両親はこれによって、産後の保健費や退職時の奨励金の給付などを受けることができる。しかし、産児数の規定を超えた場合には社会扶養費という名目で罰金を科される。その金額は違反者の収入に応じて、所在市、県の前年度の一人当たりの平均収入の1～8倍とされており、かなり高額である。

このような計画出産の強制的産児制限に対しては、根強い反発があるのも事実である。地域差、個人差はあるが、避妊や中絶はアッラーの意志に背く行為であると考えるムスリムは少なくない。とくにホータン地区など南新疆の貧困地域では、規定数を超える子どもを妊娠したが罰金を払えるだけの経済力がないケースも多く、中絶を求める当局とのあいだにトラブルが発生するといった話も聞かれる。また、ムスリムの計画出産に対する反感は大規模なデモや武装蜂起の発生をも招くこともある。1990年4月に南新疆のバレン郷で発生したテュルク系ムスリムの武装蜂起も、事件発生の一因は計画出産への反感にあったといわれている。

一方で、政府も宣伝・教育を強化するなどして、計画出産への理解を浸透させようとしている。こうした活動は、アホンやイマームといった宗教指導者によってムスリム大衆へと伝えられる。たとえば、礼拝などの際に行われる説教では、計画出産の根拠をクルアーンのなかに探すという行為を通じて、現代中国社会に対応したクルアーン解釈がムスリム大衆に向けて発信される。また、宗教指導者層が自らの妻に避妊手術を受けさせ、それによって大衆の避妊手術実施を推進するといったことも行われてきた。こうした宗教指導者たちは、いわゆる「愛国宗教人士」として計画出産に積極的に協力することによって、政府やイスラーム教協会からその宗教活動に対する公認を得ている。

近年、とくに都市に居住するムスリム中産階級のなかには、子ども一人にかかる養育費の高騰などから、むしろ一人っ子を歓迎する人々もいるが、圧倒的多数の人口を抱える漢族から押し付けられた産児制限と考えるムスリム少数民族は多い。

人口政策とムスリムとの関連でもう一つ言及しておくべきは、ムスリム居住地域に対する漢族の

ウルムチ市内の計画出産宣伝機関

計画的入植である。先にも述べたように、中国ムスリムの大部分はイスラームを信仰する10の少数民族から構成されるが、それはさらに漢語を話す回族とウイグル族をはじめとするテュルク系ムスリムとに大別できる。両者は人口分布において大きな違いがあり、回族の場合、全国各地に散居しており、寧夏回族自治区の回族人口でさえ全回族人口の約17％を占めるに過ぎない。一方のウイグル族をはじめとするテュルク系ムスリムは、そのほとんどすべてが新疆ウイグル自治区に居住している。しかし、その新疆における人口比率は、建国直後に漢族約7％、ウイグル族約76％であったものが、現在までに漢族約40％、ウイグル族約47％へと大きく変化している。

そもそも漢族の新疆への流入を促したのは、国民党敗残兵の再編、余剰労働力の吸収、そして辺境の安定といった建国直後から共産党政権が抱えてきた課題の存在であった。この課題を解決するために採られた計画的入植政策の代表的事例が、新疆生産建設兵団《しんきょうせいさんけんせつへいだん》（以下、兵団）である。兵団は、新疆の開墾と辺境防衛を任務として設立されたが、現在では各種農産物の加工業から電力、採掘、建設、金融などの関連企業、さらには石河子大学をはじめとする教育機関までも抱え、内部の行政・司法を自主管理する一大社会組織となっている。90％近くを漢族が占める兵団は、地域の経済的発展を牽引してきた。しかし一方で、少数民族住民からは土地、水、各種地下資源の占有であるといった不満の声もあがってきた。少数民族住民のなかには就業機会を求めて都市へと流入する者も多いが、都市でも正規の雇用はなかなかなく、民族的・宗教的紐帯を頼りに最低限の生活を送る人々も少なくない。

（小嶋祐輔）

キーワード

計画出産（一人っ子政策）／新疆生産建設兵団

参考文献

何炳済［2007］『新疆農牧民社区田野調査』新疆人民出版社
小島麗逸［1998］「中国――漢民族による新疆の経済支配」広瀬崇子（編）『イスラーム諸国の民主化と民族問題』（21世紀の民族と国家）未來社
松本ますみ［2010］『イスラームへの回帰――中国のムスリマたち』（イスラームを知る7）山川出版社
ラヒラ・ママティ［2008］「中国・新疆におけるウイグル族既婚男女の避妊・中絶に関する意識と実態――カシュガル地区におけるインタビュー調査をもとに」『国際ジェンダー学会誌』6：133～146頁
若林敬子［2005］『中国の人口問題と社会的現実』ミネルヴァ書房
若林敬子編・杉山太郎（監訳）［1992］『ドキュメント　中国の人口管理』亜紀書房

51

イスラーム復興と脱宗教化

★改革開放期の西北地方を中心として★

１９８０年代に入って改革開放政策が本格化すると、漢族や少数民族の伝統文化が復興し、それに伴って公認宗教や民間信仰などの宗教活動もひろく容認されるようになった。ムスリムの多い地域では、文化大革命期に禁止されたイスラームの信仰や儀礼が息を吹き返した。寧夏回族自治区や新疆ウイグル自治区をはじめとする西北部を中心として、都市部や農村部ではモスク（清真寺、メスチト）や聖者廟《せいじゃびょう》（ゴンベイ、マザール）がムスリム自身の手によって修復された。イスラーム諸学の専門家である宗教指導者（アホンやモッラー）やその学生（マンラー、ハリーファ、ターリブ）が現場復帰し、イスラームの伝統教育を再開するようになった。若い学生のなかには公費や私費で中東諸国へ留学した者もいる。また、市場経済の導入によって経済力を身につけたムスリムのなかには自分たちの収入の一部をザカートあるいはサダカとしてモスクや聖者廟に寄付する者が出てきた。こうした「イスラーム復興」は中国共産党の政策方針が１９８０年代初頭に修正されたことに起因するが、ムスリムの個々人が自発的に関わった点にも注目する必要があるだろう。

まず、具体例として、寧夏回族自治区の事例を紹介してみよう。寧夏回族自治区は回族という名称を付与された省級の民族自治地方（第2章）である。1980年代以降、寧夏政府はさまざまな優遇政策を回族に対して施行してきた。たとえば、1958年の「宗教制度民主改革」（第47章）や文化大革命などの政治運動によって粛清・打倒された宗教指導者や党幹部が1980年代初頭に名誉を回復した。宗教事務局や民族事務委員会などの行政機関が再編されて、回族の党幹部が積極的に登用された。文革期に破壊された清真寺やゴンベイが修復されて、イスラームの五行（五柱）、人生儀礼、年中行事などが実施できるようになった。1985年には銀川市に寧夏イスラーム教経学院が開校し、官営の近代的なイスラーム教育が始まった。ちょうど同じ頃、マッカ巡礼も再開している。1990年代には私営のアラビア語学校が開設されるようになり、独自のルートでマッカへ巡礼する者やダアワ（宣教）を秘密裏に行う者までもが登場するようになった。

これに対して、「イスラーム復興」とは正反対の現象もある。近年、ムスリム少数民族のなかには「脱宗教化」の道を歩みつつある人々がいることも事実である。おもに都市部では、イスラームの六信や五行（五柱）を否定する者、「清真」（ハラール）の食の規範を守らない者、酒や煙草を嗜《たしな》む者などが若年層を中心として増加しつつある。人口比に占める割合は現在も少数派であるとはいえ、イスラームを完全に放棄し、無神論を信奉した者や個人主義に傾倒した者もいる。とくに、共産党に入党した者（ムスリム・コミュニスト）に顕著である。こうした現象は中国ムスリム全体に広がりつつあり、モスクの指導者や管理責任者などの伝統的な支配層はムスリムの共同性を脅かすものとして問題視している。

ここで、回族の事例を紹介しておこう。1976年に文化大革命が終わると、全国各地で清真寺が修復されたが、イスラームが中国に早期に伝播した東南地方の広州や泉州などの歴史ある清真寺

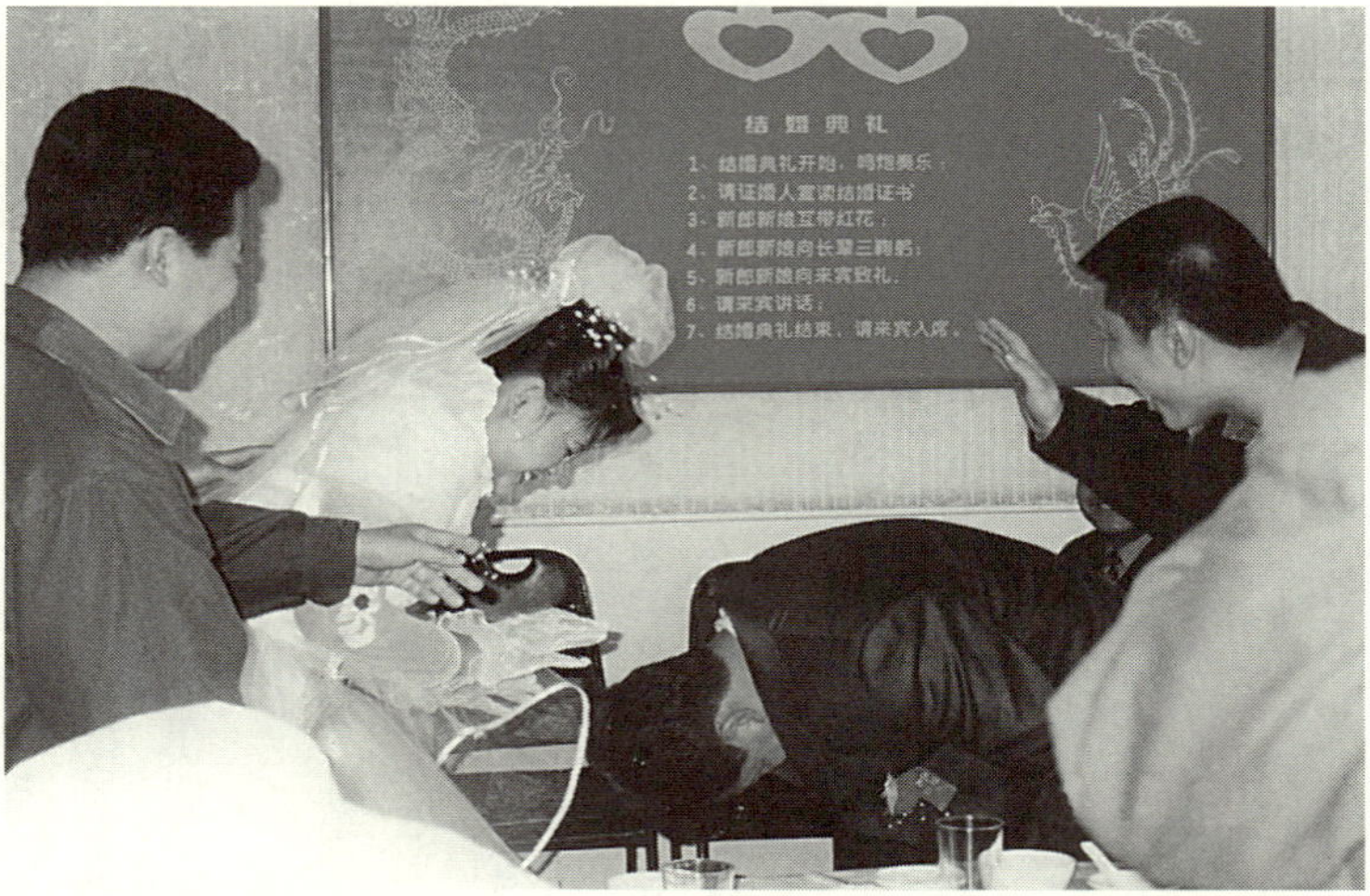

結婚披露宴でお互いにおじぎする新郎・新婦。回族では忌避される行為（撮影：澤井充生）

は「文物保護単位」として政府当局に認定されたにもかかわらず、日頃から礼拝を行う地元の回族はほとんどいない。福建省泉州市の郊外には、１９８０年代、「族譜《ぞくふ》」を根拠として自分たちの祖先が外来ムスリムであると主張し、民族戸籍を「漢族」から「回族」に変更してもらった人々がいるが、清真寺を修復したにもかかわらず、ほとんど利用せず、普段から豚肉を食べ、漢族とほぼ同じように祖先祭祀を行う。現地ではイスラームに改宗しない漢族との通婚が一般的で、「漢化」（漢族への同化）に拍車がかかっているのが現状である。

　さて、このような「イスラーム復興」と「脱宗教化」について、ウイグル族が多数居住する新疆の事例も見てみよう。新疆においても、１９８０年代にはさまざまな側面においてイスラーム復興といえるような現象が進行した。文化大革命期に破壊されたモスクや聖者廟が次々と再建された。地域社会レベルにおいては、修理・改築・新築に際して信徒の住民から積極的な資金・現物の寄進が行われた。規模の大きな施設の場合は、自治区政府からの財政的援助を受けて修理が行われた。１９８０年に活動を再開したイスラーム教協会（第47章参照）も１９９０年には新疆の89県中32県に広がり、委員も１４００人余りを数えるようになった。個人の日常生活レベルにおいても、毎日の礼拝やラマダーンにおける断食《だんじき》の励行など、戒律に沿った生活を行う人が現れるとともに、農村部においては、各村落のモスクの管理者である宗教指導者（イマーム）の共同体内における社会的権威が高まる現象も見られた。

イスラームの二大祭り（第27章）が盛大に行われるようになったことも注目される。１９９４年に筆者が実見したカシュガルでの犠牲祭《ぎせいさい》もその例に漏れなかった（上写真）。その時カシュガル市の中心的なモスクたるヘイトガーフ・メスチト（第23章）において行われた集団礼拝は、広大なモスクの敷地内はもちろんのこと、敷地前にある広場が立錐の余地なく覆い尽くされる人出となり、まさに壮観であった。礼拝の後、カシュガル市の各家庭では、羊を屠るとともに、家々で訪問しあい、饗応しあう光景が見られた。また、１９８０年代に入って再開されたマ

カシュガルのヘイトガーフにおける犠牲祭の集団礼拝（撮影：新免康）

ッカ巡礼の盛況も見逃せない。新疆からのマッカ巡礼は、１９８２〜１９８９年のあいだに８０７５人にのぼった。幹部は政府の優遇措置により公費で巡礼を行ったという。

しかし、１９８０年代後半に入ると、たとえば、許可なく築造・運営されるモスクが増加し、私的な宗教学校が広がりを見せるなど、政府の制御の及ばない宗教活動が蔓延すると見なされるような状況が現出し始めた。これを受けて、政府は管理政策による宗教活動の統制へと舵をきった。１９９０年代に入ると、モスクなど宗教活動場所と宗教指導者の登録制が施行されることとなった。

他方、このようなイスラーム復興の波のなかにおいても、とくに都市部では、礼拝を行わず、酒を嗜む、といったような戒律を尊重しないムスリムも少なくなかった。しかし印象として、ウルムチのような大都市部の居住者であっても、ムスリムであるという意識自体をまったく持たないウイグル族は少ないと思われる。

（澤井充生・新免　康）

キーワード

「イスラーム復興」／モスクの修復／マッカ巡礼／「脱宗教化」／「漢化」

参考文献

Dru Gladney. 1998. *Ethnic Identity in China: The Making of a Muslim Minority Nationality*. Harcourt Brace College Publishers.

52

民族文化の「復興」と民族史の強調

★ウイグル族知識人の活動★

改革開放政策の採用に伴い、民族政策が緩和され、少数民族の言語・文化の尊重が方針として打ち出されると、1980・1990年代にムスリムの少数民族のあいだでも、民族意識に基づいたさまざまな動きが、民族の歴史・文化の強調という形において現れた。本章では、このような現象が顕著に見られたウイグル族の事例をとりあげて紹介する。

初期の段階から政府も巻き込んで行われたのが、過去の新疆出身の文化人の墓を「発見」し、ウイグル族の民族文化の偉人として顕彰していくものである。最も代表的な事例として、11世紀にバグダードでテュルク語-アラビア語辞典たる『テュルク諸語集成』を著作し、時のカリフに献呈したマフムード・カシュガリーが挙げられよう。1980年代、この人物がウイグル族の文化英雄と見なされるとともに、その墓がカシュガル西方のオパルの地に実在するとされて、墓廟が自治区政府の資金拠出により築造された。『テュルク諸語集成』の現代ウイグル語訳が1981~1984年に出版されるとともに、1994年にはカシュガリーの生涯を描いた歴史小説がウイグル族作家によって発表され、大衆レベルの関心を高めた。同様の例とし

マフムード・カシュガリーの伝記小説（表紙）（提供：新免康）

て、11世紀に著され、カラハン朝の君主に献呈された『幸福になるための知恵』（クタドゥグ・ビリグ）の著者ユースフ・ハーッス・ハージブが挙げられる。カシュガルにその墓廟が新築されるとともに、同書の研究も進められ、現代ウイグル語訳と漢語訳が出版された。

　また、民族偉人の顕彰とセットになって展開された民族音楽の強調と宣伝も見逃せない。中華人民共和国成立後、ウイグル族社会における独特な民間音楽を採取して記録し、体系的な「12ムカーム」という民族音楽を編成する動きが出現した。１９９０年にその整理工作が完了したことが宣言されるとともに、新疆ムカーム演奏団により中国や世界各地で演奏活動が繰り広げられ、認知度を高めた。ここで注目されるのは、16世紀のヤルカンド・ハーン国の王妃アマンニサ・ハンという人物がこの「12ムカームの大成者」・「ムカーム大師」と見なされ、１９９２年にはヤルカンド市で「12ムカーム学術研討会（シンポジウム）」や、新築されたアマンニサ・ハンの陵墓の落成式などが挙行されたことである。その後、アマンニサの映画の製作、12ムカームの番組の製作・放映などを通して、民族音楽12ムカームの存在とその象徴としてのアマンニサ・ハンのイメージがウイグル族大衆レベルに浸透することとなった。

以上のような歴史上の文化人の顕彰という一連の現象は、ウイグル族の政治的エリート、著名知識人、地方レベルの官吏・文化人などを巻き込む形で進展した、民族史の見直しを含む文化運動と位置づけられる。とくにこれらの活動に自治区政府の財政的裏付けがともなっていた点は、当時の民族政策のあり方を窺ううえで興味深い事実である。

他方、歴史と文化の発掘作業は、端的な歴史叙述の提示という面においても果敢に試みられた。たとえば、トゥルグン・アルマスは1989年に歴史書『ウイグル人』（漢語題名：『維吾爾族』）を発表し、ウイグル族が中央アジアを舞台とする8000年の栄光の歴史を有すると主張した。本書はウイグル族の祖先が打ち立てた独立諸王朝・王国と、漢族の祖先が打ち立てた諸王朝との競合・対抗関係を軸に歴史を紡ぎ出す。しかしこの歴史観は、中国が古来より統一多民族国家であったとする公定の歴史とは相容れず、ウイグル族は中華民族を構成する一民族であるという枠組みを逸脱するものであった。このようないささか突飛と

ヤルカンド市内の人民公園にあるアマンニサ・ハン像（撮影：新免康）

もいえる本書の叙述の構図は、ウイグル族自身の手によって試みられた民族にまつわる歴史再構築のさまざまな動向のなかでも、とりわけ先鋭的な立場を反映するものであったといえよう。本書は、出版の翌年に発禁処分となり、大規模な批判討論会が自治区共産党委員会のもとで開催されるに至った。前述のように政府も関与する形で民族史構築のプロセスが進んでいた当時の状況を考えると、本書が批判の対象とされた意味は大きい。

ほぼ同時期に、歴史を叙述するための表現という点で別のアプローチを行い、大きな足跡を残したのが、作家のアブドゥレヒム・オトクゥルである。彼は、歴史小説という手法で、『足跡』（1985年出版）と2巻からなる『目覚めた大地』（1986年、1994年出版）という作品を発表した。前者は1910年代にクムル（哈密《ハミ》）で発生した、同地域のウイグル族支配者たる回王家や新疆省政府支配層に対するテュルク系ムスリムの蜂起を描いたものである。また後者はその続編にあたり、1930年代に生じた政府に対する抵抗運動をモチーフにした本格的歴史小説として、ウイグル族社会で大きな反響を呼んだ。オトクゥル以外にも、1980年代以降、多くのウイグル族作家が歴史小説を世に送り出した。このことは、前述のように歴史叙述自体が制約を受ける状況下で、小説という表現方法が、フィクションのなかに事実を織り交ぜ、作者の主張を滲ませるに適した媒体であったことを背景としている。

以上のような民族の歴史・文化に関わるさまざまな活動のうねりの背後には、ウイグル族知識人たちが、漢族人口の急激な増加、新疆経済における漢族の優位性、政策による漢語教育の強化といった条件下で、自民族の文化や歴史の置かれた境遇について抱いていた強い危機意識を垣間見ることができる。たとえば、1980年に創刊されたウイグル古典文学を扱う雑誌『源泉』（ブラク）は、歴史の過程で埋もれてしまった作品を掘り起こすことで、祖先を知り、自民族のルーツを探ることを出版の目的としていた。前述のアブドゥレヒム・オトクゥルを中心として名づけられたその雑誌名には、自民族の歴史的・文化的遺産が「いつまでも絶えることなく湧き出でるように」という願いが込められている。改革開放以降に見られた文化運動に通底する共通の意識は、「漢化《かんか》」に対する危機感と、是非でも自民族の文化と歴史を強調するのだという熱意であったと考えられる。（田中　周・新免　康）

キーワード

民族史／民族文化／マフムード・カシュガリー／『テュルク諸語集成』／ユースフ・ハーッス・ハージブ／『幸福になるための知恵』（クタドゥグ・ビリグ）／アマンニサ・ハン／「12ムカーム」／トゥルグン・アルマス／アブドゥレヒム・オトクゥル

参考文献

新免康［2003］「中華人民共和国における新疆への漢族の移住とウイグル人の文化」塚田誠之編『民族の移動と文化の動態――中国周縁地域の歴史と現在』風響社、479～533頁
田中周［2010］「改革開放期にみるウイグル・アイデンティティの再構築――トルグン・アルマス著『ウイグル人』を中心に」『ワセダアジアレビュー』第8号、60～65頁

53

ウイグルのナショナリズム

★新疆と「和諧社会」★

２００４年9月に開催された中国共産党十六期四中全会は、「社会主義和諧《わかい》社会の構築」を党の正式な施政目標として定めた。「和諧社会」とは中国語で「調和のとれた社会」を意味している。２００５年に2月に行われた胡錦濤《こきんとう》の講話によれば、社会主義市場経済の発展に伴い、社会構造、思想観念の急速な変化が生じている現代中国において、党主導のもとに党と大衆、中央と地方、各階層間、各民族間における調和を促進させることが「社会主義和諧社会の構築」であるという。これまでのところ、新疆地域における「民族和諧」実現の道としては、おもに以下の三つの方策が採用されてきたようである。

その第一に、メディアを通じた漢―ウイグルの団結促進がある。とくに南新疆地域では、漢語理解力の不足や情報インフラ整備の遅れから、党の少数民族優遇政策が理解されないといった状況が生じているという。そのため、漢語とウイグル語による各種メディアを通じた宣伝が強化され、貧困地域では家庭用テレビの無料支給も行われた。またこうした宣伝は、イスラームの解釈においても、正しい教義の宣伝に有利であり、過激主義的・分裂主義的な煽動からウイグル族大衆を守ることにもなるという。

第二に、漢―ウイグルの経済格差の是正、とくに南新疆地域の貧困からの脱出が課題とされており、そのための手段として中央や東部沿海地方からの経済的支援の獲得と地域の文化的・民族的特色を活かした観光産業の発展が重視されてきた。実際、西部大開発《せいぶだいかいはつ》が開始された２０００年からの10年間には、２０００億元を超えるインフラ建設投資がなされ、交通・情報ネットワークの整備により観光産業や貿易の発展がもたらされた。

第三に、教育の発展、とりわけ南新疆のウイグル族集住地域で九年制義務教育を徹底することや、漢・ウイグル双方の生徒による互いの言語の学習、とくにウイグル族生徒の漢語学習に力を入れ、相互の交流を深めることが重視されてきた。また、ウイグル族幹部子女の東部大都市への国内留学が増加したことによって、中華民族全体の一体感や愛国主義の精神が醸成されてきているともいう。

しかし、近年の情勢から見れば、こうした方策が大きな成果をあげているとはいえないであろう。たとえば、２００９年7月5日にウルムチで発生した大規模な「騒乱」事件（「七・五事件」）は、新疆における民族和諧の基盤不足を明らかにしている。事件発生の原因について、中国国内では海外分裂主義組織の煽動があったとして、世界ウイグル会議の議長ラビア・カーディルが非難の対象となった。事件後、当局は各種メディアを通じて新疆社会の破壊を画策する「三股勢力《さんこせいりょく》」（民族分裂主義者、テロリスト、宗教的過激派）に対する非難を強め、同時に現在の新疆社会が調和と安定、民族の団結を基本的に達成していることを繰り返し強調した。

だが、自治区のヌル・ベクリ主席が、事件当日に行われたウイグル族によるデモの一部はＱＱのようなインスタント・メッセンジャーを通じて組織されたと主張したように、政府のメディア・コントロールも草の根のレヴェルの異議申し立ての声までを抑え込むことはできない。

経済的周縁化は、少数民族の不満の温床となる。石油・天然ガス資源開発をはじめとする地域の中核的産業は、内地の大型国有企業や新疆《しんきょう》生産建設兵団《せいさんけんせつへいだん》（第50章）によって掌握され、現地少数民族の労働力が用いられていない。また、ウイグル族社会が慢性的に抱える失業者の存在は、地方からウルムチなどの都市への人口流動を招いており、都市が恒常的に抱える大量の失業者は社会の不安定要因ともなっている。このほか教育面においても、双語教育と呼ばれる漢語―少数民族言語のバイリンガル教育制度が、事実上少数民族学生に対する漢語モノリンガル教育になっているとの批判もある。

そもそも、20世紀前半に二度にわたって東トルキスタン共和国を成立させた歴史的経緯を持つ新疆においては、中華人民共和国成立後にも多くの民族運動が展開されてきた。とくに文化大革命終結後にそれまでの抑圧的民族政策が緩和に向かうと、民族としての、そしてムスリムとしての権利の回復・獲得を主張する声が表面化した。

そのなかには、大規模な武力衝突事件に発展するものもあった。典型的パターンの一つとしては、ウイグル族をはじめとする少数民族の学生が中心となって組織されたデモが挙げられる。こうしたデモには、１９８９年5月にウルムチで発生した学生デモ、所謂ウルムチ事件などがある。このデモは、ムスリムを侮辱した出版物への抗議に端を発したともいわれるが、ウルムチでは同様の学生デモが、１９８５年の末、１９８８年の6月にも発生しており、政治民主化、独自政府の組織、核実験の停止、漢族移民の停止、一人っ子政策の停止、民族教育の発展などが要求されてきた。

「７．５事件」後、ウルムチ市内に掲げられたスローガン

もう一つの典型は、イスラーム原理主義組織と東トルキスタン独立運動組織の関与が政府によって取り沙汰されるケースである。１９９０年４月にクズルス・クルグズ自治州アクト県で発生、２０００人以上が逮捕され、２００人近くが死亡したともいわれるバレン郷事件は、東トルキスタン・イスラーム党なる組織が、モスクでの礼拝《れいはい》など宗教活動の機会を通じてウイグル族大衆を動員し、郷政府を襲撃したものとされる。このほかにも、近年、アル・カーイダとの関連が国際的にも認知されている東トルキスタン・イスラーム運動（ＥＴＩＭ）による新疆でのテロ行為が、ウイグル・ナショナリズムと関連付けて批判されることも多い。

またウイグル族の有力者・知識人による個人レヴェルの活動が批判の対象となることもある。たとえば新疆社会科学院の研究者であったトゥルグン・アルマスは、１９８０年代後半に『ウイグル人』（漢語題名：『維吾爾族』）などの著作を発表し、新疆地域におけるウイグルの主権主張の観点からウイグル民族史の再構築を試みた。しかし、その後彼は政府による批判キャンペーンに遭い、著作の発禁や軟禁などの処分を受けている（第52章）。

いずれの運動も、地方民族主義、分裂主義といった批判を政府から受けてきた。これらの運動は確かにウイグルの文化や伝統に根ざしたものではあるが、そのすべてが独立国家の建設を目的とする運動であったとはいえない。ウイグル・ナショナリズムには急進的なものもあれば、現行の体制内で自らの立場の改善や政策の変更を求めるものもある。政府にとっては、そうした多様性に如何に応えていくかが問われている。

（小嶋祐輔）

キーワード

和諧社会／七・五事件／東トルキスタン共和国（東トルキスタン独立運動）

参考文献

王柯［２００１］「経済統合と民族分離の相克――新疆ウイグル自治区を巡る二つの動き」佐々木信彰（編）『現代中国の民族と経済』（ＳＥＫＡＩＳＨＩＳＯ ＳＥＭＩＮＡＲ）世界思想社、２３９～２６６頁
加々美光行［２００８］『中国の民族問題――危機の本質』（岩波現代文庫）岩波書店
朱培民・陳宏・楊紅［２００４］『中国共産党與新疆民族問題』新疆人民出版社
新免康［２００３］「新疆ウイグルと中国政治」『アジア研究』49―１：37～54頁
趙傑［２００７］『民族和諧與民族発展』民族出版社

中国民族学の「エスニック・コリドー」理論とムスリム宗教文化の研究

王　建新

１９７８年に中国政府が開放改革の政策を発表してからは、社会経済の激変が見られると同時に、民族学も復活し発展の気運に乗った。その後の30余年で、民族学の理論が構築されてきた。これは基本的に国内における各民族の歴史と現状への理解や民族関係の緩和に向けた政策実施に指導方針を与えてきた。中心的な役割を果たしていた理論の一つに、費孝通《ひこうつう》による「エスニック・コリドー」（民族走廊《みんぞくそうろう》）の理論モデルが挙げられる。この理論は中国における各民族の宗教の研究にも大きな影響を及ぼしている。費孝通は１９７８年以降、三度にわたって民族走廊の理論モデルの構想について講演を行い、それらの内容をのちに数編の論文の形で発表した。まず、１９７８年9月に開かれた中国政治協商会議全国委員会民族組の会議で、「わが国の民族識別問題について」という発言を行った。そこで彼はチベット東部と四川省西部において漢族とチベット族、チベット族とイ族のあいだに、古代から現在に至るまでの「民族走廊」が存在すると述べた。続いて、１９８２年5月、中南民族学院で開かれた武漢社会学研究班ならびに少数民族研究者との座談会にて、「民族調査を深く展開する問題について」と題する講演を行った。前回の民族走廊の考えをより具体化して「蔵彝走廊《ぞういそうろう》」（チベット族やイ族のあいだで動態的な相互関係のある地域）の概念を提示した。同時に、「西北《せいほく》走廊」、「南嶺《なんれい》走廊」、「東《とう》北《ほく》地方」などの概念を新たに打ち出して、中国全土の民族配置とそれらの動態的な相互関係を捉えようとした。さらに、１９８２年12月には、中央民族学院民族研究所が主催した研究会にて、「民族社会調査の試み」と題した講演を行った。ここで彼は民族走廊の構想に基づき、地域単位における歴史動態的理論モデルを提示した。そのうえで、「北部草原地域」、「東北山岳森林地域」、「西南地域の『青蔵《せいぞう》高原』」、「雲貴《うんき》高原」、「沿海地域」、「中原《ちゅうげん》地域」などの六つの地域と、「蔵彝走廊」、「西北走廊」、「南嶺走廊」などの三つのエスニック・コリドーがあると語り、中国各民族全体の地理的配置およびその相互作用に関する動態図の輪郭を提示した。この理論はのちに「中華民族多元一体格局」理論へと発展した。それ以来、六つの異なる起源を持つ文化地域が三つのエスニック・コリドーを通じて互いに交わり、摩擦しながらも共生と融合さえ成し遂げているという学術理論のもとでエスニック・コリドーの研究が盛んに行われるようになった。

そのような中国民族学の発展を背景として、中国の諸民族の宗教文化に対する研究においても、近年、従来の多くの事例研究をベースにして全体的な理論や視座を定めるために各民族の研究が進められている。まず、三つのエスニック・コリドーには、それぞれ一つの宗教が主要な宗教信仰として存在しその周辺地域の各民族の社会文化と混じり合い、それで異なる宗教文化の複合体からなる「宗教文化圏」が存在するという全体的枠が想定される。つまり、陝西《せんせい》西部より、寧夏、内モンゴル、甘粛中西部、青海東北部、そして新疆《しんきょう》に至るまでの「西北走廊」にはイスラーム、甘粛南部より、青海東南部、四川西部、雲南西北とチベット東部までの「蔵彝走廊」にチベット仏教、広東東部より貴州南部、広西《こうせい》北部、雲南東部までの「南嶺走廊」に道教がそれぞれがあって、イスラーム文化圏、チベット仏教文化圏と道教文化圏が形成される。それに、各宗教文化圏には、また各民族の地域的な民間信仰による「信仰圏」がある。顕著のものから挙げると、「西北走廊」における「マザール・拱北《ゴンベイ》信仰圏」、「蔵彝走廊」における「山脈・オボ信仰圏」、そして「南嶺走廊」における「牯藏《こぞう》・龍山《りゅうざん》信仰圏」などがある。個々の宗教文化圏や信仰圏のあいだにまた互いに重複する部分があり、特定の信仰様式がほかの地域のそれと絡み合って中国諸民族の宗教文化の混合的複合体ができあがる。

そのことによって、従来の中国学術界においてあまり存在感のないイスラーム宗教文化の研究の位置づけ、地域範囲、さらには研究の内容および視座なども明瞭になった。つまり、この分野の研究は、「西北走廊」をめぐってまず新疆ウイグルから甘粛、青海、寧夏と陝西などの地域をベースとする。さらに内モンゴル、河南《かなん》と山東《さんとう》、華北《かほく》と東北、雲南、華南《かなん》などの五つの方向で延長し、ラバー状の地域範囲で展開する必要があるということだ。研究対象は、イスラームとムスリム諸民族の社会文化とのかかわり方であるが、さまざまな民間信仰も研究の関心事となる。したがって、研究の視座も、ムスリムの宗教文化におけるイスラームと各地域の民間信仰とのあいだに存在するダイナミズムについて検討することが求められる。異なる宗教系統間の摩擦や融合の具体状況を歴史から現在まで総合的に分析されねばならないだろう。近年、中国の学術界においては、このような全体的把握のうえでムスリムの宗教文化の研究を進めていこうとする流れが現れつつあって、関連研究が多く発表されるようになっている。

Ⅶ

移動とネットワーク

54

清真寺をむすぶネットワーク

★移動するムスリム・エリート★

中国各地にちらばる清真寺《せいしんじ》やメスチトはそれぞれが独立した関係にあるとされている。中国ムスリムの慣例として、あるモスクがほかのモスクの年中行事や人事異動に干渉することはない。中国の宗教政策においても相互不干渉の原則が提唱されている。ところが、実際には、私たち外部者には見えづらい個人的ネットワークがモスクのあいだに張りめぐらされている。つまり、一見したところ、相互に無関係に見えるモスクは、宗教指導者や寄宿学生が清真寺内外に形成する師弟関係や友人関係などの個人的ネットワークによって結びつけられている。本章では寧夏回族自治区の清真寺で出会った人たちの事例を紹介してみたい。

清真寺では「開学《かいがく》アホン」(宗教指導者)のもとで「マンラー」(寄宿学生)がイスラーム諸学を学ぶ(第24章)。清真寺における寄宿学生の滞在年数は数年以内と短く、清真寺を頻繁に移動する。寄宿学生が清真寺を選ぶ時のおもな判断基準は宗教指導者が優秀な学者であるかどうかであり、理想的な師匠との出会いを求めて寄宿学生は各地を転々とする。一方、宗教指導者の場合、寄宿学生の頃とは対照的に移動が制限される傾向にある。

清真寺における宗教指導者の任期は平均3年である。これは清真寺の慣例であり、宗教指導者が任期満了後に再任しない場合は清真寺を立ち去る。宗教指導者が清真寺を立ち去る場合、その弟子の寄宿学生たちも一緒に移動することが一般的である。これは全国的によく見られる。なお、寧夏に限っては、宗教政策上、ほかの省や自治区から宗教指導者を清真寺へ招聘できないことになっており、ほかの省や自治区から寧夏への宗教指導者の移動は制約を受ける。

清真寺の寄宿学生たち（撮影：澤井充生）

さて、宗教指導者や寄宿学生がほかの清真寺へ移動すると、新天地で新たな人間関係を築くことになる。こうした定期・不定期の移動が繰り返されると、個々人を起点としてネットワークが重層的に形成されることによって、複数の清真寺が結びつけられる。その結果、イスラーム学者たちの情報網が広範囲に拡大する。また、基本的には、宗教指導者や寄宿学生の移動先は特定の省・自治区の範囲内に限定されるわけではなく、ほかの省・自治区も候補地となる。たとえば、寧夏南部から銀川市の清真寺へやってきたある寄宿学生はイスラーム諸学を勉強し始めた当初は故郷の清真寺にいたが、数年も経たないうちに甘粛省、陝西省、河南省を転々とし、最終的には寧夏に戻ってきた（滞在期間はそれぞれ数年）。このような広範囲な移動はけっして珍しい事例ではなく、西北地方の清真寺ではよく見聞きする。

また、中国では長年にわたって戸籍制度によって都市と農村が区分されて、一般の労働者が農村から都市へ移動し長期滞在することが制限されてきた。しかし、農村出身の寄宿学生が都市部の清真寺に滞在することに対しては規制が緩く、西北地方の都市部にある主要な清真寺には、農村出身の寄宿学生が多数在籍している。その結果、寄宿学生が紡ぎだす個人的ネットワークは都市と農村のあいだにも形成されており、こうした現象は都市と農村が明確に区分されてきた中国にあっては珍しい。改革開放の恩恵により、近年、海外留学する宗教指導者や寄宿学生も増えており、彼らのネットワークは中国国内のみならず、中東や東南アジアなどにまで広がりつつある。

ところで、宗教指導者や寄宿学生の個人的ネットワークをつうじて、宗教知識だけでなく、政治や経済から日々の生活に関することまでのさまざまな情報が広範囲に伝達される。たとえば、ある清真寺に優れた宗教指導者が赴任すると、その情報はおもに寄宿学生の個人的ネットワークによって伝達されて、多くの寄宿学生が指導を受けに来る。また、あるジャマーア（第14章）でトラブルが発生した時、そのことがテレビや新聞などの公式メディアでは一切報道されていないにもかかわらず、短時間のうちに各地のジャマーアに伝わっていることがある。さらに、清真寺を移動する宗教指導者や寄宿学生は一般信徒たちの縁談の相談を受け、かつて滞在した清真寺に連絡して結婚相手を紹介することもある。これらの事例から宗教指導者や寄宿学生が多種多様な情報を清真寺関係者に伝達していることがうかがえる。

清真寺を結びつける個人的ネットワークは、中国イスラームのなかではとくにスーフィー教団（第

スーフィー教団の「教主」（中央手前）と教団の成員（撮影：高橋健太郎）

28章）において顕著に見られる。スーフィー教団は「教主《きょうしゅ》」（導師）とハリーファ（後継者）やムリード（弟子）の師弟関係を基軸として組織化される。彼らの師弟関係は人格的な結びつきを特徴としており、公私ともに非常に強固な主従関係となる。このような師弟関係の連鎖によってスーフィー教団の本部・支部が各地に形成されて、ある種の階層組織が確立される。たとえば、甘粛省を本拠地とするジャフリーヤ派の支部は東北地方や雲南省にもある。このような超地域的なネットワークはスーフィー教団の「教主」に対する忠誠心を組織原理としており、中国共産党には脅威と映るかもしれない。たとえば、1992年寧夏南部で発生したジャフリーヤ派の内紛は多数の死傷者が出たこともあり、地方政府だけでなく、中央政府をも驚愕させた事件である。

　中国ムスリム全体を見ると、清真寺を結びつける個人的ネットワークは、個人間の二者関係の連鎖によって形成されるため、必ずしも強固で持続的なものであるとはかぎらない。つまり、個人を媒介としたネットワークは、個々人が共通の属性（たとえば、出身地、年齢、教派など）や利害関係を契機としてごく簡単に形成される一方、個人間のささいな矛盾や衝突をきっかけとしてすぐさま解消されやすい。たとえば、宗教指導者の場合、大多数が清真寺の外部から招聘される「よそ者」であり、清真寺のなかの地位・役割関係では意外にも不安定な立場にある。現在、都市部の場合、清真寺に寄宿しようとする若者が非常に少なく、清真寺では地元出身の宗教指導者をなかなか輩出できない状態にある。こうした傾向が宗教指導者の「異人性」を際立たせることになっている。ここまで紹介したように、宗教指導者や寄宿学生がつむぎだす個人的ネットワークは、清真寺間の絶え間ない移動に伴って伸縮自在に拡大する一方、個人的な利害や事情によっていとも簡単に切断されることもある。こうした相反する特徴を備えながらも、宗教指導者と寄宿学生は中国各地に個人的ネットワークを張り巡らし、かつ、ジャマーアを相互に結びつけているのである。

（澤井充生・高橋健太郎）

キーワード

清真寺／宗教指導者／寄宿学生／スーフィー教団／個人的ネットワーク

参考文献

澤井充生［2008］「清真寺のネットワーク型社会――中国におけるムスリム知識人の事例」『中国ムスリムの宗教的・商業的ネットワークとイスラーム復興に関する学際的共同研究』（平成19年度科学研究費補助金・基盤研究Ｂ・研究成果報告書）、3～14頁
高橋健太郎［2011］「回族の宗教知識人の移動」石原潤（編）『西北中国はいま』ナカニシヤ出版、96～107頁

55

回族か？回教徒か？

★台湾回民のアイデンティティ★

1947年1月に公布された中華民国憲法の第135条に、「内地の生活習慣が特殊な国民代表の議席数と選挙方法については、法律によってこれを定める」という条文がある。また、同憲法に基づき制定された「国民大会代表選挙罷免法」の第1章第4条には、「内地の生活習慣が特殊な国民の選出者は、計17名である」と規定されていた。中華民国憲法で「内地の生活習慣が特殊な国民」と表現され、「罷免法」中で17名の議席定員が認められていた人々こそ、いわゆる「回民《かいみん》」である。憲法のこの記述は1994年7月に発布された憲法追加条文により無効になり、「罷免法」も2003年6月に廃止されたが、1945年10月以降中華民国として歩んできた台湾にも、近年に至るまで回民が法律上一定の地位を与えられていたということは記憶しておいてよい。ただし、この非常に曖昧な表記方法が示すように、台湾に居住する回民たちのアイデンティティは、歴史や政治的状況に応じてさまざまに規定されてきた。

台湾回民の歴史を、清朝期に福建省から台湾へ移住した閩南《びんなん》系の回民の移住から説き起こす人もいる。たしかに、現在中国大陸で回族とされている福建泉州の丁姓や郭姓と同宗の人々が、鹿港《ろっこう》など台湾西部にも居住しており、祖先祭祀を行う際に豚を供物としないなど、１９４０年代の時点では特殊な習慣を残していたと報告されている。しかし、彼らはイスラームの信仰を維持しておらず、現在の台湾の回民社会と結び付けられることもほとんどない。今日の台湾におけるイスラームは、１９４５年の日本敗戦から１９４９年の中華人民共和国の建国前後までに、中国大陸から台湾へ移住した中国国民党や国民党軍に関係する回民、共産党による支配を嫌った回民商人などが確立した。

台湾には現在、台北に二つ、中壢《ちゅうれき》、台中《たいちゅう》、高雄《たかお》、台南《たいなん》にそれぞれ一つずつモスクが建立されている。台湾にある六つのモスクを統括するのが、台北の「新生モスク」内に付設されている中国回教協会である。中国回教協会は元来、抗日戦争時期の１９３８年に唐柯三《とうかさん》らによって武漢で設立された中国回教救国協会を母体としている。日本の敗戦後、南京に本部を移して中国回教協会と名称を改めた。国共内戦で国民政府が敗れて以降は、国民党とともに組織を台湾に移し、１９５１年に台北で復会した。台湾には5万～6万人の回民が居住しているというのが、中国回教協会の公式見解であった。ただし、台湾に居住する回民は民族集団ではなく、個人の信仰と結びついた宗教集団であるため、中国大陸とは異なり、民族別の人口データとして表れることがない。１９８８年に中国回教協会が作成した会員名簿には、1万人弱の会員名しか挙げられておらず、1万数千人が適当な人口数ではないかと思われる。

20世紀初頭の中国では、外見が漢族と変わらず漢語を話すムスリムたちを、少数民族と見なすのか、イスラームを信仰する漢族と見なすのかをめぐって、回民の知識人のあいだで議論がなされていた。１９３６年に発刊された『禹貢半月刊《うこうはんげつかん》』第5巻第11期には、回民を「民族」と規定する論考が紹介されている。回民の祖先は、アラブ人やペルシア人など複数の起源を持つ人々がイスラームという

第55章

回族か？回教徒か？

信仰を共有することで「民族」をなしており、同一の信仰をもとに「民族感情」を産出しているとする。他方、傅統先《ふとうせん》は1937年に出版した著書のなかで、「回民」を民族としての回族としてではなく、ムスリム集団として提示している。

こうした議論の末、国民政府は回民を少数民族とは見なさないという政策を採用した（第3章参照）。国民政府によるこうした認識は、国民党の支持基盤のひとつである中国回教協会の公式見解としても採用された。国民党の軍事エリートであり、中国回教協会の初代理事長であった白崇禧《はくすうき》は、1939年7月に行われた中国回教救国協会の第一次全国代表大会の席上で、回教徒を回族という民族集団と見なす見方を批判している。国民党と中国回教協会の回民認識は、その後の台湾回民のアイデンティティを決定した。試みに現在の台湾の回民自身に彼ら自身のアイデンティティを聞いてみよう。大多数は、自らがイスラームを信仰する漢人であると語るであろう。

しかし、国民党政府や中国回教協会の公式見解とは別に、回民を漢人とは異なるエスニックな存在として認識する人々もいた。それが、国民大会内における回民の議席定員の獲得を求める動きに繋がり、その結果、中華民国憲法中に回民に関する一条が書き加えられた。ただし、条文は回民を少数民族とも宗教集団とも規定せず、「内地の生活習慣が特殊な国民」という極めて曖昧な表現で決着させることになる。「内地の生活習慣が特殊な国民」代表として中国大陸で選ばれた17名のうち、8名が蒋介石《しょうかいせき》とともに台湾に移住した。台湾移住後の回民たちは、中東外交政策を有利に進めるため中華民国政府内でも重視された。外交部の肝いりで台北の新生モスクが建立され、回民のマッカ巡礼のために政府が毎年財政上の援助を行った。ところが、中華民国の「台湾化」が進行するようになると、

台北新生モスク

台湾における回民の地位も徐々に変容し、台湾回民指導者たちの生存戦略も台湾にアイデンティティの拠り所を求めていくようになる。

１９９９年3月、台北新生モスクが建立後40年という歴史の浅さにもかかわらず、台北市の古跡として認定された。台北新生モスクの古跡認定は、土地登記上の訴訟に端を発する。台北新生モスクが建立されている土地をめぐって、もとの所有者とモスク側とで契約書類上の不備から訴訟に発展する紛争が起こり、モスク側は立ち退きを迫られることになった。それに対して新生モスク側は、建造物を台北市の市級古跡に指定することで、取り壊しを免れるよう、台北市政府に保護を訴えた。台北市民政局、立法委員、文化活動家、メディアなどを巻き込んだ一連の活動が成功したのは、モスク側が回民を台湾における「弱勢族群（エスニック・マイノリティ）」として提示することに成功したからである。実際、台北市がモスクを古跡に指定する際の根拠とした基準は、建造物の歴史や芸術的価値などではなく、台北市の多文化共存の象徴、「弱勢族群」の文化の尊重という社会的意義にあったということを認めている。

台北のモスクの取り壊しが議論された時、台北新生モスクや中国回教協会が訴えたのは、台湾における回民の「弱勢族群」としての性格であり、多文化主義政策を採りつつある台湾社会における回民の宗教文化の位置づけであった。宗教集団としての回民ではなく、いくばくか血を共有するエスニック・グループとしての回民であることを主張することで、台湾における生存空間を確保しようとしたのだ。他方で、渡台した回民の第二世代、第三世代になると、イスラームの信仰そのものが薄れている人々も少なくない。両親がムスリムであったことを知っているから、彼らの葬儀をする時になって初めてモスクにやってきたものの、イスラームについてほとんど知識のない人。ムスリム墓地にある祖先の墓の前で、線香を焚いて叩頭している人。いかに人々の信仰を繋ぎとめておくのかが、今日の台湾の回民社会がかかえる課題でもある。エスニック集団、宗教集団などをめぐる台湾回民のアイデンティティのありようがどのように変容するのか、今後も着目しなければならない。

（木村　自）

キーワード
台湾回民／中国回教協会／「弱勢族群（エスニック・マイノリティ）」

参考文献
賈福康［2005］『台灣回教史（第二版）』伊斯蘭文化服務社
木村自［2009］「台湾回民のエスニシティと宗教――中華民国の主体から台湾の移民へ」『国立民族学博物館調査報告書』83：69～88頁
――［2010］「雲南ムスリム移民が取り結ぶ社会関係と宗教実践の変容――台湾への移住者を中心にして」塚田誠之（編）『中国国境地域の移動と交流――近現代中国の南と北』（人間文化叢書　ユーラシアと日本――交流と表象）有志舎、177～205頁

56

タイの雲南系回民

★多様な越境経験を経た定住化★

多民族国家タイでは、上座仏教を信奉するタイ系民族が多数派を占めるが、少数派のムスリムは、その民族的出自と歴史的背景や地政学的条件などによって多様性を持ち、独自の宗教文化の伝統を継承しつつタイ社会で根づいてきた。2000年の統計では総人口約6300万の約4・6％がムスリムであり、約280万人を占める。南タイにはマレー系が集住しているほか、アラブやペルシア、インド・パキスタン・バングラデシュ系やビルマ系などに加えて、中国系のムスリムも一つのサブ・グループを構成している。

中国系ムスリムは、雲南《うんなん》省に起源する回民の末裔で、タイでは「ホー」と呼ばれている。この雲南系回民は、北タイで推定約1万から2万人住み、主としてチェンマイ県、チェンラーイ県、メーホンソーン県に集住し、19世紀後半から20世紀後半にかけてビルマ（ミャンマー）を経由してタイで段階的にコミュニティを形成してきた。

19世紀後半以後に雲南の回民がビルマやタイへ進出した背景には、雲南域内外における交易活動の進展が影響している。とりわけ、19世紀末から20世紀はじめに英仏によって対外貿易の窓口となる税関や滇越《てんえつ》鉄道が開通して以後、昆明が対外貿易の拠点になり、東はチベットやビルマ、西は貴州省や四川省、広西省などに通ずる交易の要衝やその中継市場が出現した。その結果、馬やラバによる馬幇《マーパン》交易に従事していた雲南の回民商人は、雲南域内のみならず海外にもネットワークを拡大した。雲南域内では、普洱《プーアール》産の茶、磨黒《まこく》産の塩や通海《つうかい》産のタバコなどを流通させた。また、雲南からの輸出品には鉄・銅・鉛などの鉱山資源、地織物や木綿製品などがあり、雲南に輸入された商品にはビルマ領内にあるバーモー産の綿花やカチン山地産のルビーなどの鉱石類、シャン州北部産のアヘンや北タイの象牙、鹿茸《ろくじょう》、虎骨などがある。同時にビルマはアヘン輸出の中継地としても機能していた。

20世紀前半までにタイに定着した雲南系回民は、交易拠点やそのルート上にコミュニティを形成した。チェンマイ県には20世紀前半までに建てられたモスクが3ヵ所ある。もっとも古いのが１８７０年に当時の英領インド系ムスリム商人によって建てられたチャンクラーン・モスクである。１８７７年には英領インド系ムスリム商人と雲南系回民商人の協力によってチャンプァク・モスクが建てられた。その後１９１７年にはチェンマイ市に雲南系回民による最初のモスクであるバーン・ホー・モスクが創建された。

交易ネットワークに依拠した移動と同時に、19世紀末の雲南では回民の杜文秀《とぶんしゅう》が清朝と対立し、その亡命兵士がビルマに逃げて定着する動きも見られた。彼らはビルマ北部のシャン州にあるパンロンに拠点を定め、モスクを建立した。彼らはパンロン人と自称し、ビルマでは交易活動に従事していた。その後、日中戦争によって地域社会が不安定化すると、人々は各地に離散を強いられた。その一部がタイにも定着している。

20世紀後半以後になると、タイに定着する雲南系回民は多様化する。ひとつには、20世紀中葉の中国国内政治の混乱と1949年の中国共産党政権樹立に伴う雲南回民の越境がある。もうひとつは、独立後ビルマの経済的政治的不安定化によって引き起こされた在ビルマの雲南系回民によるタイへの再移住である。さらに近隣ラオスからの再移住者なども含まれていた。

この時期の雲南系回民は政治的、経済的、軍事的諸要因などによるマクロな国際関係の変化に敏感に対応し、越境の戦略を展開していく。とりわけ、雲南系回民のタイへの定着にとって重要なのは、20世紀半ば以後に中国から敗走した国民党軍との関わりである。漢人主体の国民党軍はビルマで大陸反攻を試み、国民党軍の再組織化による軍隊の拡充を図った。その際、雲南系回民のなかには、積極的に軍に荷担する者や強制的に協力を強いられた者など、多様な関わりのなかでビルマを中継地点として生活を送った人たちがいる。その後、1953年と1961年の二度、国民党軍は国連を通じてビルマから国外退去の勧告を受けた。その結果、雲南系回民は、雲南系漢人主体の国民党軍とともに北タイ国境域に「難民村」を形成し、安住の地を確保した。

現在、タイ/ビルマ国境には約90ヵ所以上の「難民村」がある。タイの「難民村」には雲南系漢人と雲南系回民が混住している村が点在している。雲南系回民は、雲南系漢人との政治的、軍事的、経済的な協力関係を維持しつつ、自らのネットワークを再構築することによって、異郷におけるさまざまな差別や障壁を乗り越えてきた。

たとえば、「難民村」では、中華学校の建設、住居改良、水道や道路などのインフラ整備が台湾の支援で行われた。雲南系回民は雲南系漢人が台湾とのあいだに持つネットワークに便乗し、そこからもたらされる経済的文化的資源を共有することによって過酷な難民生活をしのいだ。中華学校では雲南系回民と雲南系漢人の二世、三世が台湾から送られてくる教科書を用いて中国語を勉強している。また、雲南系回民は雲南系漢人と共同して雲南会館という同郷組織を管理・運営している。この同郷組織は、台湾との繋がりを維持するのみならず、北タイ各地の「難民村」を相互に連携する機能を持つ点できわめて重要な社会組織となっている。

断食明けの祭りにモスクで祈禱する北タイの雲南系ムスリム（チェンマイ県チェンマイ市）

一方、都市における雲南系回民は「難民村」とは異なる展開を見せている。たとえばチェンマイ市のバーン・ホー・モスクコミュニティには、20世紀後半以後、「難民村」などからの再移住者が集まるようになった。その結果、バーン・ホー・モスクではムスリム人口が増加し、１９６６年にモスクが改築され、北タイでは雲南系回民最大のコミュニティに成長した。モスクの周りには雲南系回民の居住区が形成され、ハラール食品店や宗教学校もあらたにつくられた。たとえば１９７２年にチェンマイ市に創建された宗教学校・アッタクワー（敬真）学校がある。この学校は、20世紀後半以後に雲南から避難してきた一回民の献身的な寄付、雲南系回民の相互扶助と海外のムスリムによる協力によって成立した。ここでは雲南系回民のみならずインド・パキスタン系などのムスリムが、中東諸国への留学を目指して熱心に勉強している。こうした留学によって新たな宗教知識が流入し、北タイにおけるイスラーム化の動きを後押ししている。

注目すべきは、こうした民族を超えた宗教ネットワークと同時に、雲南系回民は民族的な帰属を大切に維持している点である。たとえば、雲南系回民のモスクにはアラビア語、タイ語に加えて中国語による名前があることや、イマームの系譜は雲南系回民によって維持される傾向にあること、金曜礼拝にはタイ語に加えて中国語による説教も加わるなどである。さらには、改革開放以後、北タイの雲南系回民と中国の雲南回族との情報交換、宗教施設への寄進やその再建など、国境を越えた宗教的民族的つながりが生まれつつある。

今後は、政治的、民族的、宗教的文化的諸要因によって、チャイニーズネス（Chineseness）とムスリム性（Muslimness）が雲南系回民コミュニティの生成に与える影響とその地域的展開を浮き彫りにすることが重要なテーマになると思われる。

（王　柳蘭）

キーワード

ホー／難民村／越境／交易／北タイ

参考文献

今永清二［1992］『東方のイスラム』風響社
王柳蘭［2011］『越境を生きる雲南系ムスリム——北タイにおける共生とネットワーク』昭和堂
Forbes, Andrew and David Henley. 1997. *The Haw: Traders of the Golden Triangle*, Teak House.
Hill, Ann Maxwell. 1998. *Merchants and Migrants: Ethnicity and Trade among Yunnanese Chinese in Southeast Asia*. Yale University Southeast Asia Studies.

57

回民蜂起の流亡者

★ミャンマーの雲南回民★

ミャンマーと中国を結ぶ交易路は『後漢書《ごかんじょ》』に遡れるほど古い。だがムスリムが利用するようになるのは13世紀の元《げん》代以降である。モンゴル政権下で「色目人《しきもくじん》」として重用された彼らは官僚、兵士、商人、工匠として雲南《うんなん》省へ移り住んだ。その後、王朝の興亡によって彼らの運命も流転するが、明清《みんしん》代も移動の自由という特権を享受し、交易を奨励する教義にのっとり、雲南馬の隊商（馬幇）を組み、ラオスやベトナム、さらにはチベットからインドへと続く交易路へと進出していった。清代前半には東南アジア交易をほぼ一手に独占するまでに至った。そして１８５６年に杜文秀《とぶんしゅう》が大理で蜂起して回民政権を樹立した。

ミャンマー北端に位置するバモー経由の交易路は「朝貢の道」として知られている。ビルマ族はエーヤーワディ川中流沿いの王都から、川を遡ってバモーへ、そこから陸路で騰沖《とうちゅう》（騰越《とうえつ》、モミエン）へ、さらに大理へ、そして雲南省府の昆明を経て、北京へと赴いた。18世紀の平和時にはバモーと騰沖間を２０００頭もの荷馬が往復したと記されている。また回民政権と通商条約を結ぶために英国がスレイダン少佐を送り込んだのもこの道である。少佐は１８６８年に回民の保護下に騰沖府まで到着したが、清軍の反攻で大理へ至れず、騰沖府長官と条約を交わした。

またこの道は回民にとって「巡礼の道」でもあった。エーヤーワディ川をさらに南へと下ってヤンゴン港へ向かい、船でコルタカへと渡り、そこから陸路でムンバイへ、再び乗船してマッカ巡礼へ赴いた。杜文秀も1860年代前半にこの道を下って巡礼したとされている。また大理政権存亡の危機に養子ハッサンが救援要請にロンドンへと向かったのもこの道らしい。結局、要請は拒否され、彼は帰途のヤンゴンで大理陥落を知り、亡命者としてヤンゴンで生涯を終えた。

水路を利用せずともビルマ族の王都へ行くことは可能であった。明軍がタウングー王朝攻撃のために保山《ほざん》(永昌《えいしょう》)からアヴァへ進軍したという記録もある。だがこの道は46の丘陵と大小を含む29の川を越える困難な行程であった。だから19世紀に入っても陸路で王都へ来るのは小規模な馬幇のみで、それも年に一度、乾季のあいだだけであった。彼らは保山から碗町《ワンティン》へと抜け、センウィ、シポー、チャウメというタイ系諸族の小国を通ってやってきた。

ビルマ王朝は宝石に課税して税収を得ていたが、18世紀にウル川上流で翡翠《ひすい》鉱山が発見されると、雲南人が大挙してミャンマーへと渡り、王都にも多くが在住した。ミンドン王は1857年にマンダレーへ遷都するが、その際に回民の翡翠商人にも税額査定役を下賜し、城壁外西南の中国人街に居住地を与えた。ところが漢人の同業者との軋轢が流血事件へと発展した。王は両者の相違に気づき、回民を中国人街から退去させ、新居住地を割り当てることにしたのである。彼らが選んだ場所は馬幇の野営地であった。彼らはそこで馬を留め、荷を降ろし、城壁内へと入っていった。杜文秀の商館も近くにあった。南北では79と80番通りに、東西では35と36番通りにはさまれるパンデーウィン(回民区画)

と呼ばれる一画である。モスク建立の願いも聞き届けられた。

大理政権に資金援助を要請すると、杜文秀は馬大佐を派遣し、彼の指揮下、雲南省から人材や資材が運び込まれ、２年間の歳月を掛けて１８６８年に中国様式の清真寺《せいしんじ》が完成した。八角の屋根を頂くミナレットは現在も当時のままである。ところが建立後まもなく戦況が悪化し、１８７２年に大理が陥落、１８７３年には騰沖府が奪回されて回民政権は崩壊した。こうして馬大佐は帰る故郷を失い、彼もまたほかの回民とともにマンダレーで終生を送った。

回民政権の崩壊は多くの難民を生み出した。清朝の残党狩りは激烈を極め、騰沖府が陥落すると国境沿いまで追い迫った。杜文秀の配下であった馬林玉《ばりんぎょく》は麻力垻《マリパ》（トーニオ）を落ち、一族を連れてナムティン川を渡ってビルマ王国領内に逃げ込んだが、ビルマ軍にも攻撃され、敗走してワ族の領地（ワ州）へ落ち延びた。ワ族は彼らの処遇をめぐって紛糾したが、最終的に「悪鬼が住む」という人の寄らぬ土地を与えて居住を許可した。離散した人々が集まり、「再び集う」という意味でパンロン（邦弄）と命名し、平屋根のモスクも建立された。

パンロンの馬幇は交易路をさらに南のミャンマーやタイへと延ばし、ワ州のアヘンも商品に加えて次第に勢力を拡大していった。１８９１年には千頭もの馬と３００軒以上の家がある豊かな町になった。１８９３年に英清間で第一回国境画定作業委員会が開かれると四代目首長は英領を主張した。しかし、それが親中派のワ族の反感を買って彼は暗殺された。五代目首長は懐柔策としてのちにワ族領主の娘を娶って婚姻関係を築いた。最終的には１９２６～１９２７年のワ族との戦いに勝利して領内の覇権を確立し、以来、パンロンは繁栄を謳歌した。１９３５年の英中ミャンマー境界委員会

ミャンマーでの犠牲祭。モスクでの食事風景

ではワ族とともに英領を主張している。ところが１９４２年に日本軍が侵攻して町は壊滅した。戦後に住人たちは一時パンロンへ戻ったが、再び中国軍が侵攻して町を占拠した。結局、彼らは難民となってミャンマー各地へと散った。

ミャンマーでは雲南省から移住してきたムスリムとその子孫をパンデーと呼ぶ。パンテ、パンゼーとも記される。パンゼーの表記は英語からの転記による場合が多い。なぜなら19世紀の雲南省の回民蜂起を英国官吏がビルマ語呼称を用いてPanthay Rebellionと称し、これが英語文献に広く用いられるようになったためである。

回民政権崩壊後もパンデーのミャンマー移住は続いた。英領期に入ると交易圏はさらに拡大し、馬幇の往来は活発化し、交易路の終着地や中継地につぎつぎとパンデー・コミュニティが確立された。交易路は同時に避難路にもなる。第二次世界大戦や中国共産党政権成立時には宗教弾圧を恐れ、大量の難民が交易路を下ってミャンマーやタイへ逃れた。現在のパンデーのほとんどは第二次世界大戦後の移住者たちである。

パンデーは民族呼称であるが、国家を構成する「土着の民族」（タインインダー）には認定されていない。彼らは法律上、帰化市民として扱われ、統計上では「イスラーム」を信仰する「中国人」に分類されている。１９９３年の国勢調査では総人口２９６３人とされているが、帰化市民は法律上の制約があるために「中国人」と登録しないパンデーも多く、実際の人口は1万数千人と推定される。今でもパンデーはかつての馬帮の子孫として小売業や仲買に従事する者が多く、居住も交易の中継地であるマンダレー、モーゴッ、ラショー、ピンウールイン、タウンジー、チャイントンなどに集中している。

（吉松久美子）

キーワード
ミャンマー／パンデー／杜文秀／交易路

参考文献
やまもとくみこ［２００４］『中国人ムスリムの末裔たち――雲南からミャンマーへ』（ＳＡＰＩＯ選書）小学館
吉松久美子［２００３］「ミャンマーにおける回族（パンデー）の交易路と移住」『イスラム世界』61：1～25頁
Forbes, Andrew and David Henley. 1997. *The Haw: Traders of the Golden Triangle*. Teak House.

58

旧ソ連領中央アジアのウイグル人

★新疆からの分断と交流の再開★

天山山脈とパミール高原をはさんで中国・新疆ウイグル自治区と接する旧ソ連領中央アジア（以下、単に「中央アジア」と記す）は、新疆以外では最大のウイグル人社会を擁している。なかでもカザフスタンが最も多く22・5万人、次いでクルグズスタンに4・9万人が住む（いずれも2009年国勢調査）。カザフスタンのウイグル人は、そのほとんどが同国東南部に位置するアルマトゥ市およびアルマトゥ州に集中しており、中国と国境を接するアルマトゥ州東端には行政単位として「ウイグル地区」が存在する。なお1989年ソ連国勢調査によれば、ウズベキスタンのウイグル人人口（3・6万）はカザフスタン（18・5万）、クルグズスタン（3・7万）に次ぐ規模であったが、ウズベキスタンは1991年のソ連崩壊後に国勢調査を実施していないため、最近のデータは不明である。

現在の新疆と中央アジア諸国とのあいだでは古くから人々の往来が見られたが、中央アジアのウイグル人社会は、それが形成された経緯から大別して二つのグループに分けることができよう。18世紀半ばの清《しん》朝による新疆征服以降、清朝支配に対するウイグル人の反乱が鎮圧されるたびに、カシュガル地域からフェルガナ盆地東部（現在のウズベキスタン東北部およびクルグズスタン西部）への移住が繰り返された。これらの人々は「カシュガル人（カシュガルリク）」などと呼ばれ、その子孫の一部はウズベク人に同化した。なおカシュガル地域からフェルガナ地域へのウイグル人の移住は1950年代半ばにも行われている。

もう一つのグループは、カザフスタンと新疆にまたがるイリ盆地を移動した人々とその子孫である。新疆側のイリ地方には、清朝によって新疆南部のオアシスから強制的に移住させられた農耕民（当時の呼称は「タランチ」）が住んでいた。1864年の大規模な反乱の際、イリ地方でもウイグル人の政権が樹立されたが、この政権はイリ地方に進出したロシアによって倒された。その後、反乱を鎮圧した清朝とロシアのあいだでサンクト・ペテルブルグ条約（1881年）が締結され、ロシアがイリ地方を返還することが決まった。この際、再び清朝の支配下に入ることを嫌ったウイグル人4・5万人がセミレチエ（カザフスタン東南部およびクルグズスタン北部）に移り住んだ。

1920~1930年代には、ロシア革命後の政治的混乱や、ソヴィエト政権下の農業集団化とそれに伴う飢饉を逃れ、中央アジアから新疆にわたったウイグル人もいたが、中華人民共和国成立後の1950~1960年代には、再び新疆から西への移住が起こった。地方民族主義批判に伴う中国当局の弾圧や大躍進政策の失敗による飢饉など、困難な状況を背景として、一部のウイグル人がソ連領内に逃れたのである。なかでも顕著なのが1962年に発生したイリ事件である。この時、新疆イリ・カザフ自治州のカザフ人、ウイグル人など6万人以上がカザフスタンに越境した。この事件後、中ソ国境は閉鎖され、両国にまたがるウイグル人社会は分断された。1980年代に再び往来が可能になるまでの期間に、ソ連領のウイグル人のあいだでは一定の言語的ロシア化と世俗化が進み、新疆の同胞とは言語的・文化的に異なる特徴を持つようになった。

とはいえ、中央アジアの少数民族（ロシア人を除く）のなかでは、ウイグル人は比較的、自らの言語をよく保持している。また中央アジア各国の主要民族（タジク人を除く）と同じテュルク系であることから、それらの言語の習得率も高い。２００９年カザフスタン国勢調査によれば、同国のウイグル人の85・０％が母語はウイグル語であると回答している。また、15歳以上のウイグル人のうち、カザフ語の「話し言葉を理解できる」のが93・7％で、ロシア語はそれよりもやや多い95・8％となっている。ただし国勢調査結果は自己申告に基づいており、言語能力をはかる客観的基準が存在しないことに注意する必要がある。統計上、民族語を母語と見なす人の割合が高いウイグル人社会においても、民族語の保持が課題となっている点はほかの少数民族と同様である。

中ソ国境が１９６３年に閉ざされて以来、中央アジアのウイグル人は新疆の同胞との交流を断たれていたが、１９８０年代末の中ソ関係の改善および１９９１年のソ連崩壊は、国境で分断されていた双方のウイグル人のあいだで活発な往来を可能にした。商業目的で、あるいは親族訪問のため、多くのウイグル人が新疆と中央アジアを行き来するようになった。なかでもカザフスタンの前首都アルマトゥは、世界各国の亡命ウイグル人もしばしば訪問した。アルマトゥはソ連時代にさまざまな民族文化機関（ウイグル劇場、ウイグル研究所、ウイグル語新聞など）が置かれ、旧ソ連のウイグル知識人が集中していたためである。

このようなウイグル人の国際的交流は、カザフスタンが新疆独立運動の拠点になるのではないかという懸念を中国側に引き起こした。実際、ソ連崩壊後のカザフスタンではウイグル国家樹立を目

ウイグル人の老女と少女

指す団体が活動したが、それらは非合法で影響力も限定的であった。１９９０年代前半には、ともに新疆出身のアシル・ワハディとユスプベク・ムフリシがそれぞれ「自由ウイグル機構」（のちに「ウイグルスタン解放機構」に改称）および「東トルキスタン解放国際委員会」（のちに「東トルキスタン統一民族革命戦線」に改称）を設立したが、いずれもリーダーの死により活動を停止した。また２００２年にはカハルマン・ホジャムベルディが「ウイグルスタン人民党」を立ち上げたが、法務省への登録は却下されている。なおワハディとホジャムベルディが非暴力を掲げたのに対し、ムフリシは武力闘争を行う準備があると公言していた。ムフリシにそれを実行する動員力や資金源はなかったと思われるが、ウイグル人社会では彼の過激な発言は否定的に受け止められている。

中央アジアのウイグル人団体の主流は、民族言語・文化・伝統の維持・発展を謳っており、政治的要求は掲げていない。にもかかわらず、対中関係を重視する中央アジア諸国政府は、中国政府への配慮から自国領内のウイグル人運動を厳しく監視している。そのためウイグル人指導者は、新疆の「テロリスト」を支援しているという疑惑を招かないよう、あらゆる点で慎重な態度をとることを余儀なくされている。とはいえ中央アジアのウイグル人は、中国領内の同胞が置かれている状況に無関心でいるわけではない。国内での活動に制約があるなかで、カザフスタンおよびクルグズスタンのウイグル知識人は、世界ウイグル会議など国際的なウイグル人団体の活動に積極的に参加している。

（岡　奈津子）

キーワード

イリ事件／アルマトゥ／ウイグル劇場

参考文献

岡奈津子［２００５］「カザフスタンのウイグル人」『アジ研ワールド・トレンド』１１２：24～27頁

Clark, William and Ablet Kamalov. 2004. "Uighur Migration across Central Asian Frontiers." *Central Asian Survey* 23(2): 167-182.

Roberts, Sean R. 2004. "A 'Land of Borderlands': Implications of Xinjiang's Trans-Border Interactions." In *Xinjiang: China's Muslim Borderland*. S. Frederick Starr, (ed.), pp. 216-237. M.E. Sharpe.

59

中央アジアのドゥンガン

★国境の其方に移住した回回の末裔★

ドゥンガン（東干）とは、中央アジアに住む中国系ムスリムを中心に形成された民族集団である。彼らは19世紀の後半より20世紀の中頃まで、中国西北地方からロシア領および旧ソ連領中央アジアに継続的に移住した。「回回」という自称を持つが、ロシア領中央アジアに移住した当時から、周りのテュルク系の人々によって「ドゥンガン」と呼ばれた。この語は、のちにロシア語にもなり彼らの公式の民族名称ともなった。

ドゥンガンの移住には、おもに三つの大きな波がある。第一波が、1870年代の後半に陝西および甘粛地域で清朝《しん》に対して蜂起し、清朝軍の鎮圧を受けてロシア帝国領に逃げ込んだ回民の軍事集団である。当時の首領は白彦虎《はくげんこ》という中国ムスリムだった。第二波が1880年代に中国領からロシア領にわたった回民である。ロシア軍の占領下にあったイリ地方が清朝政府に返還された時に移民した。第三波が20世紀60年代の初頭頃起きたイリ事件の時に新疆《しんきょう》から旧ソ連領中央アジアへ逃げ出した回民である

ドゥンガンの人口は、最初は1〜1・5万人程度であった。しかし新規移住と自然増加を経て、現在は、彼らのおもな居住

ドゥンガン人のミスコンテストの優勝者

国でカザフスタン、ウズベキスタンとクルグズスタン３ヵ国を合わせて10万人ほどで、独自の言語や文字文化（キリル文字で綴る中国の西北方言）、風俗習慣と信仰様式を持った堂々たる一民族となった。ソ連崩壊後、これらの国々における国家民族主義ともいうべき激しい政治的・社会的変動が起きた。そんななかで、ドゥンガンの人々が直面する最大の課題は、移住先の先住民と協調関係を築きながら、民族の伝統文化と政治的経済的な権利を守ることであろう。ドゥンガンの人々は、伝統文化をベースにして日常生活のレベルで自民族への帰属意識を育て、社会と経済の発展へ向けての努力を絶えず行っている。

まず、各種の有形文化と無形文化の面において民族の特徴を保つ工夫がある。有形文化の住居や普段の服装上においては、周りのテュルク系住民との類似点が多く、外見だけで民族の差が認めにくいこともよくある。しかし、各種の儀礼活動や祝宴があるときに必ず先祖が中国から持ってきたチャイナ・ドレスのような礼服を着用する。無形文化である伝統芸能には「チュアル」と呼ばれる歌舞劇がある。この歌舞劇は中国陝西地方の民間演劇「ミホアル」と音程が似ている。そこでは、陝西方言であるドゥンガン語の歌詞、中国風の舞踊、二胡《にこ》や三絃《さんげん》などの楽器も使用される。また、十干や十二支に関する民族知識、中国由来の民謡や民間説話、武術、切り紙細工、刺繍などの民芸も保持しており、

第59章

中央アジアのドゥンガン

テュルク系民族との文化上の差異は明らかである。

他民族との違いはまだある。それが、土着的用語法を使うことである。1997〜1998年の夏に筆者がカザフスタンのマサンチ、シンチュ、ドゥンガノフカやクルグズスタンのトクマクとミリャンチュアンなどのドゥンガン集落で行った聞き取り調査でわかったことは少なくない。中国側から来ている漢族の人々に向かって、「デーミ」と何気なく呼ぶ。これは、頭が良くないという意味を持つ。それは、昔清軍の漢人兵士が自分の頭で考えず、皇帝の命令だけに従って回回民衆を虐殺していたことを指す。この言葉はドゥンガンの先祖が使っていたが、現在ではもとの意味がなくなり日常的に用いる民族名ともなっている。ほかにも、ロシア人は「ホワズ」(猿のように毛深い人)、クルグズ人は「ヘイワズ」(顔が黒い)、ウイグル人やウズベク人は「チャント」(頭にターバンを巻いた人)、カフカスやトルコ方面の人は「ホント」(頭が赤い人)、モンゴル人は「ダズ」(遊牧民)と、それぞれに異なる民族への俗称がある。これらの俗称は、辞書や教科書に載っていないが、日常生活のレベルで伝えられ、家庭やコミュニティの内部で使われる。周りの民族を揶揄するように表現するこのような俗称は、民族集団間の境界線を明確にし、自民族の優越を強調し愛着を表す。そうすることによって、ドゥンガンの人々はつねに抑圧され弱い立場にある民族心理を癒していると考えられる。

また、ドゥンガンが民族の伝統文化と政治的・経済的な権益を保つためのもう一つ重要な措置として、自民族のマスメディアや民族教育などの文化事業を行っていることも現地調査でわかった。ドゥンガン人によるドゥンガン語の新聞には、20世紀末の時点では、カザフスタンに『チンミョウ』(若芽)、クルグズスタンに『フイミンボ』(回民報)がある。これらの新聞は、1〜2ヵ月に一回の割合で発行

ドゥンガンの小学校の語学教科書

され、４～８頁からなる小さいものである。内容は国内外の政治・経済事情、民間芸能、宗教信仰、人物紹介、ドゥンガン文学、詩など盛りだくさんで、ドゥンガン社会と文化の情況を知るための情報が多く含まれている。調査では言語と文字の使用に関する情報も若干入手できた。家庭内では、親たちは必ずといえるほど、徹底して子どもに回回話といわれるドゥンガンの言葉を教育する。子どもは外ではロシア語や現地のテュルク系の言語で交流してよい。しかし、家でドゥンガン語を使わせる。このことによって子どもにドゥンガン人としてのアイデンティティや基本的言語能力などを確実に身につけさせる努力を行っている。ドゥンガン人が多く住むコミュニティの場合なら、小学校から高校卒業までのドゥンガン語による授業が学校教育の場で設定されている。国語のカザフ語や公用語のロシア語による教育の隙間に合わせて民族言語による教育が可能な限り行われている。

１９９７年の秋から年末にかけて、ドゥンガンの各コミュニティでは、中央アジア地域への移住１２０周年を祝う盛大な祝賀行事が行われた。大勢のドゥンガン人の政府役人、宗教指導者、芸人並びに一般民衆も加わって、先祖たちの移住の歴史について語り合う研究会や座談会も開催された。それらの祝賀行事や記念行事にあたって、ドゥンガンの人々は民族衣装を身に纏い、独特なドゥンガン舞踊や演劇を披露した。そのようにすることで、自民族の歴史や英雄を讃えるのである。同時に、各コミュニティの資料室や博物館も対外的に開放され、住民への歴史文化の教育も盛んとなってきた。さらに、近年、中国の大学に留学生を派遣したり、故郷との繋がりを強めたりして、歴史記憶を掘り起こしている。そうすることで、伝統文化の再構築を図り自民族への帰属意識が一層高められている。

21世紀に入って、中央アジア諸国におけるドゥンガンの人々は、激しい社会変化に直面している。彼らが、政治と経済の利権をめぐるさまざまな競争においてそれぞれの国におけるテュルク系民族やロシア人ほどに力を持たないことは明らかである。一部のドゥンガン官僚や知識人は、中国との経済文化の交流を盛んに行うことによって、民族の政治経済並びに教育言語上の利益を高めようと呼びかけている。このように、ドゥンガンは周りのテュルク系諸民族やロシア人と良好な関係を保ちつつ、故郷である中国との関係を良くすることで自民族の存在と発展に向けてよりよい方策を模索している。

（王　建新）

キーワード
ドゥンガン人／移住／歴史記憶／帰属意識／文化創造

参考文献
王建新［２００２］「ドゥンガン人の民族教育と言語事情」『中央アジアの共属意識とイスラムに関する歴史研究』平成11年度〜13年度科学研究費補助金基盤研究Ａ（２）研究成果報告書、２２３〜２４１頁
胡振華（編）［２００９］『中亜東干学研究』中央民族大学出版社

60

中東へのまなざし

★マッカ巡礼、留学、ビジネスチャンス★

マッカ巡礼は、イスラームの信仰実践の柱である五行《ごぎょう》（五柱）（信仰告白《しんこうこくはく》、礼拝《れいはい》、喜捨《きしゃ》、断食《だんじき》、巡礼《じゅんれい》）の一つである。ムスリムは一生に一度は巡礼を行うことが奨励されているが、その条件は、心身ともに健康で旅行が可能であること、往復旅費を負担でき留守中の家族の生活費をまかなえること、などである。女性の場合には、それに加えて、夫もしくは親戚の同行が必要となる。

中国においてマッカ巡礼は国家宗教局の管理のもとで行われ、中国イスラーム教協会や各省の宗教事務担当部門が実務を担当する。１９８５年に自費の巡礼ツアーが解禁となった。その後に巡礼者は増加の一途をたどり、２０１１年には甘粛、寧夏、新疆、雲南を中心として約1・37万人に上り、各地からサウジアラビアへの専用チャーター機が運行されている。

巡礼には一定の割り当て枠があり、また経費がかかるため、時間的、経済的に余裕がある者が出かける。豊かな者のなかには、一度だけではなく、二度三度と訪問する者もいる。かつては男性が多かったが、現在では、女性の巡礼者も増加しつつある。巡礼を無事行った者は氏名の前に「哈吉」（ハーッジュ、巡礼者）の敬称がつき、ジャマーア（第14章）の尊敬を集める存在である。

中国のムスリムは、マッカ巡礼を経験し中東から中国を見ることによって、ムスリムとしての意識を強めている。また中国人でありながらムスリムであるというダブル・アイデンティティの基盤となっているといえよう。

中国では文化大革命の時に、ほとんどのモスクが破壊されたが、文化大革命終結後に、イスラーム復興の気運が高まり、モスクが再建されるようになった。たとえば寧夏、甘粛、青海、雲南、河南などの回族居住地域には多くのモスクがあり、付設のアラビア語学校（阿語学校、中阿学校などと呼ばれ、女子アラビア語学校の場合には女学、女校とも呼称される）も少なくない。こうしたアラビア語学校は民間の教育機関であり、ムスリムの青年たちが、イスラームの教えやアラビア語を学ぶ、いわばインフォーマルな宗教・語学教育機関である。学生は初級中学卒業者を中心としており、アラビア語学校は後期中等教育機関に相当する。また、新疆ウイグル自治区出身の学生もいる。新疆では宗教に対する制約の厳しさから、設置が認められていないためである。

こうしたアラビア語学校に対する政府の補助は一切無く、公立学校に比べて教育環境や条件が貧弱である。しかし学生たちの意欲は高く、将来、サウジアラビアやパキスタン、またイスラーム国際大学のあるマレーシアなど海外に留学したいという夢を語る者もいる。事実、アラビア語学校の教師には、これらの国に留学した者も少なくない。

卒業後の進路としては、各地のアラビア語学校でアホンとなって教鞭を採り、ムスリム青年の教育に尽力する者、最近では、広東省の広州や浙江省の義烏《ぎう》でアラビア語通訳として仕事をする者も増えている。

義烏モスクに礼拝に訪れた人々。外国人の姿も見える

それでは、アラビア語学校の卒業生が働いている義烏とはどういった所なのだろうか。義烏は、杭州から南に100キロほどいった浙江省の中央に位置している。元来は貧しい農村地域であったが、1980年代から小商品の卸売市場の建設が始まり、1990年代に大発展を遂げ、現在では世界的に著名な中国義烏国際商貿城（福田市場）などの巨大卸売市場が営業している。

商品のなかでは、とくに工芸品、装飾品、雑貨などの商品が70%以上を占め、日本の一〇〇円ショップの仕入れ先でもある。また、世界各国から商人が買い付けに来ており、中東・アフリカなどのイスラーム諸国からも多くの商人が義烏に駐在している。

義烏のムスリム人口は少なく見積もっても約2万人、多い時は4万人であり、半数以上はイエメン、サウジアラビア、イラク、イラン、ヨルダン、エジプト、アルジェリア、スーダン、パキスタンなどの国からの外国人が占める。街にはモスクがあり、金曜日ごとに国内外の多数のムスリムが礼拝のために集っている。またハラール・レストランも多く、アラビア語のテレビ番組も視聴でき、イスラーム商人にとって快適なビジネス環境である。

イスラーム諸国からの商人の流入に伴い、アラビア語を話せる回族のビジネス界での活躍が顕著である。たとえばA氏は貿易会社を営み、おもにエジプトとの取引を行っている。彼は寧夏出身の回族で、銀川のアラビア語学校でアラビア語を学んだ。かつてはアラビア語の通訳をしていたが、現在では雑貨を製造・販売する会社を創業し成功している。A氏は正確で流ちょうなアラビア語を話し、また敬虔なムスリムとしてモスク管理委員会の重鎮を務めており、それが中東のアラビア商人との人間関係や信用の構築に、大きく寄与しているといえよう。

B氏は青海出身の回族で、マレーシアの国際イスラーム大学やシリアなど、海外で合計10年近く留学し、アラビア語を学んだ。現在では、義烏で貿易会社の社長として活躍している。このようにイスラーム圏への留学によって獲得したアラビア語能力と敬虔な信仰によって、アラビア商人の信頼を得ることに成功し、それがビジネスチャンスの拡大に貢献しているのである。

また貿易商社などではアラビア語が話せる通訳が必要とされ、そのため、寧夏、甘粛などのアラビア語学校で学んだムスリムの女子青年たちが、卒業後に義烏で通訳として働いている。たとえばC氏は寧夏出身の回族であり、同地のアラビア語学校で4年間学んだ後に義烏で通訳として3年間仕事をし、月収は約３０００元である。C氏の中学時代の同級生で、公立高校を卒業して寧夏で働いている女性の場合、賃金は月額１０００元程度と言い、C氏の収入はかなり高い。寧夏の同心県政府もアラビア語を学んで沿海部に出稼ぎに行くことを、地域の経済発展の一環として奨励している。

義烏では中東をはじめとしたイスラーム諸国との取引が活発化し、中国から中近東・ヨーロッパへかけての、いわば現代のシルクロードの出発点となっている。そこにおいて、ムスリムの回族が、中国とイスラーム世界とをつなぐパイプ役として重要な役割を果たしていることは、特筆すべきであろう。

またアラビア語学校の学生たちのなかには、経済的な困難などの理由で正規の学校教育のルートを歩むことができなかった者が少なくない。しかしながら、アラビア語学習が青年の進路選択の幅を広げ、ビジネスチャンスを生み出すうえで貢献していることは明らかである。アラビア語学校はムスリム青年に、別の人生を生きるチャンスを与えているともいえよう。ただしアラビア語学校の教育によるチャンスの拡大は、共産党政権下で愛国主義を堅持し、分離主義傾向がない回族だからこそ可能になっている面も、付言しておきたい。

（新保敦子）

キーワード
マッカ巡礼／アラビア語学校／留学／義烏

参考文献
新保敦子［2008］「中国のムスリム女子青年とキャリア形成」『ワセダアジアレビュー』4：12〜14頁
松本ますみ［2010］『イスラームへの回帰——中国のムスリマたち』（イスラームを知る7）山川出版社

コラム7

台湾における華僑ムスリムの移民コミュニティ

木村　自

週末の華新街《かしん》はミャンマーの街角を思わせる。歩道に置かれたテーブルで、人々はミルクティーをすすりながら談笑している。ここがいわゆる台湾の「緬甸街《めんでん》（ミャンマー街）」だ。台北MRTの南勢角《なんせいかく》からほど近い華新街付近には、ミャンマーから台湾に再移住した華僑華人たちが数多く居住する。華新街をそぞろ歩いてみよう。看板に「786」という数字を記した食堂が数件見つかるはずだ。「786」はこの食堂が、ハラールであることを示している。ミャンマーから「帰国」した雲南省を祖籍地とする華僑ムスリム移民が経営するハラール・レストランだ。

国共内戦に敗れ、雲南省から上ミャンマー（ミャンマー北部）に撤退していた国民党系のゲリラ部隊は、1950年代から1960年代にかけて台湾へ移送された。台湾に移送されると、彼らは複数の地域に定住させられた。その一つが桃園《とうえん》県中壢《ちゅうれき》市の龍岡《りゅうこう》地区にある眷村《けんそん》（軍人とその家族の居住地区）だ。茶畑がどこまでも広がる山村であった。移送されたゲリラ部隊に

台湾・華新街のハラール・レストラン

龍岡モスク

交じっていた雲南出身のムスリムたちは、龍岡地区内の眷村のそばに龍岡モスクを建立した。それ以降今日に至るまで、タイとミャンマーからの華僑ムスリム移民（以下では、泰緬《たいめん》ムスリムと呼んでおこう）が徐々に同モスクの付近に集まり始めた。今日では約280世帯の泰緬ムスリムが、龍岡モスクのそばに居住している。他方、1980年代後半以降、先述の中和《ちゅうわ》市・永《えい》和《わ》市（中永和地区）にも、約140世帯の泰緬ムスリム移民が集まっている。龍岡地区、中永和地区ともに、泰緬ムスリムが混住している。雲南人やミャンマー華僑のあいだに、泰緬ムスリムが混住している。

中国回教協会のホームページによると、北部台湾（台北市、新北市、中和区・永和区および桃園県）には19軒のハラール・レストラン（や食堂）がある（2011年現在）。近年、インド・パキスタン人が経営するハラール・レストランが増加している。ところで、ハラール・レストランの店名をつぶさに見てみると、「雲」や「泰」の字が目に付く。「泰郷…」や「雲泰…」などのレストランは、すべてミャンマーもしくはタイから「帰国」した泰緬ムスリム移民が経営している。なかには「曼谷（バンコク）」や「昆明」を店名にしているレストランもある。じつに12

軒が、泰緬ムスリムが経営するレストランであった。台北のハラール食文化は、泰緬ムスリムが支えているのだ。

泰緬ムスリムが支えているのは、ハラール・レストランだけではない。台湾の各モスクのイマームも然りである。台湾の各モスクの管理委員（董事会メンバー）は、中壢の龍岡モスクを除いて、外省人（1945年以降に中国大陸から直接台湾に移住した人々）ムスリムがその中心を占めている。それに対して、各モスクの宗教指導者はいずれも泰緬ムスリムの宗教知識人なのだ。台湾におけるイスラームの活動の多くも、泰緬ムスリムによって支えられているのである。

台湾に移住した彼ら泰緬ムスリムたちは、一部を除いて多くが台湾に人脈や社会的ネットワークを有せず、建設現場の下請け事業や工場での単純労働などを相互に紹介し合いながら生活してきた人が多い。それが嫌でミャンマーに帰ってしまった人も少なくないが、台湾に定住を決めた人たちは、泰緬ムスリム移民の濃密なコミュニティのつながりを維持しながら、ムスリムとしての生活を維持している。

ある年の断食《だんじき》明けの祭りの夜、「拝爾徳《パイアルド》（イードの親族・友人訪問）」に集まってきた泰緬ムスリムの若者たちに、同じく泰緬ムスリムの一人が次のように語りかけた。「現在、台湾のイスラームは風前の灯と化してしまっている。台湾のイスラームを再興できるかどうかは、われわれタイ・ミャンマーから来たもの（我們泰緬来的）にかかっているのだ」。泰緬ムスリム移民たちは、現在の台湾のムスリム・コミュニティにおいて、それほどまで大きな力を有しているのである。

❖中国のムスリムを知るための用語集

ア行

アブドゥレヒム・オトクゥル［**Abduréhim Ötkür**］（１９２３〜１９９５年）

ウイグル族を代表する作家、学者で、比類なき名声を博する。小説、詩歌、古典文学の翻訳など数々の創作を行い、とくに歴史を題材とした長編小説は有名で、現代ウイグル民族文学に新たな地平を拓いた。『新疆日報』ウイグル語版編集長、新疆社会科学院文学研究所副所長、新疆作家協会理事などを歴任し、１９８０年代以降に展開されたウイグル民族文化運動においては、活動を主導する役割を担った。

アホン（**阿訇**）［**ahong**］

漢語では「阿洪」、「阿衡」とも表記される。語源はペルシア語の「アーホンド」（akhund）であり、「イスラーム諸学を修めた者」を意味する。中国では「清真寺でイスラーム諸学を学び、資格を取得した者」を指す。清真寺の「教長」［jiaozhang］として着任した者を「開学阿訇」（開学アホン）と呼ぶ。清真寺の「教長」職に就いていなくともアホンの資格を取得したことがある者はアホンと呼ばれる。

イード（**爾徳**）［**erde**］

イスラームの二大祭日（アラビア語では「イード」）、つまり、「開斎節」［kaizhaijie］と「古爾邦節」［guerbangjie］を指す。前者の「開斎節」は断食明けの祭りを指す。後者の「古爾邦節」は犠牲祭を指す。こちらは「宰牲節」ともいう。地域によっては前者が「大爾徳」（大イード）、後者が「小爾徳」（小イード）とも呼ばれるところもある（その逆もある）。一般的には、断食明けの祭りの方が盛大に祝われる。

イスラーム教経学院

１９４９年中華人民共和国の成立後、行政主導のもとで設立されたイスラーム教育の教育施設を指す。全国各地のムスリムの多い地域、たとえば、北京市、河北省、河南省、寧夏回族自治区、甘粛省、青海省、新疆ウイグル自治区、雲南省、遼寧省などに設置されている。

イマーム［**imam**］

おもに礼拝の指導者を指す。漢語では「伊瑪目」、「伊瑪木」とも表記される。イスラーム諸学に精通した者がモスクの一般信徒たちから推薦されてイマームとなることが多い。その活動は宗教行事にとどまらず、コミュニティ（ジャマーア）の調停・調整役、党国家と地域社会の紐帯としての役割も果たす。なお、イスラームの諸学に精通した知識人に対する尊称として「モッラー」［molla］も使用される。

ウルムチ（**烏魯木斉**）

新疆ウイグル自治区の中北部に位置する同自治区の首府で、同地区の政治・経済・文化の中心地。漢語の表記は烏魯木斉。２０１０年の人口は２４３万人であり、その大半を漢族人口が占める。清朝期の１８８４年に、新たに設置された新疆省の省都となり、「迪化」と称された。中華人民共和国期には、その呼称を「烏魯木斉」に改められた。

カ行

『回回民族問題』

民族問題研究会が１９４1年4月に刊行した小冊子。中国共産党の対回民（回族）政策を明確化したもの。中国共産党はこの小冊子において回民（回族）の歴史的起源や現状などを分析し、回民（回族）は単一の民族であるという見解を提示した。

回儒

明代末期から清代初期にかけて活躍した漢語を母語とする中国ムスリム知識人のことであり、なかでも漢語によるイスラームの教義・思想に関する著書・訳書がある者を指すことが多い。ただし、「回儒」という名称は自称ではなく、桑田六郎が最初に提起したとされ、おもに日本で使われてきた。回儒たちはイスラームの概念で儒教を解釈するべく奮闘し、中国イスラーム思想を発展させた。

回民軍閥

清朝末期（20世紀前半）から中華人民共和国成立まで甘粛、青海、寧夏に存在した回民の軍閥の総称。回民軍閥たちは、清朝政府や中華民国政府と協力関係を維持しながら西北地方における実権を確立すると同時に、軍備や教育制度などの近代化を進め、西北地方の近代工業の基礎を作った。

回教工作

20世紀前半、日本が東アジア、東南アジア、中央アジア、中東などを中心として、ムスリムを対象として実施した懐柔工作、諜報活動、現地調査などを指す。1931年の満洲事変、1932年の満洲国樹立、1937年の盧溝橋事件の後、日本軍は中国華北地方を中心として、清真寺（モスク）の補修、イスラーム諸団体の設置、ムスリム子弟への日本語教育、医療事業への資金提供などを行い、日本軍への協力を中国各地のムスリムに呼びかけた。日中戦争期の回教工作が中国のムスリム社会にもたらした被害は甚大なものであった。

回民蜂起

清朝期に西北地方や雲南で発生したムスリムの民衆蜂起を指す。19世紀半ば以降、雲南（1856～1873年）、陝西（1862～1867年頃）、甘粛（1862～1873年）などで大規模な回民の武装蜂起が発生した。雲南では1856年、漢人が回民を殺害したことを契機として、回民が武装して反撃した。その後、杜文秀が「総統兵馬大元帥」として大理を拠点に抵抗を続けた。西北地方では、太平天国の乱発生後、漢人団練（民兵）との衝突、地方役人や地主層への不満などをおもな要因として、陝西の回民が蜂起し、現在の甘粛、寧夏、青海のムスリム（現在の回族、東郷族、サラール族、保安族など）に波及した。しかし、清朝軍の左宗棠が回民蜂起軍を徹底的に鎮圧し、清真寺の破壊、回民の強制移住などを強行した。結果、陝西や甘粛、雲南のムスリム人口は激減したといわれている。

カオム（高目）［gaomu］

漢語では「高目」、「告目」とも表記される。アラビア語の「カウム」（qawm）、すなわち「民衆」や「民族」を意味する語彙が語源である。中国では「清真寺やゴンベイに帰属意識を持つ一般信徒」を指す。この語彙には地域差があり、「哈宛徳」、「教民」、「坊民」などの名称が使用される地域もある。

カシュガル（喀什）

新疆ウイグル自治区の南西部に位置するオアシス都市。漢語の表記は喀什。カシュガル市および周辺農村を含めたカシュガル地区全体では、ウイグル族人口が全体の９割を占めている。カシュガルは、新疆南部に広がるオアシス地帯の中核的な存在であり、伝統的にウイグル族の政治・経済・文化の中心地となってきた。

経堂教育［**jingtang jiaoyu**］

清真寺のなかで実施される伝統的なイスラーム教育を指す。イスラーム世界のマドラサと中国の私塾をモデルとして、16世紀に陝西の胡登洲が始めたとされるが、経堂教育の名称が使われ始めたのは中華民国期以降のことである。一般的には、清真寺の開学アホンが寄宿学生のマンラー（ハリーファ）に対してイスラームの法学や神学、アラビア語、ペルシア語、経堂語などを教授する。おもに中華民国期に近代的なイスラーム教育が興隆し、また、中華人民共和国期にアラビア語学校が設立されると、伝統的なイスラーム教育は大きく変化した。

経堂語［**jingtangyu**］

清真寺の伝統的なイスラーム教育で使用される専門用語を指す。基本的には漢語の語彙であるが、アラビア語、ペルシア語、テュルク諸語の単語を語源とする語彙も数多く含まれる。たとえば、アッラー（Allah）は「安拉」、クルアーン（al-Quran）は「古蘭経」や「可蘭経」などと表記される。これとは別に、漢語の語彙もあり、アッラーは「真主」、ハラールは「清真」、人の死は「帰真」、「無常」、「口喚」などと表記される。このような特殊な語彙は、基本的には、漢語を母語とするムスリムが使うものであり、漢族は使用しない。

教派［**jiaopai**］

中国イスラームの分派の総称。イスラームが中国に伝播した時期や経路には地域差があり、中国各地にさまざまな分派が形成された。これは「教派」と呼ばれる。最も古いものから列挙すると、カディーム派、スーフィー教団としてはフフィーヤ派、ジャフリーヤ派、カーディリーヤ派、クブラヴィーヤ派、イスラーム改革派としてはイフワーン派、サラフィーヤ派が確認されている。一般に、中国イスラームは、シーア派のタジク族を除くと、スンナ派のハナフィー法学派であるが、「教派」によってクルアーンやハディースの解釈、儀礼の様式などが異なる。

ゴンベイ（拱北）［**gongbei**］

漢語では「拱拝」とも表記される。おもにイスラームの聖者廟を指す。この語源はアラビア語の「クッバ」(qubba)、ペルシア語の「ゴンバド」(gonbad) であり、円頂陵墓を意味する。ゴンベイにはスーフィー教団と関係のあるものが多いが、必ずしもそうとは言い切れない。スーフィー教団とは無関係の聖者が埋葬されたゴンベイもある。

サ行

三区革命

1944年8月のイリにおける蜂起を端緒として、新疆北部で展開されたテュルク系ムスリムの反乱。同年11月には、イリで「東トルキスタン共和国」臨時政府の樹立が宣言された。反乱勢力が、新疆北部に位置するイリ（伊犁）、アルタイ（阿勒泰）、タルバガタイ（塔城）の三地区を掌握していたことから、中国においては「三区革命」と称される。

ジャマーア（哲瑪提）［zhemati］

漢語では「者瑪提」、「哲瑪爾提」とも表記される。語源はアラビア語の「ジャマーア」(jamaʻa)、すなわち「集団」を意味する語彙である。中国では「清真寺やゴンベイを中心として形成されるムスリム・コミュニティ」を指す。この名称に関しては地域差があり、「蕃坊」、「寺坊」、「教坊」、「回坊」、「坊上」などの名称もある。テュルク系のムスリム諸民族は「ジャマット」と呼ぶ。

12ムカーム［On ikki mukam］

ウイグル族の民族音楽で、西アジアから中央アジアに存在する音楽体系の一様式。楽曲は伝統楽器により演奏され、古典詩の歌唱、舞踊を伴う。1950年代から1990年代にかけて、中国政府およびウイグル族幹部、知識人の主導で新疆各地に伝わる民間音楽の調査、研究、整理が進められた結果、ウイグル族の伝統音楽として12ムカームが成立した。

小経［xiaojing］

「小児錦」、「消経」ともいう。アラビア文字を用いて漢語の発音を表記したもの。おもに西北地方では、中華民国期までムスリムの漢字識字率が低く、表音文字のアラビア文字を用いて漢語の発音（読み方）を表記する方法が採用されていた。しかし、現在では、中国全土における学校教育の普及に伴い、ムスリムのあいだでも漢字識字率が向上し、また、清真寺やアラビア語学校では現代アラビア語教育が浸透しつつあるため、「小経」は徐々に消失しつつある。

新疆［Xinjiang］

新疆とは、もともとは満洲語の「新たな（平定した）疆域」を意味する言葉の漢語訳であり、清朝が征服した土地は、モンゴルやチベットもそのように呼ばれていた。1759年にタリム盆地が清朝の領域に入り、1884年に新疆省が建省された後、新疆はこの地を呼び表す固有の名称となった。中華人民共和国体制下において、同地域は新疆ウイグル自治区として再編されたが、現在も一般的には「新疆」と呼ばれることが多い。

新疆ウイグル自治区

1955年10月成立。首府はウルムチ。中国の西北部に位置し、8ヵ国と国境を接する。ウイグル族、漢族、カザフ族、回族、クルグズ族などの諸民族が居住する。地下資源開発、交通網の整備、経済特区建設などによる経済発展が今後も見込まれる一方で、環境問題、核実験問題、政治、経済、文化的な不平等に端を発する民族対立などの諸問題が存在する。

新疆生産建設兵団

開墾と辺境防衛をおもな任務として、新疆ウイグル自治区に展開する漢族主体の開拓定住組織。王震らの建議により1954年に成立した。中華人民共和国成立後に政策的に進められた、中国内地から新疆への大規模な漢族移住構想の受け皿として、新疆生産建設兵団は重要な役割を担ってきた。各地に広大な開墾区を持つ。中央政府と自治区政府の指揮下にあるが、内部の行政・司法を独自に管理している。また、傘下にはさまざまな業種からなる多数の企業体を擁する。

新方式（ウスーリ・ジャディード）［**uṣūl-i jadīd**］

19世紀末に、ロシア帝国領クリミア・タタールのイスマイル・ガスプリンスキーによって考案された教授方法。伝統的な宗教教育との比較において「新方式」と呼ばれ、優れた教育効果をあげた。新方式教育はロシア領内のムスリム地域に急速に広まった後、オスマン帝国や新疆にまで波及し、20世紀初頭のテュルク系ムスリム（現在のウイグル族）の教育運動や民族運動に多大な影響を与えた。

聖紀節［**shengjijie**］

預言者ムハンマドの生誕祭（マウリド・アル＝ナビー）を指す。「聖紀節」はヒジュラ暦3月中の一日を選んで開催される。一方、預言者ムハンマドの娘ファーティマを記念する行事は「法貼麦節」（ファーティマの祭り）と呼ばれ、ヒジュラ暦6月15日頃に行われる。ただし、イスラーム改革を提唱するイフワーン派やサラフィーヤ派などのムスリムはこれらの行事の開催には否定的である。

清真［**qingzhen**］

「清真」という用語は宋代の頃に使われ始め、元代の頃に「イスラーム」を指すようになった。明末清初、当時のイスラーム学者が「清浄無染、真乃独一」と表現してイスラームを「清真」と定義するようになった。「清真」とは絶対的真実在（者）としてのアッラーを意味する語彙である。現在、日常生活では、「清真」はハラール（halal）、すなわち「イスラーム法上、合法であること」を意味する。「清真」は食物規制と非常に密接な関係にあり、ハラール・フードは「清真菜」、ハラール・レストランは「清真食堂」や「清真餐庁」と呼ばれる。

清真寺［**qingzhensi**］

中国の「モスク」(masjid) を意味する。現在は「清真寺」と表記されることが一般的であるが、「礼拝寺」、「回回寺」、「真教寺」、「清浄寺」などのように表記される地域もある。西北地方の場合、原則、清真寺に通うのは男性のみで、女性の立ち入りは忌避される傾向がある。それ以外の地域には女性専用モスク、いわゆる「女寺」があり、女性がモスクを管理する。テュルク系ムスリムはモスクを「メスチト」(meschit) 呼ぶ。

清真寺民主管理委員会

１９４９年中華人民共和国の成立後、共産党・政府主導で清真寺のなかに設置された委員会を指す。清真寺民主管理委員会は「主任」、「副主任」、「会計」、「出納」、「委員」などから構成される。同委員会のメンバーは清真寺の一般信徒の代表であり、一般信徒の話し合いや投票などによって選出される。１９４９年以前、清真寺の管理責任者は「学董」［xuedong］、「郷老」［xianglao］、「社頭」［shetou］などと呼ばれていた。女性専用モスク（「女寺」）を除くと、基本的には男性が担当する。

西部大開発

東部沿海地区と西部内陸地区の経済格差是正を目的として、２０００年に中国政府により正式に開始された中央主導の一大開発プロジェクト。対象地域である西部の7省、4自治区、1市には多くの少数民族地域が含まれることから、インフラ整備や教育振興などを契機とする民族間格差の解消、貧困問題の緩和による少数民族問題への対応策ともいえる。ただし急速な経済発展、経済統合に対する少数民族の不安と不満も存在する。

タ行

トイ［**toy**］

人生儀礼や年中行事に際して開かれる祝宴。ウイグル族をはじめとするテュルク系諸民族のあいだで最も重視されるのは婚礼のトイであり、「ニカーフ」（婚姻の儀式）

の後、親類縁者や友人・知人を招待して盛大に行われる。このほか、子どもの誕生を祝って催される「ブシュク・トイ」や、男児の割礼を祝う「スンナット・トイ」などがある。

ナ行

寧夏回族自治区
　中国西北地方に位置する省級の民族自治地方。回族という名称が付与された唯一の自治区である。1958年に甘粛省より分離し成立した。面積は6・6万平方キロメートル、首府は銀川市。北部は黄河中流域で平野が広がり、南部は黄土高原で丘陵や山地が大部分を占める。総人口625・2万人（2009年）のうち回族は225・1万人（36％）で、多くは貧しい南部に住む。

ハ行

ハーッジュ（哈志）［hazhi］
　マッカ巡礼を済ませたムスリムを意味する。語源はアラビア語の「ハーッジュ」(hajj)。漢語では「哈只」とも表記される。男女ともにハーッジュと呼ばれる。

東トルキスタン共和国
　20世紀前半期の新疆で成立した共和国。当該時期に高揚した、ウイグル族をはじめとするテュルク系ムスリム諸民族のナショナリズムの一つの結実として、1933年と1944年に、それぞれ新疆南部のカシュガルと新疆北部のイリにおいて樹立が宣言された。前者（東トルキスタン・イスラーム共和国とも称される）は翌年には崩壊したが、後者は国民党政府と連合政府を構成した後、最終的には中華人民共和国に合流・吸収された。

侮教事件
　漢語では「侮教案」という。新聞・雑誌や書籍などがイスラームを侮辱する記事を掲載したことに対して、中国のムスリムが関係者の謝罪や責任者の処罰を要求したもので、中華民国期や中華人民共和国期にたびたび発生している。大規模な討論会や抗議行動が行われ、請願団が中央政府に派遣されたこともある。代表的なものとしては、1932年9月に上海で発生した『南華文芸』事件、1990年5月に北京や西北地方で発生した『性風俗』事件などがある。

ヘイトガーフ［Heytgah］
　カシュガル市中心部に位置する金曜モスクの名称。ウイグル族社会における代表的なモスクで、中国で最大規模と称される。ヘイトガーフというのは「祭り(イスラームの二大祭り)の場所」という意味。創建は15世紀とも伝えられ、現状の形に施設が整備されたのは1870年代、ヤークーブ・ベグの政権の時代と推定される。

マ行

マザール［**mazar**］

イスラーム地域における参詣場所を意味し、主としてイスラーム聖者の墓廟を指す。葬られているとされる聖者は実在の人物とは限らない。場合により、墓とはいえない参詣場所や、聖者とは言い難い著名文化人などの墓廟を指すこともある。新疆ウイグル地域各地に点在し、現在も多くの参詣者を集める。なお、現代ウイグル語でマザールと言う場合、墓を意味することもある。

マハッラ［**mehelle**］

ウイグル族が居住するタリム盆地周縁オアシス地域における地域コミュニティを指す。マハッラは都市部と農村部の両方に存在し、日常生活や生産活動、冠婚葬祭などにおける相互扶助の場として機能する。旧ソ連領中央アジアのウズベク人社会にも同様のマハッラがある。

マンラー（**満拉**）［**manla**］

地域によっては「哈里発」(halifa、ハリーファ)ともいう。この語源はアラビア語の「ムッラー」(mulla)、ペルシア語の「モッラー」(molla)で、原義はムスリム知識人に対する尊称。中国の場合、清真寺で伝統的なイスラーム教育を受ける学生を意味する。原則、清真寺に寄宿しながらイスラーム諸学やアラビア語などを学ぶ。個人差はあるが、およそ10年前後でアホンの資格を取得する。なお、女性専用の清真寺(「女寺」)には女子学生もいるが、基本的には「マンラー」と呼ばれるのは男子学生である。

メスチト［**meschit**］

現代ウイグル語でモスクを意味する。アラビア語の「モスク」(masjid)の転訛。都市や農村を問わず、ウイグル族が居住する地域にはかならずメスチトが存在している。その最大のものはカシュガルのヘイトガーフ・メスチトである。

門宦［**menhuan**］

おもに中国西北地方に分布するスーフィー教団を指す。「門閥」、「門戸」を意味する漢語に由来する。カーディリーヤ派、クブラヴィーヤ派、ジャフリーヤ派、フフィーヤ派は「四大門宦」と呼ばれ、それぞれに多くの分派や教団がある。それぞれのスーフィー教団には「道堂」という道場があり、「教主」（指導者）を中心としてスーフィズムの修業や弟子の育成が行われる。スーフィー教団の導師（ムルシド）と見なされた「教主」の墓はしばしば「拱北」（聖者廟）となり、数多くの弟子や一般信徒たちが参詣する。なお、「門宦」という名称はスーフィー教団に批判的なムスリムが使うことが多い。

鷲尾　惟子（わしお　ゆいこ）［13、コラム２］
ピアニスト、奈良女子大学（博士研究員）
専門分野：民族音楽学、人文地理学、新疆地域、ウイグル音楽
主な著書・論文：『中国新疆・ウイグル人の民間芸能をめぐる多様性と変化に関する民族音楽学的研究』（博士論文、奈良女子大学、2011 年）

◉写真提供
阿布都哈徳（アブド・アル＝カーディル）
中国・西北民族大学民族学与社会学学院（副教授）

アブドゥラシィティ・アブドゥラティフ
京都大学大学院人間・環境学研究科共生文明学専攻（博士後期課程）

「ウイグル民族アイデンティティと民考漢の将来」(『福岡県立大学紀要』第 18 巻 2 号、2010 年)、「ブリコラージュとしての伝統医学」(『福岡県立大学紀要』第 20 巻 2 号、2012 年)

矢久保 典良（やくぼ　のりよし）[41]
慶應義塾大学大学院後期博士課程
専門分野：中国ムスリム研究（とくに回民研究)、中国近現代史
主な著書・論文：『日中戦争期における中国回教救国協会とその世界観』(慶應義塾大学大学院文学研究科 2007 年度修士論文、2008 年 1 月提出)、「日中戦争期の重慶における中国ムスリム団体の宗教活動とその特徴——中国回教救国協会とその重慶市分会を中心として」(『史学』79-1・2、2010 年、55 〜 86 頁)

山﨑 典子（やまざき　のりこ）[45]
東京大学大学院博士課程、日本学術振興会特別研究員
専門分野：地域研究（中央ユーラシア、中国、イスラーム)、近代ユーラシアにおける民族・宗教・国家の関係
主な著書・論文：「日中戦争期の中国ムスリム社会における「親日派」ムスリムに関する一考察——中国回教総連合会の唐易塵を中心に」(『中国研究月報』69-9、2011 年、1 〜 19 頁)

楊 海英（よう　かいえい）[6]
静岡大学人文社会科学部
専門分野：歴史人類学（とくに北中国、中国側内陸アジアに住む諸民族の近現代史)
主な著書・論文：『モンゴルとイスラーム的中国——民族形成をたどる歴史人類学紀行』(風響社、2007 年)、『墓標なき草原——内モンゴルにおける文化大革命・虐殺の記録』(上・下)(岩波書店、2009 年)

吉松 久美子（よしまつ　くみこ）[57]
東京大学教養学部（非常勤講師)、東京外国語大学アジア・アフリカ言語文化研究所（ジュニア・フェロー)
専門分野：文化人類学、東南アジアへの回族の移住と回族の食文化変容
主な著書・論文：「回族の移住にともなう食文化変容——雲南から北部タイへ」(原隆一編『風土・技術・文化』未來社、1998 年、95 〜 131 頁)、「ミャンマーにおける回族（パンデー）の交易路と移住」(『イスラム世界』61、2003 年、1 〜 25 頁)、『中国人ムスリムの末裔たち——雲南からミャンマーへ』(やまもとくみこ)(小学館、2004 年)

新保　敦子（しんぼ　あつこ）［60］
早稲田大学教育学部
専門分野：中国教育（民国時期から現在）、少数民族教育（回族、モンゴル族）、植民地教育、社会教育
主な著書・論文：『教育は不平等を克服できるか』（共著、岩波書店、2010 年）、「改革開放政策下での中国ムスリム女性教師――進路選択・生活実践・アイデンティティに焦点を当てて」（『日本社会教育学会紀要』No.46、2010 年）、「現代中国における英語教育と教育格差」（『早稲田大学大学院教育学研究科紀要』No.21、2011 年）

菅原　純（すがわら　じゅん）［10、12、44、コラム３］
東京外国語大学外国語学部（非常勤講師）
専門分野：新疆史、現代ウイグル語レキシコグラフィー
主な著書・論文：『現代ウイグル語小辞典』（東京外国語大学アジア・アフリカ言語文化研究所、2009 年）、*Studies on Xinjiang Historical Sources in 17-20th Centuries* (TBRL 12)（共編、Tokyo: The Toyo Bunko、2010 年）

中西　竜也（なかにし　たつや）［８、24、25］
京都大学白眉センター
専門分野：歴史学、近世・近代における中国ムスリムのイスラーム思想・学術
主な著書・論文：「中国におけるペルシア語文法学の成立」（近藤信彰編『ペルシア語文化圏史研究の最前線』東京外国語大学アジア・アフリカ言語文化研究所、2011 年）、「イスラームの『漢訳』における中国伝統思想の薫習――劉智の『性』の朱子学的側面」（堀池信夫編『知のユーラシア』明治書院、2011 年）、「中国民間所蔵ペルシア語スーフィズム文献『霊智の要旨』――内丹道教と対話する漢語イスラーム文献『綱常』の一原典」（窪田順平編『ユーラシアの東西を眺める――歴史学と環境学の間』総合地球環境学研究所、2012 年）

野田　仁（のだ　じん）［38］
早稲田大学イスラーム地域研究機構
専門分野：歴史学、カザフスタン史、露清関係史
主な著書：『露清帝国とカザフ＝ハン国』（東京大学出版会、2011 年）、『中央ユーラシア環境史２　国境の出現』（共著、臨川書店、2012 年）

藤山　正二郎（ふじやま　しょうじろう）［15、16、49］
福岡県立大学人間社会学部（非常勤講師）
専門分野：文化人類学（ウイグル地域と伝統医学）
主な著書・論文：「ウイグル語の危機」（『アジア遊学』第 1 号、勉誠出版、1998 年）、

史と地理　世界史の研究』619（217）、2008年、53～57頁）、「アジアのイスラームへのアプローチ：食文化研究のフィールドから」（村井吉敬編『アジア学のすすめ第2巻――アジア社会・文化編』弘文堂、2010年、147～172頁）

佐藤　実（さとう　みのる）[33]
大妻女子大学比較文化学部
専門分野：中国イスラーム思想史
主な著書・論文：『劉智の自然学――イスラーム思想史研究序説』（汲古書院、2008年）、「イスラームにむけられた疑いを解くこと――金天柱『清真釈義』初探」（堀池信夫編『知のユーラシア』明治書院、2011年）

真田　安（さなだ　やすし）[22]
立教大学観光学部（兼任講師）
専門分野：新疆・ウイグル民族史、中央アジア・オアシス社会史
主な著書・論文：「創設期清伯克制からみたカシュガリア・オアシス社会」（護雅夫編『内陸アジア・西アジアの社会と文化』山川出版社、1983年）、「都市・農村・遊牧」（佐藤次高編『講座イスラム3：イスラム・社会のシステム』筑摩書房、1986年）、「新疆ウイグル・オアシス社会の農村とバザール――商品経済で成り立つ世界」（新免康・真田安・王建新『新疆ウイグルのバザールとマザール』東京外国語大学アジア・アフリカ言語文化研究所、2002年）

澤田　稔（さわだ　みのる）[29]
富山大学人文学部
専門分野：中央アジア史、イスラームと政治
主な著書・論文：「フェルガナ盆地における聖地調査」（『中央アジアのイスラーム聖地――フェルガナ盆地とカシュガル地方』〈シルクロード学研究28 シルクロード学研究センター紀要〉なら・シルクロード博記念国際交流財団/シルクロード学研究センター、2007年3月、3-18頁）“Three Groups of *Tadhkira-i khwājagān*: Viewed from the Chapter on Khwāja Āfāq,” James A. MILLWARD, SHINMEN Yasushi, SUGAWARA Jun (editors), *Toyo Bunko Research Library 12. Studies on Xinjiang Historical Sources in 17-20th Centuries*, The Toyo Bunko, 2010, pp. 9-30. “Pilgrimage to Sacred Places in the Taklamakan Desert: Shrines of Imams in Khotan Prefecture,” Alexandre Papas, Thomas Welsford, Thierry Zarcone (eds.), *Central Asian Pilgrims. Hajji Routes and Pious Visits between Central Asia and the Hijaz*, Berlin: Klaus Schwarz Verlag, 2012, pp. 278-294.

小沼　孝博（おぬま　たかひろ）［31、36］
東北学院大学文学部
専門分野：東トルキスタン（新疆）史
主な著書・論文：「ベク制度の創設――清朝公文書による東トルキスタン史研究序説」（『内陸アジア史研究』第 22 号、2007 年、39 ～ 59 頁）、「消えゆく北京のムスリム・コミュニティ――トルコ系ムスリム居住区『回子営』の二五〇年」（堀池信夫編『中国のイスラーム思想と文化』（アジア遊学 129）、勉誠出版、2009 年、176 ～ 189 頁）、"The Development of the Junghars and the Role of Bukharan Merchants," *Journal of Central Eurasian Studies*, vol. 2, 2011, pp.83-100, Seoul: Center for Central Eurasian Studies, Seuol National University.

熊谷　瑞恵（くまがい　みずえ）［20］
国立民族学博物館（外来研究員）
専門分野：文化人類学、新疆、ことばと暮らし
主な著書・論文：『食と住空間にみるウイグル族の文化――中国新疆に息づく暮らしの場』（昭和堂、2011 年）

黒岩　高（くろいわ　たかし）［9、34、35、コラム 5］
武蔵大学人文学部
専門分野：歴史学、陝西・甘粛の回民起義、回民の伝統文化
主な著書・論文：「械闘と謡言――十九世紀の陝西・渭河流域にみる漢・回関係と回民蜂起」（『史学雑誌』第百十一編第九号、2002 年）

小嶋　祐輔（こじま　ゆうすけ）［50、53］
愛知大学国際中国学研究センター
専門分野：政治社会学、新疆地域研究
主な著書・論文：「中国〈和諧社会〉論と少数民族――中華民族の多元性という本質主義の批判的考察」（『現代社会学理論研究』日本社会学理論学会、第 2 号、128 ～ 140 頁）、「〈民族〉化される格差――新疆ウイグル自治区を例に」（『中国 21』愛知大学現代中国学会、第 30 号、2009 年、193 ～ 212 頁）、「ウイグル族と〈漢化〉――文化の二分法を超えて」（小長谷有紀・川口幸大・長沼さやか編『中国における社会主義的近代化――宗教・消費・エスニシティ』勉誠出版、2010 年、221 ～ 245 頁）

砂井　紫里（さい　ゆかり）［16、18］
早稲田大学イスラーム地域研究機構
専門分野：文化人類学、食文化
主な著書・論文：「回族の食実践とイスラームの記憶――中国・福建省の事例から」（『歴

◉執筆者紹介〈50音順、[　]は担当章〉

梅村　坦（うめむら　ひろし）[11、19、21]
中央大学総合政策学部
専門分野：東洋学（歴史学、中国・中央ユーラシア史、ウイグル民族誌）
主な著書・論文：『内陸アジア史の展開』（世界史リブレット 11）（山川出版社、1997年）、『宋と中央ユーラシア』（世界の歴史 7）（共著、中央公論社、1997年／中公文庫、2008年）、『中央ユーラシアを知る事典』（共編、平凡社、2005年）

王　建新（おう　けんしん）[7、30、59、コラム6]
中国蘭州大学西北少数民族研究中心（民族学研究院）
専門分野：民族学、文化人類学
主な著書・論文：「新疆ウイグルのシャーマニズム――イスラムの現代に生きる民俗信仰」（『アジア遊学 No.58　路地裏の宗教』勉誠出版、2003年、144～152頁）、Uyghur Education and Social Order: The Role of Islamic Leadership in the Turpan Basin, *Studia Culturae Islamicae No.76*, Research Institute for Languages and Cultures of Asia and Africa, Tokyo University of Foreign Studies, 2004, pp.xix+424、「撒拉族的家族组织与婚姻规制――血缘认知的文化逻辑分析」（『北方民族大学学报』第5期、2011年、5～12頁）

王　柳蘭（おう　りゅうらん）[56]
日本学術振興会特別研究員 RPD（京都大学地域研究統合情報センター）
専門分野：文化人類学、地域研究、東・東南アジアをつなぐムスリムの越境と民族関係、宗教実践
主な著書・論文：『越境を生きる雲南系ムスリム――北タイにおける共生とネットワーク』（昭和堂、2011年）、「民族関係から『華』を考える――北タイ国境における雲南系回民を事例に」（『中国研究月報』vol.65, No.2、2011年）

岡　奈津子（おか　なつこ）[58]
日本貿易振興機構アジア経済研究所
専門分野：カザフスタン政治・社会
主な著書・論文：「カザフスタン――権威主義体制における民族的亀裂の統制」（間寧編『西・中央アジアにおける亀裂構造と政治体制』アジア経済研究所、2006年、211～248頁）、“Transnationalism As a Threat to State Security? Case Studies on Uighurs and Uzbeks in Kazakhstan,” in Uyama, Tomohiko ed., *Empire, Islam, and Politics in Central Eurasia*, Japan: Slavic Research Center, Hokkaido University, 2007, pp.351-368、「同胞の『帰還』――カザフスタンにおける在外カザフ人呼び寄せ政策」（『アジア経済』第51巻6号、2010年、2～23頁）

清水 由里子（しみず ゆりこ）［４、42、43、コラム４、用語集］
中央大学文学部（兼任講師）
専門分野：新疆近現代史
主な著書・論文：「カシュガルにおけるウイグル人の教育運動（1934 ～ 37 年）」（『内陸アジア史研究』22、2007 年、61 ～ 82 頁）、「国民党系ウイグル人の文化・言論活動（1946 ～ 1949 年）について――『自由』紙にみるテュルク民族意識の検討を中心に」（『日本中央アジア学会報』6、2010 年、23 ～ 45 頁）、「『新生活』紙にみる『ウイグル』民族意識再考」（『中央大学アジア史研究』35、2011 年、45 ～ 69 頁）

新免 康（しんめん やすし）［23、37、51、52、用語集］
中央大学文学部
専門分野：新疆ウイグル地域の歴史・文化
主な著書・論文：『中国少数民族事典』（田畑久夫、金丸良子らとの共著、東京堂出版、2001 年）、『『ターリーヒ・ラシーディー』テュルク語訳附編の研究』（ジャリロフ・アマンベクらとの共著、イスラーム地域研究東京大学拠点、2008 年）

高橋 健太郎（たかはし けんたろう）［２、28、54、用語集］
駒澤大学文学部
専門分野：人文地理学、回族地域社会の持続と変容
主な著書・論文：「中国・回族の聖者廟参詣と地域社会」（『地理学評論』78（14）、2005 年）、『西北中国はいま』（石原潤編、共著、ナカニシヤ出版、2011 年）、『世界地誌シリーズ２ 中国』（上野和彦編、共著、朝倉書店、2011 年）

田中 周（たなか あまね）［２、５、52、用語集］
早稲田大学アジア研究機構・現代中国研究所
専門分野：現代中国の民族問題
主な著書・論文：「新疆ウイグル自治区における国家統合と民族区域自治政策――1950 年代前半の自治区成立過程から考える」（『早稲田政治公法研究』94、2010 年、63 ～ 76 頁）、「改革開放期にみるウイグル・アイデンティティの再構築――トルグン・アルマス著『ウイグル人』を中心に」（『ワセダアジアレビュー』8、2010 年、60 ～ 65 頁）

●編集委員〈［　］は担当章〉

松本　ますみ（まつもと　ますみ）［1、3、26、32、39、40、48、コラム1、用語集］
敬和学園大学人文学部
専門分野：中国近現代史、中国イスラーム新文化運動、ジェンダーと中国イスラーム、中国国民統合とエスニックマイノリティ
主な著書・論文：『中国民族政策の研究』（多賀出版、1999年）、『イスラームへの回帰——中国のムスリマたち』（山川出版社、2010年）、「もう一つの女性解放と開発に向けての選択？」（『女性・戦争・人権』No.11、2011年、89～116頁）

澤井　充生（さわい　みつお）［14、17、23、27、46、47、51、54、用語集］
首都大学東京都市教養学部
専門分野：社会人類学、中国地域研究、イスラーム地域研究、住民自治、ジャマーアの民族誌
主な著書・論文：「中国の宗教政策と回族の清真寺管理運営制度——寧夏回族自治区銀川市の事例から」（『イスラム世界』第59号、2002年、23～49頁）、「中国共産党のイスラーム政策の過去と現在——寧夏回族自治区銀川市の事例」（小長谷有紀・川口幸大・長沼さやか編『中国における社会主義的近代化——宗教・消費・エスニシティ』勉誠出版、2010年、57～86頁）、「中華人民共和国の『宗教団体』に関する一考察——イスラーム教協会の事例」（『人文学報』第438号、2011年、35～61頁）

木村　自（きむら　みずか）［55、コラム7、用語集］
大阪大学大学院人間科学研究科
専門分野：文化人類学、回民の移民研究
主な著書・論文：「離散と集合の雲南ムスリム——ネーション・ハイブリディティ・地縁血縁としてのディアスポラ」（臼杵陽他編著『ディアスポラから世界を読む』明石書店、2009年、220～257頁）、「『掌握』する国家、『ずらす』移民——李大媽のライフ・ストーリーから見た身分証とパスポート」（陳天璽他編『移民とアイデンティフィケーション』新曜社、2012年）、「中国における『民族』論の今日的展開——『族群』の政治性・『民族』の可塑性」（田中仁・三好恵眞子編『共進化する現代中国研究——中国地域研究の新たなプラットホーム』大阪大学出版会、2012年、185～204頁）

〈編者紹介〉

中国ムスリム研究会（ちゅうごくむすりむけんきゅうかい）

2001年、中国ムスリムに関心のある大学教員や大学院生を中心とする学術団体として発足。主な活動目的は、中華人民共和国のイスラーム系少数民族や中国から東南アジア、中央アジア、西アジアなどに移住したその移民に関する諸問題を研究し、また、会員の相互交流を促進し、独自の研究成果を対外的に発信することである。現在の会員数は70名（2012年６月現在）。2001年の発足以来、毎年２回のペースで定例会を開催している。会員の専門分野は、歴史学、文化・社会人類学、地理学、社会学、教育学、地域研究などに多岐にわたっており、定例会では活発な議論が行われている。

中国ムスリム研究会事務局
E-mail: MuslimsInChina@hotmail.com
Blog: http://micoffice.exblog.jp/

エリア・スタディーズ 106
中国のムスリムを知るための60章

2012年８月５日　初版 第１刷発行
2013年１月10日　初版 第２刷発行

編　者	中国ムスリム研究会
発行者	石　井　昭　男
発行所	株式会社 明石書店

〒101-0021 東京都千代田区外神田 6-9-5
電話 03（5818）1171
FAX 03（5818）1174
振替　00100-7-24505
http://www.akashi.co.jp/

組版／装丁	明石書店デザイン室
印刷	モリモト印刷株式会社
製本	協栄製本株式会社

（定価はカバーに表示してあります）　ISBN978-4-7503-3645-9

エリア・スタディーズ

1 現代アメリカ社会を知るための60章
明石紀雄、川島浩平 編著 ◎2000円

2 イタリアを知るための55章
村上義和 編著 ◎1800円

3 イギリスを旅する35章
辻野 功 編著 ◎1800円

4 モンゴルを知るための65章【第2版】
金岡秀郎 ◎2000円

5 パリ・フランスを知るための44章
梅本洋一、大里俊晴、木下長宏 編著 ◎2000円

6 現代韓国を知るための55章
石坂浩一、舘野 晳 編著 ◎1800円

7 オーストラリアを知るための58章【第3版】
越智道雄 ◎2000円

8 現代中国を知るための40章【第4版】
高井潔司、藤野 彰、曽根康雄 編著 ◎2000円

9 ネパールを知るための60章
日本ネパール協会 編 ◎2000円

10 アメリカの歴史を知るための62章【第2版】
富田虎男、鵜月裕典、佐藤 円 編著 ◎2000円

11 現代フィリピンを知るための61章【第2版】
大野拓司、寺田勇文 編著 ◎2000円

12 ポルトガルを知るための55章【第2版】
村上義和、池 俊介 編著 ◎2000円

13 北欧を知るための43章
武田龍夫 ◎2000円

14 ブラジルを知るための56章【第2版】
アンジェロ・イシ ◎2000円

15 ドイツを知るための60章
早川東三、工藤幹巳 編著 ◎2000円

16 ポーランドを知るための60章
渡辺克義 編著 ◎2000円

17 シンガポールを知るための62章【第2版】
田村慶子 編著 ◎2000円

18 現代ドイツを知るための55章 変わるドイツ・変わらぬドイツ
浜本隆志、髙橋 憲 ◎2000円

19 ウィーン・オーストリアを知るための57章【第2版】
広瀬佳一 編著 ◎2000円

20 ハンガリーを知るための47章 ドナウの宝石
羽場久美子 編著 ◎2000円

21 現代ロシアを知るための60章【第2版】
下斗米伸夫、島田 博編著 ◎2000円

22 21世紀アメリカ社会を知るための67章
明石紀雄監修 ◎2000円

23 スペインを知るための60章
野々山真輝帆 ◎2000円

24 キューバを知るための52章
後藤政子、樋口 聡編著 ◎2000円

25 カナダを知るための60章
綾部恒雄、飯野正子編著 ◎2000円

26 中央アジアを知るための60章【第2版】
宇山智彦編著 ◎2000円

27 チェコとスロヴァキアを知るための56章【第2版】
薩摩秀登編著 ◎2000円

28 現代ドイツの社会・文化を知るための48章
田村光彰、村上和光、岩淵正明編著 ◎1800円

29 インドを知るための50章
重松伸司、三田昌彦編 ◎1800円

30 タイを知るための60章
綾部恒雄、林 行夫編著 ◎2000円

31 パキスタンを知るための60章
広瀬崇子、山根 聡、小田尚也編著 ◎2000円

32 バングラデシュを知るための60章【第2版】
大橋正明、村山真弓編著 ◎2000円

33 イギリスを知るための65章
近藤久雄、細川祐子編著 ◎2000円

34 現代台湾を知るための60章【第2版】
亜洲奈みづほ ◎2000円

35 ペルーを知るための66章【第2版】
細谷広美編著 ◎2000円

36 マラウィを知るための45章【第2版】
栗田和明 ◎2000円

37 コスタリカを知るための55章
国本伊代編著 ◎2000円

38 チベットを知るための50章
石濱裕美子編著 ◎2000円

39 現代ベトナムを知るための60章【第2版】
今井昭夫、岩井美佐紀編著 ◎2000円

40 インドネシアを知るための50章
村井吉敬、佐伯奈津子編著 ◎2000円

〈価格は本体価格です〉

エリア・スタディーズ

41 エルサルバドル、ホンジュラス、ニカラグアを知るための45章
田中 高編著 ◎2000円

42 パナマを知るための55章
国本伊代、小林志郎、小澤卓也 ◎2000円

43 イランを知るための65章
岡田恵美子、北原圭一、鈴木珠里編著 ◎2000円

44 アイルランドを知るための70章【第2版】
海老島 均、山下理恵子編著 ◎2000円

45 メキシコを知るための60章
吉田栄人編著 ◎2000円

46 中国の暮らしと文化を知るための40章
東洋文化研究会編 ◎2000円

47 現代ブータンを知るための60章
平山修一編著 ◎2000円

48 バルカンを知るための65章
柴 宜弘編著 ◎2000円

49 現代イタリアを知るための44章
村上義和編著 ◎2000円

50 アルゼンチンを知るための54章
アルベルト松本 ◎2000円

51 ミクロネシアを知るための58章
印東道子編著 ◎2000円

52 アメリカのヒスパニック＝ラティーノ社会を知るための55章
大泉光一、牛島 万編著 ◎2000円

53 北朝鮮を知るための51章
石坂浩一編著 ◎2000円

54 ボリビアを知るための68章
真鍋周三編著 ◎2000円

55 コーカサスを知るための60章
北川誠一、前田弘毅、廣瀬陽子、吉村貴之編著 ◎2000円

56 カンボジアを知るための62章【第2版】
上田広美、岡田知子編著 ◎2000円

57 エクアドルを知るための60章【第2版】
新木秀和編著 ◎2000円

58 タンザニアを知るための60章
栗田和明、根本利通編著 ◎2000円

59 リビアを知るための60章
塩尻和子 ◎2000円

60 東ティモールを知るための50章
山田 満編著 ◎2000円

61 グアテマラを知るための65章
桜井三枝子編著 ◎2000円

62 オランダを知るための60章
長坂寿久 ◎2000円

63 モロッコを知るための65章
私市正年、佐藤健太郎編著 ◎2000円

64 サウジアラビアを知るための65章
中村 覚編著 ◎2000円

65 韓国の歴史を知るための66章
金 両基編著 ◎2000円

66 ルーマニアを知るための60章
六鹿茂夫編著 ◎2000円

67 現代インドを知るための60章
広瀬崇子、近藤正規、井上恭子、南埜猛編著 ◎2000円

68 エチオピアを知るための50章
岡倉登志編著 ◎2000円

69 フィンランドを知るための44章
百瀬 宏、石野裕子編著 ◎2000円

70 ニュージーランドを知るための63章
青柳まちこ編著 ◎2000円

---

71 ベルギーを知るための52章
小川秀樹編著 ◎2000円

72 ケベックを知るための54章
小畑精和、竹中 豊編著 ◎2000円

73 アルジェリアを知るための62章
私市正年編著 ◎2000円

74 アルメニアを知るための65章
中島偉晴、メラニア・バグダサリヤン編著 ◎2000円

75 スウェーデンを知るための60章
村井誠人編著 ◎2000円

76 デンマークを知るための68章
村井誠人編著 ◎2000円

77 最新ドイツ事情を知るための50章
浜本隆志、柳原初樹 ◎2000円

78 セネガルとカーボベルデを知るための60章
小川 了編著 ◎2000円

79 南アフリカを知るための60章
峯 陽一編著 ◎2000円

80 エルサルバドルを知るための55章
細野昭雄、田中 高編著 ◎2000円

〈価格は本体価格です〉

81 チュニジアを知るための60章
鷹木恵子編著 ◎2000円

82 南太平洋を知るための58章 メラネシア ポリネシア
吉岡政德、石森大知編著 ◎2000円

83 現代カナダを知るための57章
飯野正子、竹中 豊編著 ◎2000円

84 現代フランス社会を知るための62章
三浦信孝、西山教行編著 ◎2000円

85 ラオスを知るための60章
菊池陽子、鈴木玲子、阿部健一編著 ◎2000円

86 パラグアイを知るための50章
田島久歳、武田和久編著 ◎2000円

87 中国の歴史を知るための60章
並木頼壽、杉山文彦編著 ◎2000円

88 スペインのガリシアを知るための50章
坂東省次、桑原真夫、浅香武和編著 ◎2000円

89 アラブ首長国連邦(UAE)を知るための60章
細井 長編著 ◎2000円

90 コロンビアを知るための60章
二村久則編著 ◎2000円

91 現代メキシコを知るための60章
国本伊代編著 ◎2000円

92 ガーナを知るための47章
高根 務、山田肖子編著 ◎2000円

93 ウガンダを知るための53章
吉田昌夫、白石壮一郎編著 ◎2000円

94 ケルトを旅する52章 イギリス・アイルランド
永田喜文 ◎2000円

95 トルコを知るための53章
大村幸弘、永田雄三、内藤正典編著 ◎2000円

96 イタリアを旅する24章
内田俊秀編著 ◎2000円

97 大統領選からアメリカを知るための57章
越智道雄 ◎2000円

98 現代バスクを知るための50章
萩尾 生、吉田浩美編著 ◎2000円

99 ボツワナを知るための52章
池谷和信編著 ◎2000円

100 ロンドンを旅する60章
川成 洋、石原孝哉編著 ◎2000円

101 ケニアを知るための55章
松田素二、津田みわ編著 ◎2000円

102 ニューヨークからアメリカを知るための76章
越智道雄 ◎2000円

103 カリフォルニアからアメリカを知るための54章
越智道雄 ◎2000円

104 イスラエルを知るための60章
立山良司編著 ◎2000円

105 グアム・サイパン・マリアナ諸島を知るための54章
中山京子編著 ◎2000円

106 中国のムスリムを知るための60章
中国ムスリム研究会編 ◎2000円

107 現代エジプトを知るための60章
鈴木恵美編著 ◎2000円

108 カーストから現代インドを知るための30章
金基淑編著 ◎2000円

109 カナダを旅する37章
飯野正子、竹中 豊編著 ◎2000円

110 アンダルシアを知るための53章
立石博高、塩見千加子編著 ◎2000円

111 エストニアを知るための59章
小森宏美編著 ◎2000円

112 韓国の暮らしと文化を知るための70章
舘野 晳編著 ◎2000円

——以下続刊

アジアの宗教とソーシャル・キャピタル
叢書 宗教とソーシャル・キャピタル 1
櫻井義秀、濱田 陽編著 ◉2500円

チベット人哲学者の思索と弁証法
月には液体の水が存在する
ゴラナンバ・プンツォク・ワンギェル著 チュイデンブン訳 ◉2800円

越境する近代東アジアの民衆宗教 中国・台湾・香港・ベトナム、そして日本
武内房司編著 ◉5000円

満洲国と内モンゴル 満蒙政策から興安省統治へ
鈴木仁麗 ◉7000円

世界華人エンサイクロペディア
リン・パン編 游仲勲監訳
田口佐紀子、山本民雄、佐藤嘉江子訳 ◉18000円

コーカサスと中央アジアの人間形成 発達文化の比較教育研究
関 啓子 ◉4700円

〈価格は本体価格です〉